JN025598

　この度，新たに「最新・はじめて学ぶ社会福祉」のシリーズが刊行されることになった。このシリーズは，もともと1998年に，当時岡山県立大学の教授であった故大島侑先生が監修されて「シリーズ・はじめて学ぶ社会福祉」として始まったものであった。当時，現監修者の杉本も岡山県立大学に勤務しており，一部の執筆と編集を担当した。そのような縁があって，その後，杉本が監修を引き継ぎ，2015年に「新・はじめて学ぶ社会福祉」のシリーズを刊行していただいた。

　この度の新シリーズ刊行は，これまでの取り組みをベースに，ちょうど社会福祉士の新しく改正されたカリキュラムが始まることに対応して新しいシラバスにも配慮しつつ，これからの社会福祉について学べるように改訂し，内容の充実を図るものである。また，これまでのシリーズは社会福祉概論や老人福祉論といった社会福祉の中核に焦点を当てた構成をしていたが，今回のシリーズにおいては，いままで以上に社会福祉士の養成を意識して，社会学や心理学，社会福祉調査等の科目もシリーズに加えて充実を図っているのが特徴である。

　なお，これまでの本シリーズの特徴は，①初心者にもわかりやすく社会福祉を説明する，②社会福祉士，精神保健福祉士，介護福祉士，保育士等の養成テキストとして活用できる，③専門職養成の教科書にとどまらないで社会福祉の本質を追究する，ということであった。この新しいシリーズでも，これらの特徴を継続することを各編集者にはお願いをしているので，これから社会福祉を学ぼうとしている人びとや学生は，そのような視点で社会福祉を学べるものと思う。

　21世紀になり，社会福祉も「地域包括」や「自助，互助，共助，公助」と

いった考え方をベースにして展開が図られてきた。そのような流れの中で，社会福祉士や精神保健福祉士もソーシャルワーカーとしての働きを模索，展開してきたように思うし，ソーシャルワーカー養成も紆余曲折を経ながら今日に至ってきた。複雑多様化する生活問題の解決を，社会がソーシャルワーカーに期待する側面もますます強くなってきている。さらには，社会福祉の専門職である保育士や介護福祉士がソーシャルワークの視点をもって支援や援助を行い，社会福祉士や精神保健福祉士と連携や協働が必要な場面が増加している。それと同時に，社会福祉士や精神保健福祉士としての仕事を遂行するのに必要な知識や技術も複雑，高度化してきている。社会福祉士の養成教育の高度化が求められるのも当然である。

　このまえがきを執筆しているのは，2021年1月である。世の中は新型コロナが蔓延しているまっただ中にある。新型コロナは人びとの生活を直撃して，生活の困難が拡大している。生活の困難に対応する制度が社会福祉の制度であり，それを中心となって担うのが社会福祉の専門職である。各専門職がどのような役割を果たすのかが問われているように思う。

　新型コロナはいずれ終息するであろう。その時に，我々の社会や生活はどのような形になるのであろうか。人びとの意識はどのように変化しているのであろうか。また，そのような時代に社会福祉の専門職にはどのようなことが期待されるのであろうか。まだまだよくわからないのが本当であろうが，我々は社会福祉の立場でこれらをよく考えておくことも重要ではないかと思われる。

　2021年1月

監修者　杉本敏夫

はじめに

　本書の構成がその内容に対応している「地域福祉と包括的支援体制」は，新しく改訂された社会福祉士・精神保健福祉士養成カリキュラムの科目の一つである。この科目は，独立した科目ではなく，「高齢者福祉」「障害者福祉」「児童・家庭福祉」「貧困に対する支援」「保健医療と福祉」「刑事司法と福祉」に関連づいた内容となっている。ここに挙げた科目は，社会福祉の分野として位置づけられるものであり，社会福祉士や精神保健福祉士が活躍する実践現場の領域でもある。「地域福祉と包括的支援体制」という科目がこれらの領域に関連する理由は，社会福祉に関する問題の多くは，地域社会において現れるからである。

　社会の動向によって個々の人々の生活は影響され，変化していく。たとえば，2020年はじめから本格化した新型コロナウイルス感染症（COVID-19）による感染拡大は，私たちの生活を一変させた。経済活動の停止などによって仕事を続けられなくなった人々，学校の休校によって自宅で籠りながら学習を進める子どもたち，感染者増大による医療体制の機能不全といった問題は記憶に新しく，現在続いていることもある。ただ私たちは，これらの問題がいくらテレビなどのメディアで報じられていても，それぞれが日ごろ活動している生活圏の中で直面しなければ，実際の感覚として具体化していかないだろう。これまで当たり前と思っていた日常が，当たり前でなくなった時，私たち生活者は，地域社会が抱える問題に直面する。そして生活を下支えている地域社会の現状を見つめ直すことに迫られ，新たに暮らしやすい地域社会を築き直す取り組みが必要になってくる。

　これまでにおいても，私たちの社会は，経済的格差，貧困，子育て，高齢者の介護，障害者の生活支援などの課題を抱えながら，現在に至っている。そして，時代の変化によって，昔から築かれていた他者とのつながりが希薄になり，個人が重視されるようになってきたため，何か生活の中で困ったことに直面しても，それは個人の問題として認識されることも多くなった。それは時として，

「自己責任」という言葉で表されることもある。私たち人間は，古くから一人で生きてきたわけでなく，家族や地域社会といった集団の中で暮らしてきた。しかし，それが現代において十分な受け皿として機能できていない面もあり，虐待問題や孤立死といった新たな社会問題を生み出している。

　2020年代を迎えた今，これからの地域社会はどのような姿が望ましいのかを私たちは考えていかなければならない。社会福祉分野においては，2000年に改正された社会福祉法において「地域福祉の推進」が掲げられた。さらに2015年以降，国は「地域共生社会」というものを目指す取り組みを進めている。それは，世代や分野に限らず，地域で暮らす一人ひとりが暮らしやすくなるために住民も地域の取り組みに参加しながら，形作っていく社会像である。その中で，支援を必要する人々にも必要な支援が届くような支援体制を築くことも目指している。そして，このような地域福祉をめぐる国の政策的な動向が本格化する中で，地域での取り組みを進める一翼を担う専門職として社会福祉士や精神保健福祉士にさらなる期待が寄せられている。

　社会福祉を学ぶ学生にとってのテキストである本書では，地域福祉に詳しい方々に執筆していただいた。地域福祉の理論的な枠組みを基礎にしながら，実際の実践現場での取り組みにおいても紹介できるように工夫したので，ぜひとも読み進めてもらいたい。そして，読者が地域で実践できることを考える一助になれば，幸いである。

　2021年11月

編者　種村理太郎

目　次

第Ⅰ部

地域福祉とは

第1章

地域社会の変化

　日本における地域社会は，高度経済成長期下での都市化の影響で大きく変化した。大都市においては，人々のつながりが希薄となり，隣近所の顔が見えない付き合いの中で生活している人々も増えている。一方で，過疎化が著しい地域では，若年層が都市部に流出していくことで高齢化が進み，地域での支え合いが難しくなっている。本章では，地域社会における人々の生活課題への対応策を考えていくために，地域社会の基本的な概念と理論について理解するとともに，地域社会における人々の生活がどのように変化してきたのかについて整理する。

1　地域社会の概念

（1）地域社会とは何か
　広辞苑で調べてみると，「地域」とは，「区切られた土地で，住民が共同して生活を送る地理的範囲」「数か国以上からなる区域で，各国は地理的に近接し，政治・経済・文化などの面で共通性と相互性を持つ区域」と記述されている。これで見ると，地域は比較的狭い範囲での地理的範囲から，地球規模の範囲までを含むとされる。一方，「社会」とは，「人間が集まって共同生活を営む際に，人々の関係の総体がひとつの輪郭を持って現れる場合の，その集団，あるいは包括的複合体」とあり，「地域社会」とは，「一定の地理的範囲の上に，人々が住む環境整備，地域の暮らし，地域の自治の仕組みを含んで成立している生活共同体，コミュニティ」とある。すなわち，ある特定の地理的範囲の中での私たちの日々の暮らしから，国家レベルにおける人間の生活の営みによって成り立つ社会までも含むものが地域社会であるといえる。

（2）地域社会のとらえかた

　地域社会には，空間的で地理的な要素が強いものと，人々が社会関係を作っていくための共同体としての要素が強いものと2つの文脈があるとされるが，一般的には，共同体としての規範をもつものとして地域社会が位置づけられていることが多い。このような共同体としての地域社会の考えは，岡村（1974）が書いた『地域福祉論』の中でも述べられている。岡村は，地理的・地縁的な関係に必ずしもこだわらない，ある一定の構造をもつ人々の集団を想定した「コミュニティ」の開発を重要視しており，地域での組織化活動を実現していくためには，「どのような意味内容をもった地域社会でなければならないかを明確にする必要がある」と指摘している。⁽²⁾

　折しも日本では，高度経済成長期に始まった都市部への人口流動で，都市部での過密，地方での過疎問題が深刻化し，それに伴って，アメリカ社会におけるコミュニティの概念が広く用いられるようになった。そこで岡村は，「地域社会がそれぞれの主体性と普遍的意識に裏づけられて，住民の自発的共同と生活環境・生活水準の向上のために地域活動を展開する」コミュニティ型の地域社会が必要であり，そのためには，小地域社会を単位とする地域組織の活動が重要であると述べた。そして，都市部における福祉的な課題は，家族単位で問題解決にあたるのではなく，地域全体で問題解決していくという認識をもつことで「福祉コミュニティ」になっていくと説いた。⁽³⁾

　また，牧里（1984）は，小地域の住民の福祉を高めるための組織で，かつ小地域を包括的に組織化したネットワーク組織が社会福祉協議会の地区社協であり，その地区社協が「福祉コミュニティ」に該当すると述べた。⁽⁴⁾ここでの小地域社会の範囲とは，具体的には，小学校区を指すことが多い。その理由として，小学校区は，基本的に小学生が移動するのに可能な距離に設定されており，また大人や高齢者・障害者にとっても徒歩による移動が可能な生活圏であるからである。小学校区を中心とした多様な社会集団が，まじり合って人間関係を形成していくコミュニティづくりのための環境が小地域には整っているとされている。

2　地域社会の理論

　では，コミュニティとはどのような概念をもつのだろうか。これまで多くの

研究者が概念化への議論を重ねてきているが，コミュニティの規定そのものが多義的であることが，結果としてコミュニティ概念の曖昧化につながっているといわれている。ここでは，主に社会学的観点からコミュニティを定義づけた社会学者 G.A. ヒラリーと R.M. マッキーヴァーの理論を紹介し，その後，わが国におけるコミュニティの概念化に向けた理論の進展を見ていくこととする。

（1）コミュニティの定義

　ヒラリーは，コミュニティについて書かれている94の社会学の書物や論文の整理を行い，それらに共通する概念をまとめた。その結果，69の定義の共通項として，「地域性」と「共同性」が存在することを見出した。これにより，限定された地域的な空間の中で，共通の絆をもちながら相互に関係し合う要素をもつものがコミュニティであると解釈されている。次に1917年に『コミュニティ』を書いたマッキーヴァーは，「人々が特定の関心を分有するのではなく，共同生活の基本的な条件を分有して共同生活をしていく場合，その集団」をコミュニティと呼び，その一方で，「コミュニティの中に特定の目的のために意図的・計画的につくられた集団」をアソシエーションと分類した。そしてコミュニティがコミュニティとして成立するためには，「地域性」と「コミュニティ感情」が必要であることを提起した。この考えは，アメリカ社会でのコミュニティの再建を図るために用いられる実践的概念として，コミュニティ・オーガニゼーションや，コミュニティ・ディベロップメントの中で活用されている。

　一方，都市部での地域社会研究が盛んに展開されていたアメリカのシカゴでは，シカゴ学派と呼ばれる社会学者を中心とした研究集団が都市部特有のコミュニティ形成のプロセスとその地域課題を明らかにした。その一人に，L.ワースという研究者がいる。ワースは，都市部のコミュニティの規模や高密性，異質性といった観点から「規模が大きくなり，人口密度が高まり，コミュニティの異質性が高まるにつれて，アーバニズムと結びついた特徴がより一層際立つようになる」と指摘した。アーバニズムとは，都市部に人口が集中することで，都市部での生活スタイルが社会全体に浸透していくことを意味する。具体的には，職場と住居が分離，家族や近隣などの関係が弱体化することで，従来の伝統的な共同体での互助だけでは福祉的な課題を解決していくことが難しくなることを示している。

4

（2）わが国におけるコミュニティの分析とその枠組み

　日本におけるコミュニティ分析においては，1969（昭和44）年の国民生活審議会調査部会コミュニティ問題小委員会が「コミュニティ——生活の場における人間性の回復」という報告書をまとめ，「生活の場において，市民としての自主性と責任を自覚した個人および家庭を構成主体として，地域性と各種の共通目標をもった，開放的でしかも構成員相互に信頼感のある集団」のことをコミュニティと概念づけた。この報告書に基づき，その後，小学校区を基本とするモデルコミュニティ地区を選定したり，そこを活動拠点としたコミュニティセンターを整備したり，コミュニティ推進協議会などの組織づくりが行われていくこととなった。当時小委員会のメンバーだった奥田（1983）は『都市コミュニティの理論』の中で，コミュニティは，地域住民の価値意識と行動様式が住民主体の地域社会を作っていくと分析し，その枠組みを4つのモデルに分類している（図1-1）。

　地域福祉の概念は，1970年代から始まった高度経済成長期での地域社会の変貌と高齢化社会への移行に伴って理論化されていくが，この頃，「福祉コミュニティ」という用語を初めて用いたのが岡村である。岡村は「生活上の不利条件をもち，日常生活上の困難を現に持ち，または持つおそれのある個人や家族，さらにはこれらのひとびとの利益に同調し，代弁する個人や機関・団体が，共通の福祉関心を中心とした特別なコミュニティ集団」を福祉コミュニティと定義づけ，一般的な地域コミュニティの下位として福祉コミュニティが存在し，一般的地域コミュニティとの間に協力関係が成り立つことが望ましいと述べた。岡村の福祉コミュニティには，①サービス受給者ないしその対象者であること，②生活困難の当事者と同じ立場にいる同調者や代弁者であること，③各種サービスを提供する機関・団体・施設であることが構成要素とされている。

　その後，1980年代中頃に牧里が各論者の理論の整理を行い，地域福祉の概念を「構造的概念」と「機能的概念」に分類し，「構造的概念」の理論をさらに「政策制度論的アプローチ」と「運動論的アプローチ」，そして「機能的概念」を「主体論的アプローチ」と「資源論的アプローチ」に分けて整理している（表1-1）。

　「政策制度論的アプローチ」とは，資本主義政策がもたらす資本の蓄積により出てきた生活問題が地域福祉の対象課題であり，特に貧困問題に焦点を当て，生活問題への包括的な対策を図るための制度のあり方を論じている。「運動論

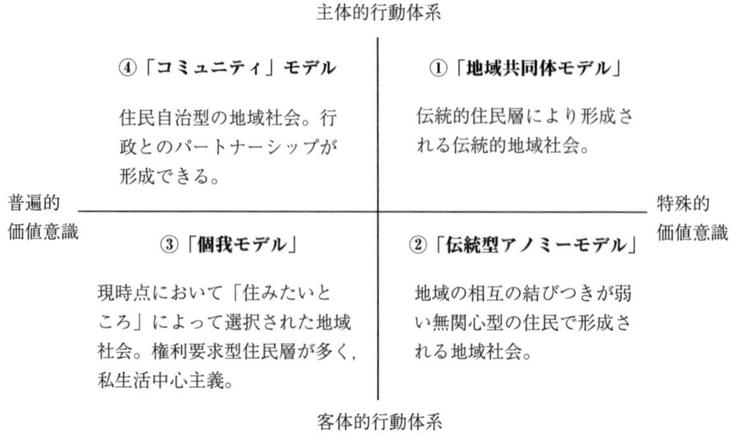

主体的行動体系

④「コミュニティ」モデル 住民自治型の地域社会。行政とのパートナーシップが形成できる。	①「地域共同体モデル」 伝統的住民層により形成される伝統的地域社会。
③「個我モデル」 現時点において「住みたいところ」によって選択された地域社会。権利要求型住民層が多く，私生活中心主義。	②「伝統型アノミーモデル」 地域の相互の結びつきが弱い無関心型の住民で形成される地域社会。

普遍的価値意識　　　　　　　　　　　　　　　　　　　　　　　特殊的価値意識

客体的行動体系

図 1-1　奥田道大によるコミュニティモデル

出所：奥田道大（1983）『都市コミュニティの理論』東京大学出版会。

表 1-1　地域福祉の概念のとらえかた（牧里毎治の構造的アプローチと機能的アプローチから）

地域福祉論		概　念	概　要	主な論者
	構造的概念	政策制度論的アプローチ	資本主義政策がもたらす資本の蓄積により出てきた生活問題が地域福祉の対象課題であるとした。特に貧困問題に焦点を当て，生活問題への包括的な対策を図るための制度のあり方を論じている。	右田紀久恵 井岡勉
		運動論的アプローチ	住民の参加や社会運動を通して政策・制度的対策を図ること。	真田是
	機能的概念	主体論的アプローチ	地域福祉が問題解決のための機能体系であると位置づけている。ここでは，住民が主体的に問題解決を図るプロセスを重視している。	岡村重夫
		資源論的アプローチ	福祉ニーズに対応するために資源である在宅福祉サービスをどのように供給していくのか，そのシステムを重視している。	永田幹夫 三浦文夫

出所：牧里毎治（1984）「地域福祉の 2 つのアプローチ論」阿部志郎ほか編『地域福祉教室』有斐閣より一部筆者改変。

的アプローチ」とは，住民の参加や社会運動を通して政策・制度的対策を図るアプローチのことである。「主体論的アプローチ」では，地域福祉が問題解決のための機能体系であると位置づけており，ここでは，住民が主体的に問題解決を図るプロセスを重視している。「資源論的アプローチ」は，福祉ニーズに対応するために資源である在宅福祉サービスをどのように供給していくのか，そのシステムを重視している。

3　地域社会における人々の生活の変化

（1）人口減少に伴う世帯の小規模化

　2020（令和2）年に行われた国勢調査による速報集計では，2020（令和2）年10月1日現在の総人口が1億2622万7000人で，2015（平成27）年と比べて86万8000人減少した。人口増減率の推移を見ると，調査を開始した1920（大正9）年から2010（平成22）年までは増加していたものの，2010（平成22）～2015（平成27）年には0.8％減と初めて減少し，2015（平成27）～2020（令和2）年も0.7％減と引き続き人口減少となっている（図1-2）。

　2019（令和元）年の国民生活基礎調査における全国の世帯総数は5178万5000世帯で，一世帯の平均人員は2.39人である。世帯構造を見ると，「単独世帯」が1490万7000世帯と全世帯の28.8％を占め最も多く，次いで「夫婦と未婚の子のみの世帯」が1471万8000世帯で28.4％，「夫婦のみの世帯」が1263万9000世帯で24.4％となっている。世帯類型別で見ると，「高齢者世帯」が1487万8000世帯で全世帯の28.7％を占めている（表1-2）。男女別による世帯構造では，全世帯のうち男性の単独世帯数による割合が17.3％であるのに対して，女性の単独世帯数の割合は，32.3％と男性よりも多い。さらに男性は，年齢が上がるにしたがって「子夫婦と同居」する割合が高くなるのに対して，女性は，「単独世帯」と「子夫婦と同居」の割合が高くなっている。また，男性はどの年代も「夫婦のみの世帯」が多いのに対して，女性は年齢が上がるにつれて「単独世帯」の割合が高くなる。図1-3をみるとわかるように，男性は年齢が上がっても，配偶者もしくは家族と同居していることが多く，一方女性は，配偶者と死別，もしくは離別後も一人暮らしを続けたり，または家族と同居したりするケースが多い。

　世帯の小規模化は，高齢者世帯に限らない。親子三世代で暮らす世帯が減り，

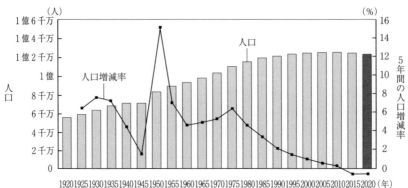

図1-2　人口及び人口増減率の推移（1920～2020年）

出所：総務省統計局（2020）「令和2年　国勢調査結果（人口速報集計）」より。

表1-2　世帯構造別，世帯類型別世帯数及び平均世帯人員の年次推移

	総　数	世　帯　構　造						世　帯　類　型				平　均世帯人員
		単独世帯	夫婦のみの世帯	夫婦と未婚の子のみの世帯	ひとり親と未婚の子のみの世帯	三世代世帯	その他の世帯	高齢者世帯	母子世帯	父子世帯	その他の世帯	
	推　　　　　計　　　　　数（単位：千世帯）											（人）
1986（昭和61）年	37 544	6 826	5 401	15 525	1 908	5 757	2 127	2 362	600	115	34 468	3.22
'89（平成元）	39 417	7 866	6 322	15 478	1 985	5 599	2 166	3 057	554	100	35 707	3.10
'92（　4）	41 210	8 974	7 071	15 247	1 998	5 390	2 529	3 688	480	86	36 957	2.99
'95（　7）	40 770	9 213	7 488	14 398	2 112	5 082	2 478	4 390	483	84	35 812	2.91
'98（　10）	44 496	10 627	8 781	14 951	2 364	5 125	2 648	5 614	502	78	38 302	2.81
2001（　13）	45 664	11 017	9 403	14 872	2 618	4 844	2 909	6 654	587	80	38 343	2.75
'04（　16）	46 323	10 817	10 161	15 125	2 774	4 512	2 934	7 874	627	90	37 732	2.72
'07（　19）	48 023	11 983	10 636	15 015	3 006	4 045	3 337	9 009	717	100	38 197	2.63
'10（　22）	48 638	12 386	10 994	14 922	3 180	3 835	3 320	10 207	708	77	37 646	2.59
'13（　25）	50 112	13 285	11 644	14 899	3 621	3 329	3 334	11 614	821	91	37 586	2.51
'16（　28）	49 945	13 434	11 850	14 744	3 640	2 947	3 330	13 271	712	91	35 871	2.47
'17（　29）	50 425	13 613	12 096	14 891	3 645	2 910	3 270	13 223	767	97	36 338	2.47
'18（　30）	50 991	14 125	12 270	14 851	3 683	2 720	3 342	14 063	662	82	36 184	2.44
'19（令和元）	51 785	14 907	12 639	14 718	3 616	2 627	3 278	14 878	644	76	36 187	2.39
	構　　　成　　　割　　　合（単位：%）											
1986（昭和61）年	100.0	18.2	14.4	41.4	5.1	15.3	5.7	6.3	1.6	0.3	91.8	・
'89（平成元）	100.0	20.0	16.0	39.3	5.0	14.2	5.5	7.8	1.4	0.3	90.6	・
'92（　4）	100.0	21.8	17.2	37.0	4.8	13.1	6.1	8.9	1.2	0.2	89.7	・
'95（　7）	100.0	22.6	18.4	35.3	5.2	12.5	6.1	10.8	1.2	0.2	87.8	・
'98（　10）	100.0	23.9	19.7	33.6	5.3	11.5	6.0	12.6	1.1	0.2	86.1	・
2001（　13）	100.0	24.1	20.6	32.6	5.7	10.6	6.4	14.6	1.3	0.2	84.0	・
'04（　16）	100.0	23.4	21.9	32.7	6.0	9.7	6.3	17.0	1.4	0.2	81.5	・
'07（　19）	100.0	25.0	22.1	31.3	6.3	8.4	6.9	18.8	1.5	0.2	79.5	・
'10（　22）	100.0	25.5	22.6	30.7	6.5	7.9	6.8	21.0	1.5	0.2	77.4	・
'13（　25）	100.0	26.5	23.2	29.7	7.2	6.6	6.7	23.2	1.6	0.2	75.0	・
'16（　28）	100.0	26.9	23.7	29.5	7.3	5.9	6.7	26.6	1.4	0.2	71.8	・
'17（　29）	100.0	27.0	24.0	29.5	7.2	5.8	6.5	26.2	1.5	0.2	72.1	・
'18（　30）	100.0	27.7	24.1	29.1	7.2	5.3	6.6	27.6	1.3	0.2	71.0	・
'19（令和元）	100.0	28.8	24.4	28.4	7.0	5.1	6.3	28.7	1.2	0.1	69.9	・

注：1）1995（平成7）年の数値は，兵庫県を除いたものである。
　　2）2016（平成28）年の数値は，熊本県を除いたものである。
出所：厚生労働省（2019）「令和元年　国民生活基礎調査」。

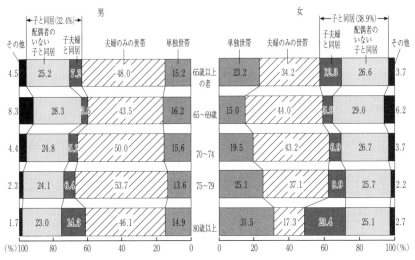

図 1 - 3　性・年齢階級別にみた65歳以上の者の家族形態（2019年）
出所：厚生労働省（2019）「令和元年　国民生活基礎調査」。

核家族世帯やひとり親家庭の世帯が増えているのも一つの要因である。特にひとり親家庭の世帯は，1989（平成元）年に198万5000世帯だったのに対し，2019（令和元）年には２倍近い361万6000世帯に増加している。特に世帯構造の小規模化は，家庭の貧困化にもつながる可能性が高い。たとえば，2019（令和元）年の国民生活基礎調査における高齢者世帯の平均総所得は312.6万円，母子世帯は306.0万円であり，全世帯平均の552.3万円よりも下回っている。さらに，１世帯当たりの平均所得金額及び所得の種類，構成割合を見ると，世帯平均所得のうち「稼働所得」が占める割合は，全世帯では74.3％なのに対し，高齢者世帯では23.0％である。反対に，高齢者世帯の平均所得の「公的年金・恩給」に占める割合は，63.6％と全世帯の19.1％と比べると圧倒的に高い水準となっている。母子世帯においては，「稼働所得」が占める割合は，75.5％と全世帯平均よりも高い。その一方で，社会保障給付金の一つとされる児童手当等の占める割合は12.2％となっている。高齢者世帯が多くの収入を公的年金等に頼らざるを得ない部分があること，また母子世帯においては，総所得の平均が全世帯を大きく下回っている一方で，その大半を家族による稼働所得で賄っている現状がうかがえる。母子家庭を中心とするひとり親世帯や，高齢者世帯が抱える見えない貧困に対処していく必要がある（表 1 - 3 ）。

表1‑3　1世帯当たりの平均所得金額及び所得の種類，構成割合

世帯類型	総所得	稼働所得		財産所得	公的年金・恩給	公的年金・恩給以外の社会保障給付金			仕送り・企業年金・個人年金等・その他の所得
			雇用者所得				児童手当等	その他の社会保障給付金	
1世帯当たり平均所得金額（単位：万円）									
総　　数	552.3	410.3	383.9	15.8	105.5	6.2	3.1	1.6	14.5
高齢者世帯	312.6	72.1	60.1	20.4	199.0	1.8	―	1.4	19.4
高齢者世帯以外の世帯	659.3	561.3	528.4	13.7	63.8	8.2	4.4	1.7	12.3
母子世帯	306.0	231.1	225.6	17.6	10.4	37.3	30.1	6.8	9.6
その他の世帯	664.5	566.1	532.8	13.7	64.6	7.7	4.0	1.7	12.4
（再掲）児童のいる世帯	745.9	686.8	651.8	8.1	25.6	18.5	14.3	1.5	6.9
（再掲）65歳以上の者のいる世帯	468.8	237.5	209.3	22.5	185.9	2.9	0.8	1.2	20.0
1世帯当たり平均所得金額の構成割合（単位：%）									
総　　数	100	74.3	69.5	2.9	19.1	1.1	0.6	0.3	2.6
高齢者世帯	100	23.0	19.2	6.5	63.6	0.6	―	0.4	6.2
高齢者世帯以外の世帯	100	85.1	80.1	2.1	9.7	1.2	0.7	0.3	1.9
母子世帯	100	75.5	73.7	5.8	3.4	12.2	9.8	2.2	3.2
その他の世帯	100	85.2	80.2	2.1	9.7	1.2	0.6·	0.3	1.9
（再掲）児童のいる世帯	100	92.1	87.4	1.1	3.4	2.5	1.9	0.2	0.9
（再掲）65歳以上の者のいる世帯	100	50.7	44.7	4.8	39.7	0.6	0.2	0.3	4.3

注：「その他の世帯」には，「父子世帯」を含む。
出所：厚生労働省（2019）「令和元年　国民生活基礎調査」。

（2）地域社会と近所付き合い

　では，地域での暮らしの現状はどうなっているのだろうか。ここでは，家庭をめぐる状況と地域社会での人々のつながりに対する意識に焦点を当てて見ていくこととする。

　内閣府が行った「社会意識に対する世論調査」（2020（令和2）年）で，地域での付き合いはどの程度が望ましいと思うかを尋ねたところ，全体では「地域の行事や会合に参加したり，困ったときに助け合う」と答えた者の割合が35.9%，「地域の行事や会合に参加する程度の付き合い」と答えた者の割合が

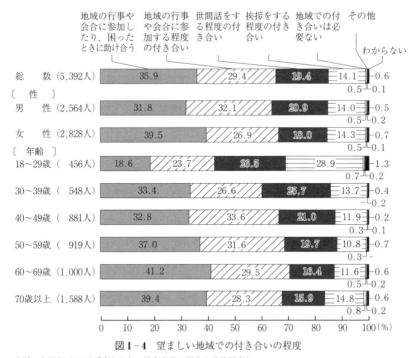

図1-4　望ましい地域での付き合いの程度

出所：内閣府（2020）「令和2年　社会意識に関する世論調査」。

29.4％，「世間話をする程度の付き合い」と答えた者の割合が19.4％，「挨拶をする程度の付き合い」と答えた者の割合が14.1％，「地域での付き合いは必要ない」と答えた者の割合が0.5％となっており（図1-4），これまでの調査結果と比べても人びとの意識にさほどの変化は見られない。都市規模別に見ると，大都市では「世間話をする程度の付き合い」や「挨拶程度の付き合い」の割合が高い一方で，小都市では，「困ったときに助け合う」の割合が高くなっており，都市の規模によっても差がある。特に女性は，男性と比べても「地域の行事や会合に参加したり，困ったときに助け合う」と答えた割合が高いことがわかる。

　次に，2019（令和元）年の「国民生活に関する世論調査」の中で家庭の役割について尋ねたところ，「家族の団らんの場」「休息・やすらぎの場」をあげた者の割合が高く，以下，「家族の絆（きずな）を強める場」「親子が共に成長する場」となった（図1-5）。そして，大都市ほど「家族の団らんの場」をあげ

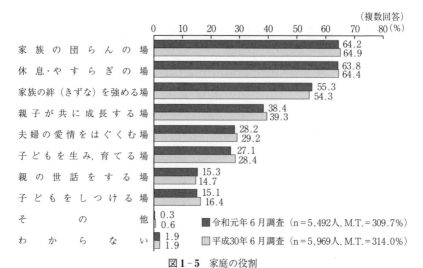

図1-5　家庭の役割

出所：内閣府（2019）「令和元年　国民生活に関する世論調査」。

た者の割合が高くなっている。

　一方で，女性の社会進出に伴う意識の変化や，男性雇用者単独での収入では家計的に厳しいといった経済的事情の変化により，年々共働きの世帯数が増加している。それにより，家庭内での子どもとの関わりにも変化が生じている。2014（平成26）年度の全国家庭児童調査では，1週間当たりの子どもと父母との会話時間が，就労している父親だと「0～4時間」以内で全体の32.0％を占め，父親が家庭で子どもと関わる時間が少ないことがうかがえる。就労している母親では，「5～9時間」が18.3％と最も高いが，一方，就労していない母親では，「70時間以上」が16.8％と最も多かった。家族との団らん，安らぎの場を家庭に求めている一方で，それがなかなか実現できていない側面がここから読み取れる。

（3）地域社会における過疎について

　2021（令和3）年4月，過疎地域の持続的発展に関する施策を総合的かつ計画的に推進するために，10年間の時限で設けられた「過疎地域の持続的発展の支援に関する特別措置法」が施行された。この法律では，「人口の著しい減少等に伴って地域社会における活力が低下し，生産機能及び生活環境の整備等が

他の地域に比較して低位にある地域について，総合的かつ計画的な対策を実施するために必要な特別措置を講ずることにより，これらの地域の持続的発展を支援し，もって人材の確保及び育成，雇用機会の拡充，住民福祉の向上，地域格差の是正並びに美しく風格ある国土の形成に寄与すること」（第1条）を目的としている。

　総務省の「2019（令和元）年度版過疎対策の現況」によると，過疎地域の人口は，全国の8.6％にすぎないが，市町村の数は半数近くあり，また国土面積の6割弱が過疎地域である。農村部から都心部への人口移動が進む中で，農村部における人口減少・高齢化率は加速化している。それにより，農村部の地域社会において一定の生活水準を維持していくことが難しくなっている。

　過疎地域の人口増減を見ると，就職等で若者を中心とした転出者数が転入者数を上回る社会減が多かったが，1989（平成元）年度以降，死亡者数が出生者数を上回る自然減と社会減の両方が重なり，2009（平成21）年度以降は，自然減が主な人口減少の要因となっている。また，全国と比較すると医者がいない地区が多く，過疎地域には90％存在する。医療や福祉の体制が十分でないため，非過疎地域との間に格差が見られる。

　過疎地域の課題の一つに，限界集落がある。限界集落には明確な言葉の定義はないが，大野（2008）が「65歳以上の高齢者が集落人口の半数を超え，冠婚葬祭をはじめ田役，道役などの社会的共同生活の維持が困難な状態に置かれている集落を『限界集落』」と呼んだことから始まった。

　集落の過疎化は，人口の減少，産業の衰退，医療・福祉・教育などの社会インフラの未整備などの問題のみならず，その土地で育まれた豊かな自然，伝統文化や風習，言葉などが消滅してしまう課題も抱えている。しかしながら一方で，集落の再生と創生について，新たな観点で議論し，取り組みを始めているところも存在する。たとえば，渥美（2020）が中心となって進めている日本学術振興会先導的人文学・社会科学研究推進事業「尊厳ある縮退によるコミュニティの再生と創生」では，集落の再生と集落の創生を次のように区別して述べている。集落の再生とは，「住民の自発的意思によりながら集落を持続可能な形で存続すること」であり，集落の創生とは，「住民の自発的意思によりながら集落を閉じて集落として別様の生活を目指すこと」である。ここには，従来いわれている集落の消滅とは異なる「縮退」の概念が含まれている。それは，すなわち，集落の暮らしを人口という指標でとらえたり，コミュニティとして

の機能を外部から設定するのではなく，集落の住民と集落に関係する人々が対話を重ねながら　取り組んでいくことで，新たな価値観を醸成していくことを目指している。

（4）外国籍市民との共生

　日本は，今や多様な文化的背景をもつ人々が暮らす社会となった。しかしながら「外国人」と聞くと，観光客，労働者，留学生など，限られたイメージしかもたれないことが多く，日本で生活する「生活者」としての視点が不足している。社会福祉の現場では，日本人を前提とした福祉サービスが多く，「海外にルーツをもつ人びと」を想定したサービスが不足している。これからの地域社会を考えるとき，地域で暮らす住民としての「外国人」とどのように共生していくのか，そのために必要なこととは何かを考えていく必要がある。

　日本での外国籍市民の現状を考えるとき，在日コリアンや中国人を中心とするオールドカマーと，1980年代以降の世界経済のグローバル化・国際化に伴って労働者として流入したニューカマーの両方について見ていく必要がある。

　ここ10年の日本で暮らす外国人の推移を見ると，2020（令和2）年における在留外国人数は288万7000人となり，前年末（293万3000人）に比べ，4万6000人（1.6％）減少した（表1-4）。これは，2012（平成24）年以来初めての減少であり，新型コロナウイルス感染症に伴う国境の閉鎖と人流の抑制が背景としてある。

　出身は194か国にも及ぶが，国籍別では，第1位の中国が77万8112人で，在留外国人全体の27％を占めている。2位は，これまでの韓国（法務省データでの表記）に代わってベトナムの44万8053人で，他の上位10か国すべてが減少だったのに対し，ベトナムのみが，8.8％の増加となった。ベトナム人の多くは，技能実習生として日本で就労している外国人労働者である。3位の韓国は，オールドカマーが多いこともあり，高齢化とともに減少しているのが特徴的である。4位以下は，フィリピン，ブラジル，ネパール，インドネシアと続く。

　300万人近い外国籍市民が暮らす日本には，日本で生まれ育った子どもたちも年々増えてきている。このような現状は，外国籍市民が地域社会での構成員の一人として生活している実質上の移民であることに変わりはない。外国籍市民が日本で生活していくためには，日本で暮らす住民として享受すべきさまざまな権利が保障される必要がある。地域福祉の分野においても，多文化共生に

表1-4　国籍・地域別在留外国人数の推移

国籍・地域	平成22年末(2010)	平成23年末(2011)	平成24年末(2012)	平成25年末(2013)	平成26年末(2014)	平成27年末(2015)	平成28年末(2016)	平成29年末(2017)	平成30年末(2018)	令和元年末(2019)	令和2年末(2020)	構成比(%)	対前年末増減率(%)
総　数	2,087,261	2,047,349	2,033,656	2,066,445	2,121,831	2,232,189	2,382,822	2,561,848	2,731,093	2,933,137	2,887,116	100.0	-1.6
中　国	678,391	668,644	652,595	649,078	654,777	665,847	695,522	730,890	764,720	813,675	778,112	27.0	-4.4
ベトナム	41,354	44,444	52,367	72,256	99,865	146,956	199,990	262,405	330,835	411,968	448,053	15.5	8.8
韓国・朝鮮	560,799	542,182											
韓　国			489,431	481,249	465,477	457,772	453,096	450,663	449,634	446,364	426,908	14.8	-4.4
フィリピン	200,208	203,294	202,985	209,183	217,585	229,595	243,662	260,553	271,289	282,798	279,660	9.7	-1.1
ブラジル	228,702	209,265	190,609	181,317	175,410	173,437	180,923	191,362	201,865	211,677	208,538	7.2	-1.5
ネパール	17,149	20,103	24,071	31,537	42,346	54,775	67,470	80,038	88,951	96,824	95,982	3.3	-0.9
インドネシア	24,374	24,305	25,532	27,214	30,210	35,910	42,850	49,982	56,346	66,860	66,832	2.3	-0.04
台　湾			22,775	33,324	40,197	48,723	52,768	56,724	60,684	64,773	55,872	1.9	-13.7
米　国	49,821	49,119	48,361	49,981	51,256	52,271	53,705	55,713	57,500	59,172	55,761	1.9	-5.8
タ　イ	38,240	41,316	40,133	41,208	43,081	45,379	47,647	50,179	52,323	54,809	53,579	1.8	-2.6
その他	248,223	244,677	284,797	290,098	301,627	321,524	345,189	373,339	396,946	424,217	418,019	14.5	-1.5

出所：法務省（2020）「令和2年　在留外国人統計」。

対する理解を深め，サービスを必要としている人々が人種や国籍に関係なく，必要な福祉的支援にアクセスできるよう働きかけていくことが大切である。

（5）人々の生活の変化がもたらす地域社会への影響

　こうして見ると，人口動態や都市化，産業構造等の変化だけでなく，家庭等をめぐる生活状況の変化が，地域社会にも影響をもたらすことが見えてきた。具体的には，子育て世代が働きに出ることで昼間人口が減り，近所とのつながりをつくる時間が設けられないということが考えられる。子どもとの接触時間が減り，子どもの安全や家庭内での課題に親だけで対応することが難しい状況も生じている。親は，地域での取り組みに参加できなかったりすることで，結果として地域での人と人とのつながりが希薄化することが考えられる。子育て世代の就業により，超高齢社会を迎えた地域で高齢者を家庭で支えることにも限界が生じている。高齢者は，現役世代の就業や子育てによって家庭内でのインフォーマルなサポートを得ることができなくなってきている。

　外国籍市民が抱える問題や課題を，他者に相談することはなかなか容易なことではない。在留資格や不安定な生活，言葉の問題などさまざまな要因が複雑に絡み合っていることで，相談支援につながりにくいこともある。相談の中には，単発的な生活支援で終わるケースも多く，継続的な支援体制を作っていくことが難しい現状もある。場合によっては，アウトリーチなどといったソーシャルワークを実践することで実際的な支援を軸とし，そこからクライアントの見えないニーズに少しずつ触れながら支援していくことが求められる。地域の中には，社会のセーフティネットからこぼれ落ちている人々も存在する。必要とされるサービスにアクセスできない人々に向けた支援策を講じていくことは喫緊の課題であり，地域の人々を地域で支えるまちづくりが今後ますます求められている。

注

(1)　新村出編（2018）『広辞苑　第7版』岩波書店。

(2)　岡村重夫（1974）『地域福祉論』光生館，12頁。

(3)　(2)と同じ，67頁。

(4)　牧里毎治（1984）「地域福祉の2つのアプローチ論」阿部志郎ほか編『地域福祉教室』有斐閣，60〜68頁。

(5)　Hillery, G. A. (1955) "Definition of community: Areas of agreement," *Rural Sociology,* 20 (2), pp. 111-123.

(6)　マッキーヴァー，R. M./中久郎・松本通晴監訳（1975）『コミュニティ』ミネルヴァ書房。

(7)　ワース，L./高橋勇悦訳（1978）「生活様式としてのアーバニズム」T. パーソンズほか/鈴木広編『都市化の社会学　増補版』誠信書房，9頁。

(8)　国民生活審議会調査部会コミュニティ問題小委員会（1969）「コミュニティ——生活の場における人間性の回復」155〜156頁。

(9)　奥田道大（1983）『都市コミュニティの理論』東京大学出版会。

(10)　(2)と同じ，69頁。

(11)　(4)と同じ。

(12)　大野晃（2008）『限界集落と地域再生』高知新聞社，22頁。

(13)　渥美公秀(2020)「尊厳ある縮退によるコミュニティの再生と創生——概念の整理と展望」『災害と共生』4 (1)，1〜9頁。

参考文献

厚生労働省（2019）「令和元年　国民生活基礎調査」。

総務省（2019）「令和元年度版　過疎対策の現況」。

内閣府（2019）「令和元年　国民生活に関する世論調査」。

内閣府（2020）「令和2年　社会意識に関する世論調査」。

法務省（2020）「令和2年　在留外国人統計」。

学習課題

① 日本での地域社会のとらえかたについて，岡村重夫は，共同体としての人々の集団を想定したコミュニティの考えを重視したが，その背景には何があったのか考えてみましょう。

② 本章にあったコミュニティの概念について整理してみましょう。

③ 地域社会における人々の生活の変化について，どのようなものがあるかを書き出して，説明してみましょう。

第2章

地域生活課題の現状

　地域福祉における生活課題は，近年，少子高齢化や独居高齢者・高齢者世帯の増加，世代の価値観の多様化などを背景に地域社会のつながりや地域に対する関心の希薄化が問題になっている。これらの背景に関連して孤独死，ひきこもり，虐待，認知症ケア，自殺者の増加など，地域の福祉課題は多重・複雑化し拡大している。本章では，これら地域福祉に関わる新たな生活課題や社会的孤立，地域におけるコンフリクト等の現状を学ぶ。

1　地域生活で直面する障壁

（1）情報が届かないことやアクセスの困難さから生じる障壁
　地域住民が抱える生活課題には「情報が届かないことやアクセスが困難であることから生じる障壁」が存在する。現代社会において，身の周りには地域生活についての数多くの情報があふれている。たとえば，情報は行政から発信される福祉サービスや研修，当事者団体の活動情報，地域から発信される集いの場の活動内容などさまざまである。特に介護や福祉サービスに関する情報提供はわかりやすい資料作成，情報提供などが行われるようになり，工夫改善が図れるようになってきている。しかしながら，高齢者（独居高齢者，夫婦のみ世帯高齢者，認知症高齢者）や視覚障害者や聴覚障害者，知的障害者などサービスの利用が必要な人の多くは，広報誌や行政からの重要な資料が読めなかったり，判断能力が不十分で理解が困難であったり，大量の情報のため重要な情報にたどり着けない，またサービスへのアクセス方法がわからないなどの障壁がある。情報が届かないことやアクセスの困難さから生じる問題には，知らないことを知らない，わからないことがわからないため，そもそも情報が届かないことからサービスを利用できず，支援につながらない状態が生じている場合も見られ

る。わが国では社会福祉サービスは基本的には「申請」によって利用が可能となる申請主義をとっているため，申請しないまま深刻な状態（問題）に陥る可能性がある。これらの情報の障壁を防ぐには，地域において，住民同士の集まり（サロン）などで個別に相談に応じながら情報提供していくことや，サービスへのアクセスに必要な支援を行う必要がある。

（2）当事者や地域住民の認識から生じる障壁

　当事者（要援護者）には，困っていることに対する「意識の障壁」が存在する。これは，相談することに対する「恥ずかしい」「他者の世話になりたくない」「福祉サービスを使うと世間体が悪い」「迷惑をかけることが申し訳ない」などの認識から相談や支援につながらないといった意識の障壁が存在する。

　一方で，地域住民の中には当事者に対する認識から生じる2種類の障壁が存在する。一つは，無知と無関心による「偏見」と「差別」の認識である。たとえば高齢者，障害者などに対する，「社会にとって役に立たない」「迷惑な存在」とし，嫌悪の目で見るという認識である。また，外国人や生活困窮者，ホームレスなどを犯罪と短絡的に結びつける発想，地域の中に障害者施設を建設しようとすると起きる反対運動などの認識がある。

　もう一つは，「憐れみ」「同情」といった要援護者を庇護すべき存在と考え，優越的な立場から不幸な要援護者のための何かをしてあげようとする姿勢である。障害者が人間として当たり前の要求，権利を主張する際の「障害者のくせに」という認識が存在する。これらの2つの認識によって要援護者が地域で生活をする障壁となっている場合がある。

　これらの意識を変化させるためには，地域や社会において正しい知識の付与や当事者と地域住民が触れ合う機会の提供など地域の中での福祉教育が重要である。

（3）制度・サービスの適用範囲の限界から生じる障壁

　当事者，地域住民が認識を変化させ，適切な情報を得ることができた場合においても，そもそもの制度・サービスがないという「制度・サービス整備の不十分さから生じる障壁」も存在する。公的福祉サービスが拡充したが，公的サービスには限界があり，十分に制度・サービスが整備されているとはいえない。具体的な例としては，認知症の中でも若年性の認知症者に対する制度・

サービスが十分であるとはいえない。また，現在の制度・サービスが縦割りであり，それぞれの連携が十分でないことから，その制度・サービスに当てはまらない場合が生じる。そのため，それぞれの制度の間（狭間）にある課題や新しく発生してきた問題には対応できず，制度の間で苦しむ人たちが出てくるのである。具体的には生活困窮者の問題などがあげられる。生活困窮者は高齢者，障害者，子どもなど法令・制度等の枠組みでは対応できない横断的な課題となっている。注意したい点としては，制度・サービスの枠に当てはまらず，窓口をたらいまわしにされた当事者は二度と利用に至らない場合がある。

　今後，制度・サービス整備の不十分から生じる障壁に対しては，制度・サービスに縛られない NPO やボランティアなどの民間社会福祉の取り組みが期待されている。制度・サービスは基準に合えば誰でも受けることができる優れた面をもっているが，一方，少しでも基準に合わなければ，受けることができないケースがあり，サービスを提供したいのにできないということが少なくない。このような場合に対して，制度に縛られない NPO やボランティアなどの民間社会福祉の取り組みが期待されている。

（4）生活課題の多様化・複雑化から生じる障壁

　現行の社会制度では対応できない「生活課題の多様化・複雑化から生じる障壁」が噴出している。近年における地域での問題の変化や新たな課題をふまえて，厚生労働省が「社会的に弱い立場にある人々を含むすべての人を地域社会で受け入れ共に生きていく」という理念をまとめた「社会的な援護を要する人々に対する社会福祉のあり方に関する検討会報告書」(2000（平成12）年)[1]において現代社会の社会福祉の諸問題が取り上げられた。この報告書では，戦後，社会福祉は「貧困からの脱出」という社会目標に向け，一定の貢献をしてきたことは評価されるが，家族の縮小や都市化と核家族化の進展や，国際化といった社会の急激な変化を背景として人々の「つながり」が弱体化したことから，新たな課題が生じたことを指摘している。現行の仕組みのみでは解決困難な問題が広がり，社会的な排除や摩擦の問題としてホームレス問題や，外国人が抱えるコミュニケーションや就業の問題，社会的孤立から孤独死や虐待の問題が増えている。また，貧困の問題や心身の障害・不安の問題など多様な問題が存在する（図2-1）。

　さらに，これらに加えて，生活課題が複雑化した問題もある。具体的な例と

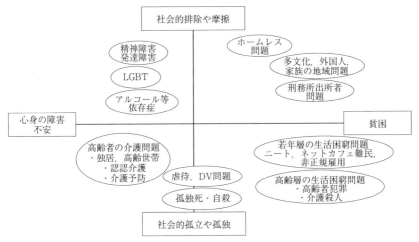

図2-1　現代社会の社会福祉の諸問題

出所：社会的な援護を要する人々に対する社会福祉のあり方に関する検討会（2000）「社会的な援護を要する人々に対する社会福祉のあり方に関する検討会報告書」より一部筆者改変。

して「8050問題」がある。「8050問題」とは80歳台の親，自立できない事情を抱える50歳台の子を指し，こうした親子が社会から孤立する問題のことである。この問題は80歳台の親，50歳台の子に対して支援を行うだけで解決できない。たとえば80歳台の親が介護状態となり介護が必要になった場合，一つの支援として介護保険制度による施設入所などの制度・サービスにつなげる支援があるが，それだけでは解決しない。そこには80歳台の親の年金で生活する50歳台の子が存在し，80歳台の親が施設入所し，年金収入がなくなることで50歳台の子は生活困窮状態に陥る場合がある。成人となっても親元で生活をしている人は「パラサイト・シングル」と呼ばれ，むしろ親世代よりも経済的に苦しく，同居せざるを得ない場合もある。このように8050問題は問題が単独で存在し，その問題の支援を行うことで解決するのではなく，課題が複雑でいくつかの課題が重なる多重性の傾向も問題となっている。これらの問題の重要な点は，対応が遅れ時間が経つことで問題がさらに複雑・困難化していく点にある。

2　多様化・複雑化した地域生活課題の現状

（1）地域からの孤立による課題

　社会的孤立とは，「家族や地域社会との関係が希薄な状態」で，「他者との接触がほとんどない状態」であり社会的に孤立するということである[(2)]。社会の中で居場所，社会的な安定性をもたない社会的集団についていわれる。最近では，少子高齢社会において，孤独死する高齢者が増えている。孤独死に関して確立した定義はないが，内閣府の「令和2年版高齢社会白書」には「誰にも看取られることなく息を引き取り，その後，相当期間放置されるような悲惨な孤立死（孤独死）」[(3)]と表現されている。同白書によると孤独死を心配している一人暮らしの高齢者は多く，約50％もの一人暮らしの高齢者（60歳以上の方）が，孤独死を身近に感じると回答している（図2-2）。孤独死の理由として周囲と付き合いがないと，孤独死につながりやすくなるが，地域において「あいさつをする程度」「付き合いはほとんどしていない」と答えた60歳以上の単身世帯の割合は，男性65.7％，女性37.0％と報告されている。男性の方がより地域から孤立していると感じる割合は高くなっている（図2-3）。

　地域における孤立が引き起こす問題として介護殺人があげられる。日本では高齢者の数が増え続けており，それとともに介護が必要な高齢者の数も増加している。「令和2年版高齢社会白書」によれば，65～74歳の要介護認定を受けた人の割合は2.9％で，75歳以上で要介護認定を受けた人は23.3％であり，75歳以上での割合が高くなっている。その大半は家族（とりわけ女性）が介護者となっており，「老老介護」も相当数存在している。地域から孤立した状況の高齢者が介護し，介護を一人で抱え込んでしまい，さらに地域や親族から孤立してしまうことも少なくない。背景として周囲に生活を共にしたり，話し相手になったり，相談する身近な親しい人がおらず，社会的孤立状態となっている場合が多い。介護を行ううえで一人という環境は，今の環境から抜け出す機会を見失い，解決手段が見出せず，周囲に頼ることもできず，孤独感を深め，介護殺人に至ってしまうこともある。

　そのような現行の仕組みでは解決が困難な問題の広がりに対応するためには，さまざまなニーズをもつ人々を発見するための仕組みづくり，地域とのつながりづくり，社会参加の場づくりを行うことや必要な社会資源を開発していくこ

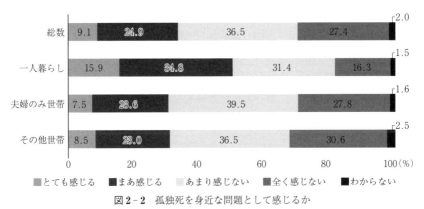

図2-2 孤独死を身近な問題として感じるか

出典：内閣府「令和2年版高齢社会白書」。

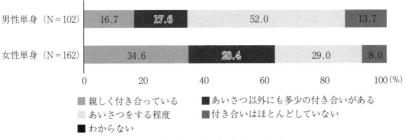

図2-3 近所の人との付き合いの程度

出所：内閣府「令和2年版高齢社会白書」。

とが肝要となる。

（2）虐待とセルフネグレクト

　近年，高齢者や子どもの虐待死亡事例のような重大な報道が続き，地域包括支援センター，児童相談所の虐待対応のあり方が問われている。高齢者虐待とは，①暴力的行為によって身体に傷やあざ，痛みを与える行為や外部との接触を意図的，継続的に遮断する行為としての「身体的虐待」，②脅しや侮辱などの言葉や態度，無視，嫌がらせ等によって精神的に苦痛を与える「心理的虐待」，③本人が同意していない，性的な行為やその強要を行うこと等をさす「性的虐待」，④本人の合意なしに財産や金銭を使用し，本人が希望する金銭の使用を理由なく制限する「経済的虐待」，⑤必要な介護サービスの利用を妨げ

る，世話をしない等により，高齢者の生活環境や身体的・精神的状態を悪化させる「介護・世話の放棄・放任」がある。高齢者虐待の対応の難しさとして，①虐待かどうかの判断の難しさ，②家庭への介入することの難しさ，③虐待をしている人に自覚があるとは限らないといったことがあげられる。高齢者が危険な状態に陥っていても，虐待を行う虐待者に虐待の自覚がないことが多いのも特徴である。また虐待を受けている人にも自覚がない場合もあり，対応が遅れることもある。

　一方の児童虐待とは，①保護者が子どもに，殴る，蹴る，首を絞めるなどの暴行を行う「身体的虐待」，②大声や脅しなどで恐怖に陥れる，無視や拒否的な態度をとる，自尊心を傷つける言葉を繰り返すなどの「心理的虐待」，③子どもへの性交や，性的な行為の強要などを行う「性的虐待」，④保護の怠慢，養育の放棄・拒否などを指す「ネグレクト」の４種類がある。児童虐待の対応の難しい点は，虐待としつけの違いである。虐待としつけの二者間には，しっかりと線引きできないグレーゾーンが存在するため対応が困難であったり遅れたりする。また子どもからのSOSが専門職に届きにくい点もあげられる。

　今後は，高齢者や子どもなどの虐待に対し早期に相談援助活動を行うためには，市町村や都道府県などとの連携・協力を進めていかなければならない。複数の機関が連携しながら相談援助を進める場合，ケースの進捗状況や援助の適否，問題点，課題等について，特定の機関が責任をもって把握し，分析，調整などを行う必要がある。そして，関係機関が情報交換を行い，共通の認識に立ってそれぞれの役割を分担したうえで協議するなど，各関係機関が連携しながら効果的対応を図ることが重要である。

　またごみ屋敷などのセルフネグレクトの問題も存在する。ごみ屋敷問題の解決のための課題としては，①行政が介入する法的根拠がなく，「ごみ屋敷」を認知していても，「介入する法的根拠がない」と考え，解決策が見出せない状況がある。また，②「ごみ屋敷」への対応の連携体制が不十分なこともある。「ごみ屋敷」事案に対して，社会福祉協議会など外部組織との連携体制は比較的あるものの，十分であるといえない現状がある。原因者が必要とする適切なサービスに結びつけるためには，連携関係を明確にして一体となって対応する必要がある。さらに，③「ごみ屋敷」の原因者が地域から孤立しているということもある。今後もこのような傾向はますます強まる可能性があることから，社会福祉協議会をはじめとした地域福祉を支える人々（地域資源）との連携を

より強める必要がある。

（3）家族が抱える介護や子育ての課題

　今日，わが国においての家族・家庭や地域社会の役割が大きく変化し，さまざまな困難な問題を抱えている。近年，家族・家庭や地域社会は脆弱化し，ひとたび機能低下に陥った場合（離婚や家族の離散，家庭内暴力，高齢化と単独世帯の増加など）には，孤立や不公平な家事労働と介護負担が生じるなど深刻かつさまざまな生活問題が引き起こされる可能性がある。

　家族が抱える課題として，介護問題があり，ダブルケアやヤングケアラーの問題があげられる。ダブルケアとは，子育て，親や親族の介護の時期が重なったため，両方を並行して担わなければならない状態のことである。ダブルケアを行う人の身体的ならびに精神的負担が大きくなるため，日本において大きな社会問題となっている。2016（平成28）年4月に発表された内閣府男女共同参画局の「育児と介護のダブルケアの実態に関する調査」によれば，ダブルケアを行っている人は約25万人存在し，内訳は女性が約17万人で男性が約8万人であるといった結果が報告されている。具体的な例としては，5歳と7歳の子どもの育児と90歳の祖母の介護というダブルケアを行っていた女性のケースがあり，ダブルケアによる負担から，介護放棄をするなど精神的に追いつめられている。また自分自身が妊娠中に義母の介護を行うというダブルケアのケースもある。妊娠中の体調の変化や出産への不安に加え，介護による負担もあるため，自分がどうすればよいのかを判断できなくなる場合がある。ダブルケアによって生じる問題としては，①育児も介護も担いながらの仕事の継続が難しい点，②育児と介護，双方の支出により，金銭面で大きな負担が強いられることや休職や離職による収入の減少による金銭面での負担，③ダブルケアに対する制度，サービスなどの仕組みがない，また相談窓口も少ない点，④日本社会には，「育児は女性が行うべき」「介護は女性が引き受けるべき」といった固定観念があり，現代でもダブルケアは女性が担うべきものと考える人が多く負担が女性に偏る点，⑤育児や介護では，「慣れない事柄が多い」「家族の複雑な人間関係が絡む場合もある」「いつ終わるか，先が見えない」といった意見も多く，ケアの担い手は精神面での負担が高くなることがある。

　ヤングケアラーとは，障害や慢性的な病気，精神的な問題等を抱える家族等を世話する18歳未満の子どもや若者を示している。家族のケアを担うことで，

教育の機会や友人等との交流の機会など，その年齢であれば本来保障されるはずのものから疎外されてしまうという問題が指摘されている。

　今日，ダブルケア，ヤングケアラーは身近な問題となっており，少子高齢化が進む日本社会において，これらの家族が抱える介護や子育ての課題は決して他人事ではない。複数の家族メンバーがいれば，多少なりとも協力して介護の問題に向き合うことができるが，少子化や，未婚により家族の協力が得られないため，仕事と介護の両立ができず，介護離職に至る人も多く存在する。預貯金等を切り崩しながらの生活を強いられる人も多く，経済的な課題を抱える家族もいる。

　今後，家族・家庭に対する対策を創造することが急務であり，そのためには，男性・女性を問わず，人間として健全な発達を保障する仕組みを構築し，「保育施設の量的拡充」「育児・介護の費用負担の軽減」「介護保険が利用できる介護サービスの量的拡充」など社会のあらゆる領域，分野で取り組む必要がある。

（4）依存症や自殺といったメンタルヘルスの課題

　地域生活課題として依存症などのメンタルの問題がある。依存症は，アルコールや薬物，ギャンブル等に対して心が奪われてしまい，やめることができなくなっている状態を指す。依存症は特定のものに没頭し，家族との関係性や社会生活に支障が生じてしまう。本人はそれが原因であるとわかっているのに，なかなか実際に行動ではやめることができない状態であり，依存症は，「精神に作用する化学物質の摂取や，ある種の快感や高揚感を伴う行為を繰り返し行った結果，それらの刺激を求める耐えがたい欲求が生じ，その刺激を追い求める行為が優勢となり，その刺激がないと不快な精神的・身体的症状を生じる，精神的・身体的・行動的状態」と世界保健機関（WHO）によって定義されている。依存症の種類は大きく分けて「物質への依存」と「プロセスへの依存」の2種類がある。

　「物質への依存」とは，アルコールや薬物といった精神に依存する物質を原因とする依存症状のことを指す。「プロセスへの依存」とは，物質ではなく特定の行為や過程に必要以上に熱中し，のめり込んでしまう症状のことを指し，たとえばギャンブル依存がある。特に近年では，ネットゲームやSNS（ソーシャルネットワーキングサービス）にはまり，スマートフォンが手放せず社会生活に支障が出るネット依存やゲーム依存などが増加している。世界保健機関

（WHO）は，このうちゲーム依存症を「ゲーム障害」として国際疾病分類の改訂案に加えた。スマートフォン依存の特性としては，他の依存症の対象物に比べ，簡単にアクセスしやすいことである。いつでもどこでも使い続けていられるということがある。これら2種類の依存症においてどちらにも共通していることは，繰り返す，より強い刺激を求める，やめようとしてもやめられない，という症状が見られる。

　依存症が関連する問題として，自ら命をたってしまう自殺などがある。また，アルコールはさまざまな健康障害との関連が指摘されており，アルコール健康障害対策基本計画（2期）⁽⁵⁾においても，アルコールの多飲がさまざまながん等の疾患や自殺等のリスクを高めると指摘しており，アルコール依存症を発症する可能性がある総患者数は，約4万人前後で推移しているとの報告をしている。アルコール依存と自殺の関連として，アルコールを摂取することで，絶望感や孤独感，憂うつ気分などの心理的苦痛を増強し，希死念慮が高まる。アルコールに依存することで視野を狭め，解決案や予防するための有効な手段の対処が講じれなくなると考えられる。

　アルコール依存症に限らず依存症の起こる背景としては，個人的な要因もあるが，社会的な要因もあり，その人では抱えきれないストレスや悩み，体質などを背景として，どうしようもない心の痛み，不安，生きづらさを解消するためのやむを得ない手段として物質や行為に依存する場合がある。また，環境への適合の難しさがきっかけで家族，職場，学校など人間関係がうまくいかず依存症になる場合がある。そのため環境に働きかける支援も重要である。

（5）多文化共生

　多文化共生とは，「多文化共生の推進に関する研究会報告書⁽⁶⁾」では「国籍や民族などの異なる人々が，互いの文化的ちがいを認め合い，対等な関係を築こうとしながら，地域社会の構成員として共に生きていくこと」と定義されている。また，大辞林⁽⁷⁾によると「国籍や民族などの異なる人々が，文化的な違いを認め合い，対等な関係を築こうとしながら，共に生きていくこと」とされている。多文化共生は，在住外国人を日本社会の一員として，多様な国籍や民族などの背景をもつ人々が，それぞれの文化的アイデンティティを発揮できる豊かな社会を目指すことを目的している。外国人住民は，1970年代までは，在日韓国人，朝鮮人が中心であったが，近年では，日系南米人が増加したことや1993

（平成5）年の技能実習制度の開始等を背景に，外国人登録者数が2007（平成19）年末時点で300万人程度となり増加している。グローバル化の進展及び人口減少傾向を背景に外国人住民のさらなる増加と定住化の進展が予想された中，外国人住民施策が，地方公共団体のみならず，全国的な課題となっている。この現状に対し，総務省は2006（平成18）年3月に，都道府県及び市区町村における多文化共生の推進に係る指針・計画の策定に資するため，「地域における多文化共生推進プラン」の策定を行ったが，日本の多文化共生主義は世界のそれとは類似しておらず，外国人が抱える生活課題が存在している。

　地域に暮らす外国人の生活課題としては，1点目として，労働に関する課題があり，高野（2009）によると，1920年代から本格的に暮らし始めた朝鮮半島出身者が困ったのは労働，住居，言葉であったとしている。土木建設業や紡績業など日本労働者が嫌がる労働条件の厳しい仕事に従事し，同じ仕事内容であるにもかかわらず日本人の給料よりも低賃金，時には半額も支払われない場合もある。2点目として，住居に関わる問題があり，外国人に対する入所差別も存在する。民間賃貸住宅などでは，保証人の問題があり保証人がいないため，不動産会社や大家から外国人の入居が断られるケースもある。また，入所後も，ルールが共有できず，団地の自治会の参加がしにくく他の住民との日常的なトラブルにつながっている場合もある。しかし，最近では賃貸債務保証会社との契約により，保証人が不要となる場合が多くなってきており，民間賃貸住宅入居支援を行っている自治体もある。3点目としては，結婚に関する問題があり，近年，国際結婚の数は増え続けている。このうち約8割は日本人夫と外国人妻の結婚であり，国際結婚を機に日本に住む外国人の数は増えている。国際結婚の課題として，教育方法や習慣が異なることで子育てや夫婦間に問題が起こった場合，コミュニケーション不足から問題が深刻化し，場合によってはDVに至る場合もある。また寺田（2009）は，日本の相談システムがわからないため相談機関につながりにくく，発見されつながったとしても在留資格等の問題など日本人の女性とは異なる諸事情に相談機関が対応できないなどの問題もあると指摘している。さらに問題を深刻化させる理由に，母国の実家ぐるみで夫に経済的に多大な援助を受けていることへの負い目や，離婚によってビザを失い，日本に滞在することができなくなることへのおそれから，夫による暴力を我慢する人も少なくない。4点目として，生活情報に関わる問題があり，制度や生活情報の周知に関わる問題として外国人住民に対して生活情報提供が十分

に行き届いていないこともある。特に災害時・緊急時における支援の課題として，外国人住民の増加に対して，さまざまな外国語に対応できる医療機関が少ないことから，診察に支障を生じることがあり，医師・看護師と外国人患者の橋渡しをする通訳（医療通訳）が必要になるが，十分環境が整う自治体ばかりではなく，システムとして確立されていないことが課題としてあげられる。

　多文化共生において，言語，文化・生活習慣の違いからトラブルに発展したり，緊急の情報を発信する際の多言語での対応などさまざまな課題があるため，地域の中で地域住民として生活しやすい条件整備が必要である。そのためには地方自治体がミクロ，メゾ，マクロに対して支援していく必要がある。

3　地域生活課題に関連する支援上の課題

（1）潜在的ニーズのニーズキャッチシステム

　現代においては，心身の障害，不安，社会的排除，摩擦，社会的孤立や孤独といった問題が複合化し，問題が潜在的に存在する場合もある。社会的に弱い立場にある人々の地域生活上の自立を支援するためには，地域でネットワークを形成し「初期段階で発見」し，専門機関へ「つなげる」，早期に適切な対応をとることが必要である。岩間ら（2012）は，「地域の中には，潜在的にニーズを有する人が存在し，そのニーズを発掘していくことが必要であり，そのためには一人の専門職・一つの機関がすべての問題を発見・解決していくことは不可能であり，色々な機関と連携し，協働して解決にあたる」とアウトリーチの必要性を指摘している。

　地域には潜在的ニーズが多く存在する。潜在的ニーズとは，①利用者本人や家族がニーズを認識できない（していない），②利用者本人や家族の抑圧，③社会的抑圧，④社会的孤立，④複雑で複合的な課題が重なりニーズが認識できないなど，ニーズがあるにもかかわらず自覚されていないため自らSOSが表出できないニーズもあり，発見が困難である。これは，地域で発生する生活課題に対し，早期に発見し対応することで，最小限の支援で生活課題の解決が可能となる。しかし，生活課題発生に対し，発見が遅れ時間が経過した場合には，生活課題は複雑化し他の課題と重なり多重化していく。そのことにより生活課題は深刻化し，支援することがさらに困難となる（図2-4）。潜在的ニーズを早期に発見し対応するためには，専門職と非専門職による横断的協働をもって，

図2-4　生活課題に対する早期発見・対応と未実施の場合のプロセス
出所：筆者作成。

重層的かつ地域を超えたシステムを構築し，地域のさまざまな課題に柔軟に対応していくことが求められる。このようなニーズを早期にキャッチしていくためには，絶えずアンテナを張り，ニーズキャッチにおいても構造的な把握が必要である。

（2）社会的排除とソーシャルインクルージョンの視点

　多様な地域福祉の実現を目指す社会では，社会的包摂（ソーシャルインクルージョン）として社会的なつながりをもちつつ，差別や排除をなくし，人権が守られる社会の実現が求められる。しかしながら，生活支援を行ううえで根強い社会的排除も残っている。ホームレス問題が社会的排除の一つの例としてあげられる。ホームレスとは「都市公園，河川，道路，駅舎その他の施設を故なく起居の場所とし，日常生活を営んでいる者」と定義されている（ホームレスの自立の支援等に関する特別措置法第2条）。岡部（2003）は，ホームレス者に対する社会的排除として，「汚い」「怖い」といった身体的表象レベル，「労働忌避者」という労働規範に関する価値レベル，公園，道路など「公共空間」の占拠といった物理的レベルなどから社会周辺に追いやり，排斥・排除をしているレベルがあると指摘している。最近のニュースで，公園で段ボールや荷物などに放火する事件が起こっている。放火犯人は放火の理由として「普段からホームレスが許せない」「野宿している方が悪い」などといった発言をしている。

地域社会の構成員の一員と容認せず，地域社会から排除されるべき存在としている。したがってホームレス者に対しても地域社会の構成員として受け止め，組み入れる環境や土壌をつくることが課題である。

　今日的なつながりの再構築を図り，すべての人々を孤立や孤独，排除や摩擦から援護し，社会の構成員として包み支え合う（ソーシャルインクルージョン）社会を模索する必要がある。社会的排除に気づく視点とソーシャルインクルージョンの視点をもつためには，地域住民の意識の変革が必要となり福祉教育が重要である。福祉教育は，「生存権保障」（日本国憲法第25条）と「幸福追求権」（同第13条）を根拠として，すべての人が地域での自立を実現させることを目指すものであり，多様性を認め合う，「共に生きる力」を育むものである。その中で，豊かな福祉観をもつことで社会的包摂（ソーシャルインクルージョン）の価値観を高めていくことが求められる。

（3）地域で発生するコンフリクトへの対話

　地域において生活支援を行ううえでコンフリクトが発生する場合がある。「コンフリクト」は英語の conflict のことで，意味は，衝突や不一致，考えや主張が双方で異なる状況で，お互いが「対立」することを意味する。コンフリクトは一対一で意見がぶつかることを指すだけではなく，グループや組織が衝突し，結果的に「確執」が生まれる状況も指している。コンフリクトは①お互いが求める目標や条件が異なるため，意見が対立してしまう条件の対立，②価値観や解釈の違いから思わぬところで対立が生じる認知の対立，③人の気持ちが原因となる感情の対立がある。

　地域におけるコンフリクトの具体的な例で「施設コンフリクト」がある。一般的に「社会福祉施設の新設などにあたり，その存立が地域社会の強力な反対運動に遭遇して頓挫したり，あるいはその存立の同意と引き換えに大きな譲歩を余儀なくされたりする施設と地域の間での紛争事態」「住民とその間で発生し，施設とその周辺住民との目標に相違があり，それが表出していることにより当事者がその状況を知覚している状態」[12]と概念づけられている。また，他の例として犯罪を犯し，刑務所服役後の出所者の地域での生活に対しても同様のコンフリクトが生じることがある。施設建設や出所後の地域での生活に対して，地域住民の「賛成」「反対」との対立構造ではなく，地域住民の主張などに対して合意形成に向けた説明が必要となる。

　そのほかの地域同士によるコンフリクトも存在する。これは，地域において
のさまざまな会議において，既存の地域福祉活動に対し，新たな地域福祉活動
を提案した場合などにおいて住民同士での意見の衝突が生じることがある。例
としては，地域の居場所づくりとして新たに認知症カフェを創設するという
テーマで議論する際，「認知症の家族が交流できていい」「居場所として選択肢
が増えることはいい」などといった賛成意見と，「既存のサロンではいけない
のか」「参加者が分散し既存のサロン参加が減少する」などといった反対意見
が対立することがある。このような意見の衝突（コンフリクト）が発生するこ
とをネガティブにとらえず，両方の意見ともに地域のことを考えた意見とする
ことが重要である。コンフリクトへの対応としては，意見の表出を促し，表面
的には対立する意見そのもの（コンテンツ）の裏にある考えの枠組み（コンテク
スト）について合意形成をするために，お互いの主張をすり合わせることが重
要であり，そのことで新たな意見を見出したり，新たな協力者となる場合もあ
る。

注
(1)　社会的な援護を要する人々に対する社会福祉のあり方に関する検討会（2000）
　　「社会的な援護を要する人々に対する社会福祉のあり方に関する検討会報告書」
　　（http://www.ipss.go.jp/publication/j/shiryou/no.13/data/shiryou/syakaifukushi/
　　833.pdf　2021年5月1日閲覧）。
(2)　永井眞由美・東清己・宗正みゆき（2017）「高齢介護者の社会的孤立とその関連
　　要因」『日本地域看護学会誌』20 (1)，79～85頁。
(3)　内閣府（2020）「令和2年版高齢社会白書」。
(4)　株式会社NTTデータ経営研究所（2016）「内閣府委託調査平成27年度育児と介
　　護のダブルケアの実態に関する調査報告書」。
(5)　厚生労働省社会・援護局障害保健福祉部企画課アルコール健康障害対策推進室
　　（2021）「アルコール健康障害対策推進基本計画（第2期）について」。
(6)　多文化共生の推進に関する研究会（2020）「多文化共生の推進に関する研究会報
　　告書～地域における多文化共生の更なる推進に向けて～」（https://www.soumu.go.
　　jp/main_content/000706219.pdf　2021年5月1日閲覧）。
(7)　松村明編集（2006）『大辞林　第3版』三省堂。
(8)　高野昭雄（2009）『近代都市の形成と在日朝鮮人』人文書院。
(9)　寺田貴美代（2009）「外国人DV被害者に対するソーシャルワーク実践に関する

考察」『ソーシャルワーク研究』35（3），198〜204頁。

⑽　岩間伸之・原田正樹（2012）『地域福祉援助をつかむ』有斐閣。

⑾　岡部卓（2003）「地域福祉と社会的排除──ホームレス支援の課題と展望」『人文学報』339，69〜94頁。

⑿　野村恭代（2018）『施設コンフリクト──対立から合意形成へのマネジメント』幻冬舎。

学習課題

①　テキストの内容をふまえて，地域生活で直面する障壁について説明をしてみましょう。

②　多様化・複雑化した地域生活課題が生じる事例を取り上げ，課題を調べてみましょう。またその課題が生じる理由を考えてみましょう。

③　地域において生活支援を行ううえでコンフリクトが発生する場面を調べ，ソーシャルワーカーとしてコンフリクトに対する対応方法を考えてみましょう。

第3章

地域福祉の歴史と概念の変化

　本章においては，日本の戦前の共同体や行政による地域福祉の源流と，イギリスとアメリカの地域福祉の展開について，誰がどのような方法で，どういった問題意識に基づいて実践活動を繰り広げてきたかを理解する。時代背景を参考にして地域福祉の基本的な理論がいかに概念化されたか，その知識を深める。戦後から今日までの地域社会の変容に関する知識を身につけ，国，自治体，住民，専門職の立場によって地域福祉にどのように関わってきたかを理解し，今後の地域福祉のあり方について考察する。

1　欧米と日本の地域福祉の源流

（1）欧米の地域福祉の展開

　地域福祉の源流は，1710年のドイツのハンブルク市におけるペストの流行に際し，その対策として市衛生協会を設立した史実までさかのぼる。この事業を改善して，エルバーフェルト市で「エルバーフェルト制度」（1852年）が施行された。同市を546の小地区に分けて各区に救貧委員を配置し，貧困者への指導を担当させた。こうした貧困者救済の組織の設置は，イギリスやアメリカの慈善組織協会の組織化へ波及し，日本でも岡山の済世顧問制度や大阪方面委員制度に影響を与えたといわれている。

　19世紀後半のイギリスでは，救貧法で貧困は個々人の原因によるものとされたために公的救済を厳しく制限していた。当時のイギリスでは，ビクトリア朝の繁栄の陰で富める者と貧しい者の二極化が進み，労働者の貧困問題が増えていった。貧困者の苦しい状況に対してオクタビア・ヒルや E. デニソンらによって1869年にロンドン慈善組織協会（Charity Organization Society：COS）が設立された。COS は慈善団体間の連絡調整や貧困者に対する友愛訪問を行って

貧民の道徳的教化を図るものであった。

　この時期に，経済学者であり，「産業革命」という言葉を考案した A. トインビーが主導したセツルメント活動が広まった。しかし，彼は若くして，31歳で亡くなる。そこで，トインビーと一緒にセツルメント活動に関わっていたバーネット牧師が，貧困地区であるロンドンのイースト・エンドにセツルメント館「トインビー・ホール」を開設し，宣教活動や教育活動，貧民救済活動に取り組んだ。バーネット夫妻は大学との協力関係を重視し，セツルメント館に大学生や卒業生が住み込み，住民と「一対一の友人関係」を結んで，教育活動や社会活動を展開することを提案した。セツルメント活動は，3R（Residence 住み込み，Research 社会調査，Reform 社会改良）に基づいて繰り広げられた。この運動は，アメリカにも広がり，1889年にジェーン・アダムスによってシカゴにハル・ハウスが開設され，スラム教化事業，人種問題，移民問題，労働者問題，婦人問題などに幅広く取り組まれた。その中から1910年代にケースワーク，30年代にグループワーク，30年代の終わりから40年代にコミュニティ・オーガニゼーション（Community Organization：以下「CO」）が理論化・体系化された。CO 論の古典的な理論として，R.P. レインの「ニード（ニーズ）・資源調整説」（1939年），W.I. ニューステッターの「インターグループワーク説」（1947年），M.G. ロスの『コミュニティ・オーガニゼーション——理論と原則』（1955年）があげられる。この3人による CO 論は日本の地域福祉の基礎理論にもなった。

（2）日本の地域福祉の展開

　日本の地域福祉の源流としてセツルメント運動があげられる。産業革命期の1830年代の終わりから40年代にアメリカン・ボード宣教師アリス .P. アダムスが設立した岡山博愛会から始まったといわれている。活動内容として，日曜学校での貧困児童教育，小学校開設，裁縫夜学会や施療所を設立し，社会教化に取り組んだ。そして，1897（明治30）年に片山潜が東京神田三崎町に「キングスレー館」を設立し，幼稚園，夜学校，成年のクラブ活動など幼児教育と教化事業，文化事業，労働者教育を行った。

　日露戦争後と第一次世界大戦期にかけて，救世軍大学植民館，有隣園，浄土宗労働共済会，神田三崎会館，石井記念愛染園などの施設が設立された。そして，第一次世界大戦後には，公立隣保館や大学セツルメントが加わった。公立隣保館としては，大阪市立北市民館（1921（大正10）年）をはじめ，東京，横浜

などで市民館，社会館などの名称で設立され，このほかに協調会，地方社会事業協会，方面委員後援会による運営もあった。

　大学セツルメントは，1924（大正13）年の関東大震災の救済活動を契機に東京帝大セツルメントが設立され，学生と大学教授が保育，医療，労働者教育，法律相談，調査など幅広い活動を展開した。児童の文化活動として，手工クラブ，読書倶楽部，映画クラブ，託児活動を行い貧困地域の子どもや住民との人格的交流が行われた。1930（昭和5）年のセツルメントの数は，115か所であった。[2]満州事変以降，準戦時体制への移行とファシズム思想によって進歩的な活動は次第に困難となり，民間や大学のセツルメントは社会的活動を弱めていった。[3]

（3）日本の伝統的共同体による相互扶助

　日本の地域福祉の源流は，村落共同体における互助活動に見出せる。室町時代には惣村内で行われた農民や宗教団体による救済活動が見られ，上層農民が小領主的に農民相互の結束と互助活動を誘導していた。江戸時代には幕藩体制が引かれ，江戸と天領は幕府が直轄的に統制し，他の地域は各藩の政治に委ねられ，二元的に救済事業が急速に成長した。1843年に報徳社が結成され，至誠，勤労，分度，推譲を重んじた二宮尊徳の「報徳思想」に基づいて農村復興活動が始まった。都市には流民が集中し，低所得者や浮浪者も増加したため，全国からの移入人口を多く抱える江戸や大阪などの大都市での都市救済制度が創設された。この時期農村では，「互酬的行為」のユイ，「再分配的行為」のモヤイ，「支援（援助）的行為」のテツダイ，相互生産活動援助機能をもつ講（こう）が結成された。

　明治維新後の最初の救貧制度の恤救規則（1874（明治7）年）では，「人民相互の情誼」「隣保相扶」が重要であるとし，日露戦争後に国費削減の際に市町村に「協救」が強調された。

　第一次世界大戦後，社会事業の成立によって共同体互助から制度的な社会連帯へと変化が見られ，第二次世界大戦期には部落会町内会等整備要領（内務省訓令，1940年）によって町内会・部落会が制度として成立した。1929（昭和4）年の世界恐慌に端を発した昭和恐慌以降の農村の窮乏が広がり，冷害や津波などによる凶作の重複によって，貧困農家の急増，身売りや欠食児童の実態が社会問題化した。そこで，農村社会事業が展開され，隣保相扶，隣保共助の理念

が強調され，農村共同施設が重視された。

　明治初期にはキリスト教や仏教関係者，民間篤志家による慈善救済事業が展開され，行政の遅れを補った。都市の貧困層の広がりや濃尾大地震，東北凶作などへの対応を通して貧民の救済や貧困防止，浮浪者の矯正などについて研究し，事業の一層の発展を目指そうという機運が高まっていった。こうした状況の中で，東京の貧民研究会（1900（明治33）年），大阪の慈善団体懇話会（1901（明治34）年），が誕生した。1903（明治36）年に大阪で全国慈善事業大会が開かれ，日本慈善同盟会の設立が決議され，日露戦争で中断していたが1908（明治41）年に中央慈善協会が設立され，財界の代表的な人物で東京養育院長の渋沢栄一が初代会長となった。1920年代から30年代前半にかけて全国各道府県の社会事業協会組織が設立され各地で組織化が進められた。

（4）日本の社会福祉協議会による地域福祉の推進

　1960年代の日本は，高度経済成長と地域開発政策を背景に産業構造，生活構造の変化，公害や環境破壊などが各地で広がり，それらに対する住民運動や障害者運動が起こる中，地域福祉への関心が高まった。1960（昭和35）年8月に全国社会福祉協議会（以下「全社協」）の主催により都道府県社協組織指導職員研究協議会（山形会議）が開催され，社会福祉協議会基本要項の策定を通じて住民主体の原則を打ち出した。地域の生活問題の深化に伴いボランティア活動も徐々に広がり，1962（昭和37）年には社会福祉協議会（以下「社協」）に善意銀行（ボランティアビュロー）が設置され，その後ボランティアセンターとして各地に広がった。1966（昭和41）年には市町村社協にも国庫補助による福祉活動専門員が設置され，市区町村社協の活動体制が整い始める。さらに市町村福祉センターの社協委託運営の道も開けて，市町村社協の活動推進体制は前進した。社協活動としては，従来の生活保護・相談活動に加え，子どもの遊び場づくり・事故防止，善意銀行，老人クラブ育成，出稼ぎ対策など，多様なプログラムを実施していた。

　高度経済成長は都市部での労働者不足を慢性化させる一方，農村部では若・壮年者流出と過疎化を顕著にさせた。地域社会の流動化は，コミュニティの復興を政策課題とすることを促した。1968（昭和43）年には全社協の「ボランティア育成基本要項」が発表され，地域住民が主体的に地域福祉活動に関わるように促すことになった。

2　地域福祉の概念化・理論化の系譜

　1970年代から1980年代にかけて，地域福祉の概念，理論を分析した研究が行われた。牧里毎治は，論者の地域福祉の概念を「構造的概念」と「機能的概念」に分類し，構造的概念を「政策制度論的アプローチ」（右田紀久恵，井岡勉）と「運動論的アプローチ」（真田是）に，機能的概念を「主体論的アプローチ」（岡村重夫）と「資源論的アプローチ」（三浦文雄，永田幹夫）に分けた。岡本栄一は，既存の地域福祉理論を①コミュニティ重視志向の地域福祉論（岡村重夫，阿部志郎），②政策制度志向の地域福祉論（右田紀久恵，井岡勉，真田是），③在宅福祉志向の地域福祉論（三浦文夫，永田幹夫），④住民の主体形成志向の地域福祉論（大橋謙策，渡辺洋一）に類型化した（図 3-1）。

（1）福祉コミュニティ形成と地域福祉

　日本で最初に地域福祉の概念化に取り組んだのは岡村重夫である。岡村は『地域福祉論』（1974年）において，地域福祉の構成要素として，①最も直接的具体的援助活動としてのコミュニティ・ケア，②コミュニティ・ケアを可能にするための前提条件づくりとしての一般的地域組織化と福祉組織化，③予防的社会福祉をあげている（図 3-2）。さらに岡村は，福祉コミュニティが，①対象者参加，②情報活動，③地域福祉計画の立案，④コミュニケーション，⑤社会福祉サービスの新設・運営，以上の 5 つの機能を果たすことで具体化されると論じている。岡村が示した「福祉コミュニティ」は地域福祉論の主要テーマとなった。

　三浦文夫は福祉コミュニティを「地域において要援護者に対する適切な施設やサービスの整備を図ると同時に，地域住民の社会福祉への参加・協力を最大限に高め，要援護者が社会の一員として，当該地域に統合されているコミュニティを意味する」と規定した。そして，福祉コミュニティ形成の必要条件として，要援護者を地域にとどめ，居宅で生活が継続できる体制，すなわち一定の地域に在宅福祉サービスの施設のネットワークがつくられ，このサービスの推進にかかわりを持つ，行政・民間・住民の協働が成立する体制が作られることである，とした。

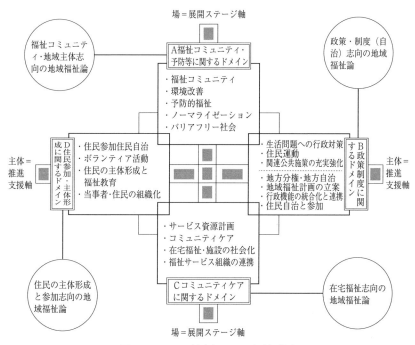

図 3-1　4 つの領域と 4 つの地域福祉論

出所：岡本栄一（2002）「場─主体の地域福祉論」『地域福祉研究』30, 11頁。

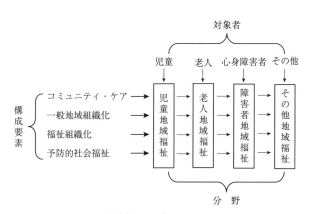

図 3-2　岡村重夫の地域福祉における構成要素

出所：岡村重夫（1974）『地域福祉論』光生館, 63頁。

（2）政策論，運動論と地域福祉

　右田紀久恵は『現代の地域福祉』（1973年）において，地域福祉を政策論，住民主体論の立場から生活権と生活圏を基盤とする一定の地域社会において，経済社会条件に規定されて地域住民に担われてきた生活問題を，生活原則・権利原則・住民主体原則に立脚して軽減・除去し，または発生を予防し，労働者・地域住民の主体的生活全般に関わる水準を保障し，より高めるための社会的施策と方法の総体であると定義している。具体的には労働者・地域住民の生活権保障と個としての社会的自己実現を目的としている公私の制度・サービス体系と地域福祉計画・地域組織化・住民運動を要件とすると規定した[10]。

　右田は1980年代の地域福祉の推進主体として地方自治体を重視し，1990年代以降の地方分権化の流れにおいて，基礎自治体の向かう方向や自治能力が地域福祉のありようも規定すると指摘した。右田は，「地域福祉」と「地域の福祉」を区別して，「地域福祉」を「地域の福祉」に還元してしまうことに警鐘を鳴らし，「地域福祉は地域社会における住民の生活の場に着目し，生活の形成過程で住民の福祉への目を開き，地域における計画や運営への参加を通して，地域を基礎とする福祉と主体力の形成，さらに新たな協働社会を創造してゆく一つの分野である」と論じている[11]。「地域福祉は自律的個人＝主体の存立を前提とし，その社会性を組織化することによって，福祉コミュニティ＝福祉社会を構築しようとする」と主張したのである[12]。

　真田是は地域福祉を資本主義社会における貧困化の一形態としての生活問題への対応策であるとし，①社会問題，②政策主体，③国民運動の３つの要素による動的関連によって社会現象としての三元構造論によって地域福祉を展開している。それは「地域福祉への関心は，社会問題への注目によっていたと言ってよい。地域社会問題をどう鎮め解決するかは地域福祉のテーマ・課題とされ，折から住民運動が地域福祉の内容と方法を作り出すモデルないしは手がかりとされた」という問題意識によるものである[13]。そのような社会問題という客観的な事態とその解決の運動を通して，住民の主体形成が図られるとした。

（3）対人援助サービスと地域福祉論

　三浦文夫は地域福祉を「第1は要援護者の自立を地域において図るための対人援助サービスとして，①予防的福祉活動，②狭義のコミュニティ・ケア，③在宅ケアなどの活動を含むものである。そして，第2にはこれまでの地域福祉

活動の重点とされてきた当該地域の社会的統合を高めるための環境，制度の改善，整備などの活動は，引き続き発展させなければならない」とした。[14]三浦は，これまでは貧困・低所得者に集約していた福祉問題（貨幣的・可視的なサービス）から家族機能の弱体・地域社会の崩壊によってあらゆる世帯・人々に福祉問題（非貨幣的・不可視的なニーズ）が拡大し，これまでの生活保護と社会福祉施設という二本柱の限界性と現物・対人サービスの整備の必要性を指摘した。三浦の主張は，コミュニティ・ケア論とも融合し，在宅福祉サービスの充実の理論的支柱となった。

　永田幹夫は，地域福祉とは，「社会福祉サービスを必要とする個人，家族の自立を地域社会の場において図ることを目的とし，それを可能とする地域社会の統合化及び生活基盤形成に必要な生活・居住条件整備のための環境改善サービスの開発と対人福祉サービスの体系の創設，改善，動員，運用，及びこれらの実現のために進める組織化活動の総体」であると定義した。そして，地域福祉の構成要素として①在宅福祉サービス（予防的福祉サービス，専門的サービス，在宅ケアサービス，福祉増進サービス），②環境改善サービス，③組織活動（地域組織化，福祉組織化）の 3 点を指摘している。[15]

3　地域福祉の視点の変化

（1）社会福祉協議会の設立と地域福祉組織化活動

　戦後，GHQ の政策のもと1951（昭和26）年 1 月に日本社会事業協会，全日本民生委員連盟，同法援護会の 3 団体統合による中央社会福祉協議会（1955（昭和30）年に「全国社会福祉協議会」と改称された）が設立され1951（昭和26）年の末には，都道府県社会福祉協議会が出揃った。その後，全社協調査本部による小地域社協の結成率調査（1952（昭和27）年）によると，群社協77.2％，市社協82.8％，区社協77.3％，町村社協61.5％が成立していった。[16]社協は1950年代に世帯更生運動や保健福祉地区組織活動，社会保障予算削減の反対運動に役割を果たし，住民主体や運動体としての活動が重視されるようになった。同年に社会福祉事業法が成立され，概ね10万人を単位に「福祉地区」を設定し，そこに福祉事務所を設置し，福祉専門員による地区担当制が設けられた。このような取り組みは地域福祉活動の基本的な考え方につながるものであるといえる。一方，地域では，貧しい生活からの解放を求めて，地域ぐるみの生活改善運動や

環境改善運動が進められた。子ども会や子ども会育成会の組織化が進み地域福祉活動が展開された。また，隣組や町内会自治会組織が見直され，地域における住民の基礎組織として再組織されるなど，地域福祉の活動の原型が見られるようになった。

（2）コミュニティ政策推進と地域福祉

　1960年代の高度経済成長と地域開発政策を背景に産業構造，生活構造の変化，核家族化の進行，地域の問題解決機能の低下，公害や環境破壊などが各地で広がり，それらに対する住民運動や障害者運動が起こった。また，都市部での労働者不足を慢性化させる一方，農村部では若・壮年者流出による過疎化が顕著になった。このような地域社会の流動化は，コミュニティの復興を政策課題とすることを促した。1968（昭和43）年に発表された「コミュニティ――生活の場における人間性の回復」は，地方自治にコミュニティ・ブームを起こすほどの起爆剤となった。そこではコミュニティ形成のためには住民が主体的に自らの生活の場へ関心をもって行政に参加し，コミュニティ施設の運営にも自主的に責任をもって関わり，地域活動を通じた相互交流によってコミュニティ形成を図ることが求められた。水俣病やイタイイタイ病の発生もあってコミュニティ・ケアの思想が登場し，地域福祉の必要性についての認識が高まった。日本において最初にコミュニティ・ケアという用語を公式に用いたのは，東京都社会福祉審議会答申「東京都におけるコミュニティ・ケアの進展について」（1969（昭和44）年）である。ここでは，施設ケアの対置概念としてコミュニティ・ケアを取り上げ，「コミュニティにおいて在宅の対象者に対し，そのコミュニティにおける社会福祉機関・施設より，社会福祉に関心をもつ地域住民の参加をえて行われる社会福祉の方法である」とした。

（3）在宅福祉の体系化と地域福祉

　日本は，1970（昭和45）年に高齢化社会に突入し，福祉ニーズの多様化・高度化が顕著になった。1970年代後半からの福祉政策は，日本型福祉社会論やコミュニティ・ケアの理論などの影響もあって，次第に在宅福祉サービスの供給を重視する傾向が強まった。そういった関連の事業に，国はガイドラインを定めて重点的に補助金を出し，市町村での在宅福祉の補助金単独事業として拡充させた。1979（昭和54）年に全社協から刊行された『在宅福祉サービスの戦略』

は，社協が在宅福祉サービスを中心とした地域福祉活動に大きく転換していく契機となった。

　人口高齢化の急速な進展により，いわゆる寝たきり老人や認知症高齢者問題が顕在化し，介護問題が深刻化する中，1985（昭和60）年には民生委員による全国調査「在宅痴呆性老人介護者実態調査」が実施され，その現状から在宅福祉サービスの展開に有効な働きを示し，これら社会福祉基盤の進展が地域福祉の体系化に関わることになった。この時期は，高齢者をめぐる地域福祉課題とともに，1981（昭和56）年に国際障害者年で提唱された「完全参加と平等」が日本に導入され，ノーマライゼーションの理念に基づいて，障害者が地域社会で一般住民と同様の生活条件を獲得するものとして理解され普及した。これは，自立生活思想やバリアフリーと結びつき，地域福祉に新しい視点や対策を生み出した。

　1989（平成元）年 3 月に出された厚生労働省の福祉関係三審議会合同企画分科の意見具申「今後の社会福祉のあり方について」は，①市町村の役割の重視，②在宅福祉の充実などを提言した。1990（平成 2）年に福祉関係八法が改正され，在宅福祉サービスの供給に対する市町村の役割が明確にされた。

　1991（平成 3）年には住民の身近な市町村を単位として，社協と地域社会が一体となって地域福祉活動を進める国庫補助事業「ふれあいのまちづくり事業」が始まったが，この事業はケアマネジメントの視点から専門の地域福祉コーディネーターが住民個々の生活上の問題を的確に把握し，地域に即した福祉サービスを継続的に提供する体制を整備し，問題解決に結びつけていくというものであった。また小地域において，要援護者に対するケアのネットワークを形成し，インフォーマル部門を含めたソーシャルサポートネットワークを形成しようとするものであった。

（4）社会福祉基礎構造改革後の地域福祉

　1998（平成10）年 6 月に「社会福祉基礎構造改革について（中間まとめ）」が公表され，具体的な改革の方向性として，2000（平成12）年の公的介護保険の実施を経て，同年に「社会福祉の推進のための社会福祉事業法等の一部を改正する等の法律」が成立し，社会福祉事業法を社会福祉法に改称し公布・施行された。この社会福祉法の第 1 条では，地域福祉を「地域における社会福祉」と規定したうえで，「地域福祉の推進を図る」ことを同法の目的であると述べて

いる。このような地域福祉の位置づけの変化を武川（2005）は，「地域福祉の主流化」と呼んだ。⁽⁷⁾

　「社会的な援護を要する人々に対する社会福祉のあり方に関する検討会」報告書（2000（平成12）年12月）は，「対象となる問題とその構造」として，①心身の障害・不安，②社会的排除や摩擦，③社会的孤立や孤独の３つをあげている。そのうえで，このような現象は「今日の社会が直面している社会の支え合う力の欠如や対立・摩擦，あるいは無関心といったものを示唆している」としている。その解決のための考え方がソーシャルインクルージョンであり，具体的には，「今日的な『つながり』の再構築を図り，すべての人々を孤独や孤立，排除や摩擦から援護し，健康で文化的な生活の実現につなげるよう，社会の構成員として包み合うための社会福祉を模索する必要がある」ということである。2008（平成20）年に「これからの地域福祉のあり方に関する研究会」の報告書，「住民による『新たな支え合い』の姿を求めて――これからの地域福祉のあり方」（厚生労働省社会・援護局）が公表された。そこでは，基本的な福祉ニーズには公的な福祉サービスが対応するという原則をふまえつつ，自身や家族による自助と市町村行政などによる公的な福祉施策サービスの間に，地域の共助「新たな支え合い」を確立させることを提案している。ここでいう「新たな支え合い」は，住民共通の利益のために行政と住民，非営利活動，営利事業などが協働しながら，地域の課題を解決するという意味で地域の「新たな公」の仕組みであるとしている。各制度において，地域移行がキーワードとなっており，地域で支える仕組みの構築が求められていること，公的な福祉サービスだけでは対応できない福祉課題が多く発生しており，こうした課題を地域が受け止め，支え合うための取り組みが必要であることが主張された。

　2015（平成27）年，厚生労働省は「全世代・全対象型地域包括支援体制」という新しい福祉ビジョンを発表した。さらに，政府は，2016（平成28）年に「我が事・丸ごと」地域共生社会実現本部を立ち上げて以降，翌年には地方自治体における包括的な支援体制の整備などを内容とする社会福祉法の改正を行っている。2020（令和２）年の社会福祉法改正で，第４条に「地域福祉の推進は，地域住民が相互に人格と個性を尊重し合いながら，参加し，共生する地域社会の実現を目指して行われなければならない」とされた。少子・高齢社会の進行や人口減少とともに地域住民が抱える課題が複雑化・複合化する現状に対応するために，市町村が包括的な支援体制を円滑に構築できるような仕組み

を創設することが必要であるとした。

4　新たな地域福祉の動向

（1）互助への着目

　1990年代半ばから新しい福祉システムが模索され，「21世紀福祉ビジョン」（1994（平成6）年）では，自助・共助・公助による重層的な地域福祉システムを提言された。また，1995（平成7）年1月17日に起こった阪神・淡路大震災でのボランティアやNPOの活躍は，行政と異なるボランティア独自の役割に対する国民の認識を改める契機になった。そして，1998（平成10）年には特定非営利活動促進法が制定されることにつながったのである。「これからの地域福祉の在り方に関する研究会報告書」（2008（平成20）年）では，新たな地域福祉の役割として①現行の仕組みでは対応しきれない生活課題に対応する役割，②住民と行政による「新たな支え合い」（共助）を確立する役割，③地域社会再生の軸としての役割をあげている。「新たな支え合い」を構成するのは，行政と住民団体，ボランティア，NPO法人などの多様な民間団体である。地域の普通の暮らしを妨げる生活課題に対し，早期発見と早期対応の仕組みをつくり，情報を共有し，その解決に協働していく仕組みづくりが強調されていた。近年公表された「地域包括ケア研究会の報告書」（2013（平成25）年）には，高齢者の尊厳の保持と自立生活の支援の目的のもとで，可能な限り住み慣れた地域で生活を継続することができるような包括的な支援・サービス提供体制の構築を目指す「地域包括ケアシステム」のイメージを発表した。その構成要素として自助，互助，共助，公助の役割分担をふまえながら，有機的に連動して提供されるようなシステム構築が検討されるべきと述べている。ここからも地域住民による支え合い活動に多くの期待が寄せられていることがわかる。2016（平成28）年に厚生労働省は「我が事・丸ごと」地域共生社会の実現を掲げ，地域福祉の動向として，重層的支援体制整備事業（2021（令和3）年4月施行社会福祉法第106条の4）で「相談支援」「参加支援」「地域づくり」を一体的に実施し，コミュニティソーシャルワークの展開が求められているとしている。具体的には申請主義から脱却し，アウトリーチや伴走型支援を重視し，参加によって役割や出番を創出することで社会関係を育み，生きる意欲（エンパワメント）を喚起する。そうした個人の存在が承認されるような地域，あるいは持続可能

な地域社会にしていくために，新たな住民自治（多様性と多機能性）による地域づくりを目指す，としている。

（2）住民活動による地域福祉の意義

　2000（平成12）年の社会福祉法の第4条に「地域住民（中略）は，地域福祉の推進に努めなければならない」と表記されている。地域福祉の推進において住民活動は必須であるといえる。住民参加型に代表されるような事実上の福祉サービスの担い手としての住民参加，度重なる災害において活躍しているボランティアやNPO団体などは地域福祉の大きな資源であるともいえよう。厚生労働省が「地域共生社会の実現に向けて」(2017（平成29）年）で掲げている「地域をともに創っていく社会」は，地域住民の主体的な参加を前提条件としているといえる。しかし，当事者の地域住民にその自覚，認識がなければ，行政や専門職側の勧誘への消極的参加になり，その継続性は約束されない。右田は「私民」ではなく「市民」による地域福祉運営をコミュニティワークの目的としてあげている。地域住民が福祉サービスの政策決定・計画立案への参加を通して，地域福祉課題や問題を認識でき，自ら主体的に解決していこうとする意識につながることが期待できるのである。多様化・複雑化する地域課題に対して多様な主体である地域住民がそれぞれの立場で気づき，問題を共有し，その支援を目的に活動を行うことが地域福祉の大きな意義といえよう。

（3）自治体による福祉社会形成の努力

　地域福祉は誰もが住みやすい地域社会を形成することである。そのためには地域社会の土壌を耕す不断の努力が求められる。

　1990年代から公私協働による地域福祉の推進が叫ばれている中，2000（平成12）年に「地方分権一括法」が施行され，「地方自治法」改正においてコミュニティ（地域社会）づくりの収斂（マクロレベルの取り組み）が強調された。2008（平成20）年「これからの地域福祉の在り方に関する研究会報告書」のテーマには「地域における『新たな支えあい』を求めて——住民と行政の協働による新しい福祉」が掲げられ，自治体の役割が強調されている。すなわち，公私協働が求められている。

　2017（平成29）年の社会福祉法改正によって，地方自治体における包括的支援体制の整備を努力義務とした。自治体は，基盤整備し，情報共有を図り，福

祉社会を創っていくためのイニシアティブをとる必要がある。社会的な連帯・統合をどう高められるか，創意工夫をしていく姿勢が求められている。イギリスでは地方自治体とボランティア団体の間でローカルコンパクトを策定することが義務づけられている[19]。[20]

注

(1)　瓦井昇（2011）『地域福祉方法論——計画・組織化・評価のコミュニティワーク実践』大学教育出版，9頁。

(2)　柴田謙治編著（2009）『地域福祉』ミネルヴァ書房，13頁。

(3)　平野隆之・宮城孝・山口稔編（2008）『コミュニティとソーシャルワーク　新版』有斐閣，45〜46頁。

(4)　三浦文夫・宇山勝儀（2003）『社会福祉通論30』光生館，91〜94頁。

(5)　牧里毎治（1986）「地域福祉の概念構成」右田紀久恵・高田真治編『地域福祉講座1　社会福祉の新しい道』中央法規出版，148〜168頁。

(6)　岡本栄一（2002）「場—主体の地域福祉論」『地域福祉研究』30，11頁。

(7)　岡村重夫（1974）『地域福祉論』光生館，63頁。

(8)　三浦文夫（1993）「コミュニティと社会福祉」三浦文夫編『社会福祉の現代的課題』サイエンス社，54〜56頁。

(9)　1970年代の日本は高齢化社会への突入とともに高齢者の介護問題，障害者の地域での生活保障問題，女性の社会進出増大に伴う保育所建設問題などが取り上げられた。

(10)　右田紀久恵（1973）「地域福祉の本質」住谷馨・右田紀久恵編『現代の地域福祉』法律文化社，1頁。

(11)　(10)と同じ，14頁。

(12)　右田紀久恵（1993）『自治型地域福祉の理論』ミネルヴァ書房，24頁。

(13)　真田是（1992）『地域福祉の原動力——住民主体論争の30年』かもがわ出版，72頁。

(14)　三浦文夫（1980）「地域福祉の概念」永田幹夫編『地域福祉論』全国社会福祉協議会，21頁。

(15)　永田幹夫(1985)『地域福祉組織論　改訂』全国社会福祉協議会，36頁。

(16)　日本地域福祉学会地域福祉史研究会編（1993）『地域福祉史序説——地域福祉の形成と展開』中央法規出版，106頁。

(17)　武川正吾（2005）『地域福祉の主流化』法律文化社，23頁。

(18)　(12)と同じ。

⒆　コンパクトの理念は1996年に「ボランタリーセクターの将来」で初めて提起され，政府とボランタリーセクター間で協定（Concordat）の締結が提言された。ローカルコンパクトは，自治体とボランタリー・コミュニティ・セクター間のパートナーシップ協定を意味する。その目的は，両者の業務関係の改善を改善することと，ボランタリー・コミュニティ・セクターの能力開発を支援する手段を提供することである（https://warp.da.ndl.go.jp/info:ndljp/pid/285006/www.clair.or.jp/j/forum/c_report/pdf/317.pdf　2021年 8 月20日閲覧）。

⒇　朝倉美江（2007）「なぜボランティアがサービスを提供するの？」三本松政之・朝倉美江編『福祉ボランティア論』有斐閣，195頁。

学習課題

①　イギリスの地域福祉の源流についてセツルメント運動についてまとめてみましょう。

②　日本の地域福祉の概念化（理論化）を論じた人物とその主張した内容についてまとめてみましょう。

第4章

地域福祉を取り巻く人々や組織

本章では地域福祉における主体及び地域福祉推進に関わる人々や組織について理解することを目指す。まず，地域福祉における主体とは何かを理解する。次に，地域福祉の推進主体となる主な組織や人材について理解する。さらに，地域福祉の主体形成に関わる組織や人々と主体形成の内容について学び，最後に地域福祉において主体形成を図ることの意義について理解する。

1 地域福祉における主体

（1）地域福祉の構成要素

地域福祉の構成要素を整理した森本（2006）によると，地域福祉は，①地域福祉サービス，②地域福祉活動，③地域福祉基盤整備の3つのエリア（範囲）に大別できるという。また，それぞれのエリアの担い手には，①サービスに関わる専門職（ソーシャルワーカーやケアワーカー），②住民（当事者，ボランティアを含む），③システムに関わる専門職（行政や社会福祉協議会の職員）が該当する。(1)

これら要素は，3つのエリアが互いに交わっていることに特徴がある（図4-1）。3つのエリアの交わりの部分は，たとえば①地域福祉サービスと③地域福祉基盤整備の交わる部分は，基盤整備を推進する側からの事業者支援などの働きかけを意味し，②地域福祉活動と③地域福祉基盤整備の交わる部分は，基盤整備を推進する側からの組織化などの働きかけを意味する。また，①地域福祉サービスと②地域福祉活動の交わりの部分は，活動とサービスの接点ということになる。また，その交わりの中心に要援助者が位置づけられる。

地域福祉における対象は，これら3つのエリアの体系において，生活問題やその問題を抱えた人々とそれに対する援助・支援の仕組みの中で規定されるものであるといえる。

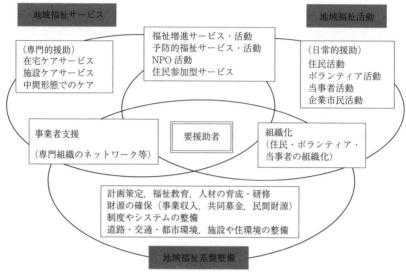

図4-1　地域福祉の構造と内容

出所：森本佳樹（2006）「地域福祉の構成」日本地域福祉学会編『新版　地域福祉事典』中央法規出版，
　　　39頁を参考に筆者作成。

（2）地域福祉の動向と主体の変容

　次に，地域の福祉的課題を誰がどのように解決するのか，あるいはそうした
福祉的課題をどのようにとらえるのかといったことを，地域福祉の動向と地域
福祉の主体の問題に関わらせて考えていくこととする。

　1960年代以降の地域福祉の動向を見ると，1960年代から1970年代は地域にお
けるコミュニティ・オーガニゼーションや「地域組織化」にすぎなかったもの
が，1980年代は在宅福祉サービスに重点化され，1990年代からは「住民参加型
福祉」「利用者主体」を重視するものへと変化した。そして2000（平成12）年以
降は，地方分権や社会福祉法の成立によって，地域福祉に自治の契機が加わり，
コンシューマリズム（消費者重視）やエンパワメント（主体化）の要素を含んだ
ものへと変化してきた。武川（2006）はこうした地域福祉の位置づけの変化に
ついて，日本の社会福祉は地域福祉の時代に入ったということができるとして，
「地域福祉の主流化」と呼んでいる[2]。

　ところで，1962（昭和37）年に定められた「社会福祉協議会基本要綱」では
「住民主体の原則」がその基本的な方針の一つとして明記されたが，社会福祉

の主役が行政や福祉施設であると認識されていた当時の情勢では，斬新な考え方であった(3)。しかし，国や地方の地域福祉に関わる制度政策の中で「住民参加」や「利用者主体」に重点化されてきたのは，1990年代以降であったといえる。1970年代までの住民運動や市民運動から，阪神大震災を契機とするボランティア活動やNPOの活動，さらには2000（平成12）年の介護保険導入を経て，地方自治体が地域福祉政策やシステム運営の当事者として住民や市民とともにガバナンス（協治）する協働のパートナーシップが求められており，住民も地方自治，住民自治の主体者として福祉のまちづくりに参加・参画することが実践課題となっている(4)。

　特に，2000（平成12）年の社会福祉法第4条では，「地域福祉の推進」の具体的内容として，「地域住民，社会福祉を目的とする事業を経営する者及び社会福祉に関する活動を行う者は，相互に協力し，福祉サービスを必要とする地域住民が地域社会を構成する一員として日常生活を営み，社会，経済，文化その他あらゆる分野の活動に参加する機会が与えられるように，地域福祉の推進に努めなければならない」として，国や地方公共団体とともに，「地域住民」「社会福祉を目的とする事業を経営する者」「社会福祉に関する活動を行う者」を地域福祉の推進主体として位置づけている。さらに同法の第107条では，市町村はそれら地域福祉の推進主体の市町村地域福祉計画への参加に努めることとされている。

（3）地域福祉における「主体」論

　制度・政策動向から見た地域福祉の主体とは別に，地域福祉研究者らによる，地域福祉における主体をめぐる議論がある。

　大橋（1995）は，地域福祉の主体形成に関する今日的な課題を，①地域福祉計画策定主体，②地域福祉実践主体，③社会福祉サービス利用主体，④社会保険制度契約主体という4つの側面から説明している(5)。また，これらの地域福祉の主体をめぐる課題に対する福祉教育の重要性を強調している。

　一方，右田（1973, 1984）は，地域福祉の主体認識を，①権利主体，②生活主体，③生存主体の3つの柱として提示した(6)。またこうした主体認識は，在宅福祉サービスにおいては，①権利主体認識には，利用者の権利保障のみならず権利開発の意味も含まれ，②生活主体認識は，「住み慣れた地域環境から可能な限り離さない」とする，在宅福祉の発想の基礎であり，③生存主体認識は，

疎外を自動的進行過程として容認するのではなく，疎外に抗しつつ主体的に本来的な生活を営むことのできる主体として，個人・家族・住民を認識するということであると説明している。さらに，この生存主体認識がなければ「住民主体」や「参加」の論議が空転するとして，住民主体や参加の論議の前提として生存主体認識の重要性を強調している[7]。

　こうした地域福祉における主体論の中で，共通しているのは福祉サービス利用者や地域住民が住み慣れた地域で可能な限り生活を営むことができるための個人あるいは組織の主体や参加の問題に触れながら論じられている点にあるといえる。岡村（2009）は，住民の主体的参加をあげ，当事者を中心に据えながら地域的な共同体や連帯を重視した「福祉コミュニティ」を概念化した[8]。その福祉コミュニティの機能の一つとして，住民のみならず福祉の対象者の参加があげられている。今日問われているのは，そうした価値や理念をどのようにして具体的に展開していくのかということであり，そのための方法や技術の構築や蓄積が地域福祉の主体形成において求められている。

2　地域福祉の推進主体

（1）地方自治体

　地方自治体は，市町村・都道府県・東京都の特別区などからなる地方公共団体である。日本国憲法第92条では，地方自治の基本原則として，「地方公共団体の組織及び運営に関する事項は，地方自治の本旨に基づいて，法律でこれを定める」としている。そして地方公共団体の組織及び運営に関する事項は地方自治法で定められており，地方公共団体の役割としては，住民の福祉の増進を図ることを基本として，地域における行政を自主的かつ総合的に実施する役割を担うとされている。特に市町村は基礎的な地方公共団体として，地域における事務及びその他の事務で法律又はこれに基づく政令により処理することとされるものを処理すると定められている。

　2020（令和2）年6月に成立した「地域共生社会の実現のための社会福祉法等の一部を改正する法律」では，国及び地方公共団体は，地域生活課題の解決に資する支援が包括的に提供される体制の整備，その他地域福祉の推進のために必要な各般の措置を講ずるよう努めなければならないとされ，そのために関係法に基づく事業を一体のものとして実施することにより，地域生活課題を抱

える地域住民及びその世帯に対する支援体制ならびに地域住民等による地域福祉の推進のために必要な環境を一体的かつ重層的に整備する事業として，重層的支援体制整備事業を行うことができるとして，地域福祉推進における行政の役割が明確化された。

（2）民間組織

①　社会福祉協議会

社会福祉協議会は，地域福祉の推進を図ることを目的とした民間組織であり，1951（昭和26）年に設立された中央社会福祉協議会を前身とする。社会福祉法では，市町村社会福祉協議会（第109条）と都道府県社会福祉協議会（第110条）に地域福祉の推進を図ることを目的とする団体として位置づけられている。

社会福祉協議会は1962（昭和37）年の社会福祉協議会基本要項で，「住民主体の原則」による社会福祉協議会の組織と活動のあり方を明らかにした。また，1992（平成4）年の新・社会福祉協議会基本要項では，①住民ニーズ基本の原則，②住民活動主体の原則，③民間性の原則，④公私協働の原則，⑤専門性の原則の5つが活動の原則とされた。

社会福祉法では，市町村社会福祉協議会は，①社会福祉を目的とする事業の企画及び実施，②社会福祉に関する活動への住民の参加のための援助，③社会福祉を目的とする事業に関する調査，普及，宣伝，連絡，調整及び助成，④社会福祉を目的とする事業の健全な発達を図るために必要な事業を行うとされている。高齢者や障害者への訪問介護や配食サービスなどの福祉サービス提供のほか，ボランティアなどとともに地域の高齢者や障害者あるいは子育て中の親子の「サロン活動」，ボランティア活動に関する相談や紹介，学校での福祉教育の支援など，地域の福祉活動の拠点としての役割を果たしている。

社会福祉法では，都道府県社会福祉協議会は，上記①〜④の事業であって各市町村を通ずる広域的な見地から行うことが適切なもののほか，社会福祉を目的とする事業に従事する者の養成及び研修，社会福祉を目的とする事業の経営に関する指導及び助言，市町村社会福祉協議会の相互の連絡及び事業の調整を行うとされている。認知症・知的障害・精神障害により判断能力の低下した方の日常的な金銭管理や福祉サービス利用援助を行う「日常生活自立支援事業」を市町村社会福祉協議会と実施，福祉サービスに関する苦情相談の解決のための「運営適正化委員会」の設置による福祉サービスの質の向上，経済的困窮者

への生活福祉資金の貸付け，福祉に関する各種研修会の実施などの事業を行っている。

②　当事者団体

当事者団体は，課題に直面したり同じ状況にある者同士が想いを分かち合ったり課題解決を目指して立ち上げたグループなどを指す。日本では当事者組織と呼ばれることもあり，またセルフヘルプグループもそれに含まれる。当事者たちの自発性やメンバー間の対等（ピア）性を有した活動で，専門家から独立していることなどが特徴としてあげられる。例としては，アルコール依存症の患者の会や認知症高齢者の家族介護者の会，犯罪被害者やその遺族の会などがある。

課題としては，小規模であるがゆえに運営側の負担が大きい，運営の資金不足などがある。また，専門職（援助職）が「当事者にとって何がいいか」を代わって判断してしまい，組織をコントロールしてしまうというようなパターナリズムの問題もあり，専門家権力との関係においていかに独立性を担保するかという課題もある。

③　町内会・自治会等地縁組織

地縁組織とは，居住する地域に基づく縁故関係のことで，日本の場合，地縁組織には町内会や自治会が含まれる。地方自治法第260条の二において，「町又は字の区域その他市町村内の一定の区域に住所を有する者の地縁に基づいて形成された団体」と定義されている。

2018（平成30）年の総務省調査によれば，「地域運営組織」[9]は，4787組織（711市町村）にのぼり，高齢者交流サービス，声かけ・見守りサービス，体験交流事業，公的施設の維持管理などの活動が行われている。しかし，人材（担い手，リーダー，事務局）の不足，活動資金の不足，地域住民の当事者意識の不足などの課題も指摘されている[10]。

④　民生委員・児童委員・主任児童委員

民生委員は民生委員法によって位置づけられ，社会奉仕の精神をもって，住民の立場に立って相談に応じるとともに必要な援助を行うことをもって社会福祉の増進に努めることとされている。厚生労働大臣より委嘱される無報酬の活動であり，任期は3年と定められている。また民生委員は，1947（昭和22）年の児童福祉法成立に伴って児童委員を兼務することとなっている。児童福祉法第17条における児童委員の職務は，①児童及び妊産婦の状況把握やサービス利

用のための情報提供・援助，②児童福祉事業や活動の支援，③児童福祉司または福祉事務所の社会福祉主事の職務への協力などである。さらに1994（平成6）年には，児童に関する問題を担当する主任児童委員が創設された。主任児童委員は，児童委員と児童の福祉に関する機関との連絡調整を行うとされている。

⑤　保護司

保護司は，保護司法第1条によって，「社会奉仕の精神をもって，犯罪をした者及び非行のある少年の改善更生を助けるとともに，犯罪の予防のため世論の啓発に努め，もって地域社会の浄化をはかり，個人及び公共の福祉に寄与すること」をその使命とすると規定されている。法務大臣により委嘱された非常勤の国家公務員で給与は支給されない。活動内容は，①保護観察（犯罪や非行をした人たちに対して更生を図るための遵守事項を守るための指導や生活上の助言，就労の援助），②生活環境調整（少年院や刑務所に収容されている人が，釈放後にスムーズに社会復帰を果たせるよう，釈放後の帰住先の調査，引受人との話し合い，就職の確保など，必要な受け入れ態勢整備），③犯罪予防活動（犯罪や非行をした人の改善更生について地域社会の理解を求めるとともに，犯罪や非行を未然に防ぐための犯罪予防活動）などである。

⑥　共同募金会

共同募金会は全国47都道府県に設置されており，その連合体である社会福祉法人中央共同募金会は，募金運動の全国的な企画，啓発宣伝，調査研究，都道府県共同募金会の支援を行っている。

共同募金は，社会福祉法第112条において，「都道府県の区域を単位として，毎年一回，厚生労働大臣の定める期間内に限ってあまねく行う寄附金の募集であって，その区域内における地域福祉の推進を図るため，その寄附金をその区域内において社会福祉事業，更生保護事業その他の社会福祉を目的とする事業を経営する者（国及び地方公共団体を除く）に配分することを目的とするものをいう」と定められている。

共同募金は，寄附金の公正な配分に資するため，共同募金会に配分委員会を置くこととなっている。また，共同募金を行うには，あらかじめ，都道府県社会福祉協議会の意見を聴き，及び配分委員会の承認を得て，共同募金の目標額，受配者の範囲及び配分の方法を定め，これを公告しなければならないとされている。

⑦　市民活動組織・NPO・中間支援団体

　市民活動組織としては，任意団体やNPO法人などがある。NPOとは，Nonprofit Organization あるいは Not-for-profit Organization の頭文字をとった名称であり，アメリカの制度を背景にして生まれてきた言葉である。日本では一般に「民間非営利組織（団体）」と呼ばれている。特徴としては，「組織としての体をなしていること」「民間の組織であること」「非営利であること」「自己統治・自主管理ができていること」「人々の自発性に基づいた組織であること」などがあげられる。

　1998（平成10）年３月に成立した特定非営利活動促進法（通称「NPO法」）は，「特定非営利活動を行う団体に法人格を付与すること等により，ボランティア活動をはじめとする市民が行う自由な社会貢献活動としての特定非営利活動の健全な発展を促進し，もって公益の増進に寄与すること」を目的としている。内閣府は，特定非営利活動に該当する活動として，「保健，医療又は福祉の増進」「社会教育の推進」「まちづくりの推進」「観光の振興」「農山漁村又は中山間地域の振興」「学術，文化，芸術又はスポーツの振興」「環境の保全」「災害救援」「地域安全」「人権の擁護又は平和の推進」「国際協力」「男女共同参画社会の形成の促進」「子どもの健全育成」「情報化社会の発展」「科学技術の振興」「経済活動の活性化」「職業能力の開発又は雇用機会の拡充の支援」「消費者の保護」などに関わる20分野をあげている。

　またNPOを支援する「中間支援組織」の役割には，①資源の仲介（行政・企業・個人などの資源提供者とNPOを仲介し，NPOの育成に係わる），②NPO間のネットワークの促進，③価値創出（NPOに対するニーズを発掘したり，社会的課題について社会全体に訴え共有化し新たな問題解決方法を創出する）などがある。

⑧　企業及び社会的企業

　多くの企業において，企業の社会的責任を推進する部門「CSR（Corporate Social Responsibility）」が設置されている。また，近年CSRに代わる新しい概念として，社会課題の解決と企業の利益，競争力向上を両立させ，社会と企業の両方に価値を生み出すという考え方「CSV（Creating Shared Value：共通価値の創造）」が広がりつつある。また，社会的企業は，社会的課題をビジネスを通じて解決・改善しようとする事業者であって，雇用の創出や職業訓練，あるいは地域サービスの提供のような明確な社会的目的をもち，地域住民の能力向上への貢献を含む倫理的な価値も有している。

（3）多様な主体の協働

　近年，制度・分野ごとの「縦割り」や「支え手」「受け手」という関係を超えて，地域住民や地域の多様な主体が参画し，人と人，人と資源が世代や分野を超えてつながることで，住民一人ひとりの暮らしや生きがい，地域をともに創っていく社会という「地域共生社会」の実現が課題とされている。2017（平成29）年2月7日の厚生労働省「我が事・丸ごと」地域共生社会実現本部決定では，「地域共生社会」を提案する背景と方向性として，①個人や世帯の抱える複合的な課題への包括的な支援や，人口減少に対応する，分野をまたがる総合的サービス提供の支援の必要性と，②住民の主体的な支え合いを育み，暮らしに安心感と生きがいを生み出すことや，地域の資源を活かし，暮らしと地域社会に豊かさを生み出すといった地域づくりの必要性があげられている。そうした方向性を受けて，2017（平成29）年の改正社会福祉法では，①地域福祉の推進の理念として，支援を必要とする住民（世帯）が抱える多様で複合的な地域生活課題について，住民や福祉関係者による「把握」及び「関係機関との連携等による解決が図られることを目指すことや，②その理念実現のために，市町村が包括的な支援体制づくりに努める旨が規定された。

3　地域福祉の主体形成

（1）主体形成に関わる組織や人

　先に述べた通り，「地域共生社会」の実現に向けた地域づくりや包括的な支援体制の整備においては，多様な主体の参加や連携が必要とされている。住民に身近な圏域において，分野を超えて地域生活課題について総合的に相談に応じ，関係機関と連絡調整を行う体制に関わる主体としては，たとえば，地区社協，市町村社協の地区担当，地域包括支援センター，相談支援事業所，地域子育て支援拠点，利用者支援事業，社会福祉法人，NPO法人等があげられている。

　2008（平成20）年の「これからの地域福祉のあり方に関する研究会報告書」（以下「あり方報告書」）では，公的な福祉サービスだけでは対応できない生活課題の解決や，地域における多様な生活ニーズへの対応を図るうえで，成熟した社会における自立した個人が主体的に関わり，支え合う，地域における「新たな助け合い」（共助）の強化が求められているとしている。そこでは，ボラン

ティアや NPO，住民団体による活動などの民間主体の担い手が行政と協働しながら地域に「新たな公」を創出することや，地域福祉計画策定への住民参加の推進が重要であるとされている。

（2）主体形成の内容

　地域福祉における主体を考える際，課題に直面している当事者の主体をいかに立ち上げるかという視点は欠かせない。中西・上野（2003）は，主権とは自分の身体と精神に対する誰からも侵されない自己統治権，すなわち自己決定権を指すとして，この権利が誰にも譲ることができない・侵されないとする立場が当事者主権であるとしている。こうした当事者主権という考え方は，障害者の自立生活運動などの当事者運動で鮮明に打ち出された概念であるが，この基本的な権利が奪われてきた者として，女性，高齢者，障害者，子ども，性的少数者，患者，精神障害者，不登校者などがあげられる。[11]

　地域福祉推進のための主体の形成には，地域住民，民間事業者，社会福祉法人，民生委員・児童委員，行政等といった多様な構成員の参加・協働が求められる。しかしながら，地域福祉の推進主体には「課題に直面している当事者」あるいはそうした人々の「代弁者」も含まれる。それは支援を必要とする人だけでなく，自分自身で生活課題を解決できる人も，活動や参加の場面によって支援者もしくは支援を必要とする立場になり得るということである。[12]先の「あり方報告書」では，支援を必要とする人を「○○ができない人」と一面的にとらえるのではなく，生きる力を備えた存在としてとらえ，その人自らの内にある生きる力が引き出されるような，エンパワメントとしての支援が求められるとしている。

　高齢者のサロンが子育て家庭の拠り所となったり，精神障害のある青年が認知症高齢者のミニデイサービスにボランティアとして参加するなど，担い手と受け手の境界線は曖昧で，時には入れ替わることもあり得るのである。

（3）地域福祉における主体形成の意義と課題

　さまざまな主体の参加と協働による地域福祉推進のためには，地域の中で生じる自発的実践を出発点にした地域福祉の推進が重要である。平野（2008）は，これまで，既存の制度福祉では解決しない問題に対して「いかに資源開発するか」を目的にして主体を組織するという方法で地域福祉を推進する傾向があっ

たと指摘する。これからは「自発的な実践」つまり政策や制度によって誘導，委託されたものではない主体による「自主的な選択」が重要であり，その自発的な実践主体の活動の履歴の蓄積はコミュニティの意識に影響を与えながら，その地域の福祉文化の形成に結びついていくとする[13]。

　また地域福祉の推進に向けて住民の主体性を育むためには，「福祉コミュニティ」の構築も重要である。上野谷（2000）は，岡村の地域福祉論を理念上の基本的枠組みとしたうえで，地域の諸活動を拠り所としながら，福祉コミュニティづくりに対応するものとして，「地域の福祉力」を位置づけている。その構成要素としての，「主体性・参加性」「資源性・手段性」「連帯性・協同性」「計画性・基盤性」という4つの原則を地域社会の中で根づかせ発展させていく場合の課題として，地域住民による「福祉施設建設反対運動」や「要援助者の地域内居住反対運動」の問題，つまりコンフリクト（摩擦）の問題を指摘している[14]。こうしたコンフリクトは，地域住民同士あるいは地域住民と要援助者あるいは福祉サービス利用者との価値の対立として問題が先鋭化しがちであるが，これに対しては回避せず，むしろ地域の福祉力形成のプロセスで必ず遭遇する課題とし，その課題解決の中で自らの力量を高めていけるととらえる必要がある。そうした中での主体性発揮のためには，「出来事」を媒介にして当事者同士や当事者の周り（近く）にいる人々が相互に向き合い対話的行為を続けることである。そのような価値の指向性をめぐる課題は，地域福祉を推進するコミュニティワークの課題とも重なってくるものである。

注

(1)　森本佳樹（2006）「地域福祉の構成」日本地域福祉学会編『新版　地域福祉事典』中央法規出版，39頁。

(2)　武川正吾（2006）『地域福祉の主流化』法律文化社。

(3)　柴田謙治（2007）『貧困と地域福祉活動——セツルメントと社会福祉協議会の記録』みらい，138頁。

(4)　牧里毎治（2008）「住民主体をめぐる地域福祉理論」牧里毎治・山本隆編『住民主体の地域福祉論』法律文化社，22～32頁。

(5)　大橋謙策（1995）『地域福祉論』放送大学教育振興会，75～80頁。

(6)　右田紀久恵編（1973）『現代の地域福祉』法律文化社，1頁。

(7)　右田紀久恵（1984）「在宅福祉中心主義と行財政」右田紀久恵・井岡勉編著『地

　域福祉——いま問われているもの』ミネルヴァ書房，107頁。

(8)　岡村重夫（2009）『地域福祉論　新装版』光生館，86～101頁。

(9)　地域の生活や暮らしを守るため，地域で暮らす人々が中心となって形成され，地域内のさまざまな関係主体が参加する協議組織が定めた地域経営の指針に基づき，地域課題の解決に向けた取り組みを持続的に実践する組織。

(10)　総務省（2019）「平成30年度　地域運営組織の形成及び持続的な運営に関する調査研究事業報告書」。

(11)　中西正司・上野千鶴子（2003）『当事者主権』岩波書店，2～4頁。

(12)　坪井真（2014）「地域福祉の主体と対象」坪井真・木下聖編『地域福祉の理論と方法　第2版』みらい，67頁。

(13)　平野隆之（2008）『地域福祉推進の理論と方法』有斐閣，85～86頁。

(14)　上野谷加代子（2000）「地域の福祉力形成活動」右田紀久恵・上野谷加代子・牧里毎治編著『福祉の地域化と自立支援』中央法規出版，23～49頁。

学習課題

①　地域福祉における「主体」のとらえ方の変遷について，テキストの内容を踏まえてまとめてみましょう。

②　地域福祉推進の主体となる組織や人々を取り上げ，それぞれの地域福祉推進における役割について説明してみましょう。

③　高齢者のサロンが子育て家庭の拠り所となったり，精神障害のある青年が高齢者のデイサービスにボランティア参加するなど，「支援を必要とする人」が「支援者」になりうる例について考えてみましょう。

第5章

地域福祉実践の方法

　わが国のソーシャルワーク実践の形は，専門職から利用者や対象者への支援を提供する「点」としての支援から，専門職に加え，住民との協働体制のもと，「点を含めた面」としての支援へと大きく変わりつつある。さらには，「点」を「面」で支える支援と「点」を支える「面」をつくる支援を一体的にとらえる実践が地域共生社会においても重要視されている。

　本章では，地域共生社会の実現に向けて，地域福祉実践の形態や支援方法，取り組む姿勢を紹介したうえで，実践事例をもとに，地域福祉実践を進めるポイントや課題について学ぶ。

1　地域福祉実践の形態

（1）支援を求めている人への個別的な支援

　支援を求めている人への個別的な支援の主な流れとしては，自立支援を目的に，①個別ニーズの発見，②アセスメント，③個別支援計画の作成，④支援の実施，⑤支援の評価と再アセスメント，⑥支援の終結の過程を経ることになる。

　支援を求めている人への個別的な支援，すなわち個別支援を展開する際には，まずは個別ニーズを発見する仕組みをつくる必要がある。支援を求めている人は，SOS を自ら発することができる人ばかりではなく，子どもをはじめ，何らかの障害や疾病などの理由により，声をあげたくてもあげられないことや，自分の置かれている状況をよく理解できていない場合が多い。また，本人を取り巻く家族も同じような状態であれば，なおさら支援を求めることが難しく，さらには，日頃からのつながりがなければ，いざというときに支援を求めることも難しいのではないだろうか。そのため，ソーシャルワーカーは，ニーズをキャッチするシステムづくりを住民と共に構築し，互いにつながり合う意識を

醸成することが求められる。

　このように，個別支援は，生活課題を抱えている本人や家族を支える支援であるが，その前提として，個別支援が有効に発揮される土壌やシステムづくりが重要となる。

（2）地域の中で共通したニーズを抱えている人々への支援

　地域の中で共通したニーズを抱えている人々への支援の主な流れとしては，コミュニティ再構築を目的に，①地域資源の把握，②地域ニーズの分析（①と②で地域アセスメントという），③地域支援計画の策定，④住民への福祉教育やボランティア育成，ボランティア組織化，当事者組織化による資源開発，⑤（④の開発した資源に対する）活動支援や運営支援があげられる。

　地域の中で共通したニーズを抱えている人々への支援，すなわち地域支援を始動する際には，個別支援のアセスメントから見えてくる個別ニーズに注目することも有効である。たとえば，ある地域を担当していた際に，その地域で暮らしている高齢者から「自宅の周辺に坂道が多く，気軽に買い物に行くことができない」という困りごとを耳にしたとする。また別の日に，車いすを利用している障害者や小さな子どもを育てている保護者からも同様の困りごとを耳にしたとする。その場合にソーシャルワーカーが，それぞれの困りごとを個々のニーズとしてとらえるのか，あるいは，「買い物に行くことができない」という困りごとをその地域のニーズとしてとらえるのか（ニーズの普遍化）によって，その後の支援の方向性は異なってくる。

　前者の場合，個々の住民の思いに耳を傾け，宅配サービスの紹介にとどまることも予想されるが，後者の場合，地域のニーズを行政に働きかけることで，たとえば行政が移動販売を取り扱っている企業と提携を結び，移動販売車が地域をくまなく巡回することになれば，地域の住民も気軽に買い物へ出かけることが実現されやすくなる。また，買い物に出かけることを通して，近隣住民との交流の機会の喪失を防ぐことも期待できる。

　このように，地域支援は，個別支援の中から地域で共通する課題を抽出し，住民や関係機関との協働により，課題解決に向けた仕組みをつくる支援である。

（3）地域で暮らし続けるために必要な支え合いの仕組みを築いていく支援

　近年では，さまざまな生活課題を抱える人や単身世帯が増え，また都市部を

中心に住民間のつながりが弱まり，制度に頼る支援だけでは，課題解決に至らないことも増えてきている。たとえば，「ごみ出しに困っている」「子どもを少し預かってくれる場所がほしい」など，住民のちょっとした困りごとは，制度に頼ることが困難な場合が多いため，周囲との支え合いやつながりが大切になる。また，支援の受け手になりやすい高齢者や障害者が，支援の担い手として住民を支えられる取り組みがあれば，地域における自身の居場所や役割を実感し，取り組みを通して自己実現も発揮しやすくなるとともに，住民同士が対等な目線で関わりやすくなるものといえる。

　高齢者分野に目を向けてみると，わが国では，「高齢者になっても暮らしやすいまちづくり」を目指して，住民が主体となり，高齢者の社会参加の促進や地域における助け合いや支え合いの体制をつくるために，2015（平成27）年の介護保険法改正により，生活支援体制整備事業が始まった。本事業の中で，市町村は，定期的な情報共有や連携を図る場として協議体を設置し，生活支援コーディネーターは協議体と協力しながら，自分たちの地域をより良いものにしていくために，ボランティアの発掘や育成など地域資源の開発やネットワークづくりなど，互助による支え合いを推進・調整する役割を担っている。

　そのため，先の地域支援でも述べたように，住民への福祉教育の実施をはじめ，ボランティア育成やボランティア団体や当事者団体の組織化を図る中で，住民が自分たちの暮らしている地域に関心をもち，その中で自分に何ができるかを考えながら行動しやすくするための支援を展開することが求められている。

2　地域福祉実践の支援方法

（1）コミュニティ・オーガニゼーション

　コミュニティ・オーガニゼーションは，地域組織化活動と呼ばれ，「地域に顕在・潜在する諸問題を，住民の主体性や問題解決力を中心に，地域に存在するフォーマルやインフォーマルな社会資源の動員，開発などといった組織化活動によって解決・解消に向かわせようとする専門技術」（加山，2010）[1]のことである。

　コミュニティ・オーガニゼーションの源流は，19世紀後半のイギリスにおける慈善組織協会（COS）や，貧困者への支援と社会改良を目的としたセツルメント運動にさかのぼる。当時は，1834年に制定された新救貧法が貧困者の公的

救済制度として適用されていたが，並行して民間による慈善事業も展開されていた。しかし，本当に支援が必要な人に支援が届かない漏救や必要以上に支援を受けている濫救が見られるようになった。そのため，無秩序に行われている慈善団体の組織化を図るといった，公的や民間，個人による慈善事業の管理を統一する目的で，先の慈善組織協会が1869年に設立された。具体的には，慈善団体の連絡や調整，協力の組織化が図られるようになった。

　このような組織化の潮流は，アメリカにも伝播し，1920年代になると，諸機関の連絡調整や地域の問題把握のための調査，募金を促す目的の広報活動をはじめ，後述のさまざまな学説などの功績もあり，コミュニティ・オーガニゼーションはソーシャルワーク実践による援助技術の一つとして確立されるようになった。ではここからは，コミュニティ・オーガニゼーションのさまざまな学説について説明する。

　まず，1939年に発表されたレイン報告書は，コミュニティ・オーガニゼーションの方法論を初めて体系化した報告書である。本書では，ニード（ニーズ）・資源調整説として，コミュニティ・オーガニゼーションとは，地域のニーズと社会資源の発見に努め，その両者を効果的に適合していくように調整する活動であることが定義づけられた。中でも，ニーズの発見のために，当事者組織化や住民参加，目標達成のための計画立案を提示していることは，今日の地域支援にもつながるものといえる。

　また，1947年の W. I. ニューステッターのインターグループワーク説は，地域を構成する各グループや機関間の利害や意見の連絡調整を図ることにより，グループや機関間の協力や協働の関係を促進し，地域の組織化を進めようとする理論であり，地域における団体間調整の方法である。なおインターグループワーク説は，わが国における社会福祉協議会（以下「社協」）など地域団体における組織化活動や運営に影響を与えている。

　さらに，1955年の M. G. ロスによる地域組織化説では，コミュニティ・オーガニゼーションは，住民自らが地域のニード（ニーズ）と解決すべき目標を発見し，それらの解決順位づけを行い，必要な社会資源を開発して問題解決に取り組む中で，地域が団結・協働し，地域の福祉力を高めていく過程とする説である。そのため，地域全体の問題解決に向け，住民が主体的に参加し，団結や協力して実行する態度を養い育てることが重視されている。なお地域組織化説は，わが国における社協の地域組織化活動の発展に影響を与えている。

表5-1　ロスマンによるコミュニティ・オーガニゼーションの3モデル

モデル	内容
小地域開発モデル	住民が参加することで，住民の自発性や主体性を高め，地域を組織化することで地域の課題を解決するモデル
社会計画モデル	専門職が地域の多様な問題について情報を収集・分析し，効率的な資源配分のために計画を立て，問題解決を図るモデル
ソーシャルアクションモデル	地域の中で不利な立場にある住民が地域や社会の課題を解決するために組織化を図り，問題解決に向けて政策や制度の改善を働きかけるモデル

出所：筆者作成。

　そして，1960年代に入り，公民権運動など社会改革への関心が高まる中，1968年に J. ロスマンはコミュニティ・オーガニゼーションを小地域開発モデル，社会計画モデル，ソーシャルアクションモデルの3つのモデルに分け，その3つのモデルを統合的に活用することが求められていると述べている（表5-1）。

　なお，社会計画モデルは，ある程度の社会資源は存在するが，住民の間でニーズや利害が錯綜している場合に有効なモデルである。またソーシャルアクションモデルは，住民間における資源格差により，住民同士が協力体制を築きにくいなど，合意形成を前提とする小地域開発モデルを発揮することが困難な場合に有効なモデルである。

　わが国でも，1950年代ごろに，アメリカのソーシャルワーク理論からコミュニティ・オーガニゼーションが導入され，社協の方向性や諸活動に影響を与えたといわれている。しかし，当時の社協は，「コミュニティオーガニゼーションを活動の拠り所としながらも，社会福祉団体との連絡調整が主であり，地域社会のニードを踏まえた住民主体の地域組織化はほとんど展開されていなかった」（佐藤，2014）[2]とされている。

（2）コミュニティワーク

　先に述べたように，わが国の社協は，1950年代頃からアメリカの「コミュニティ・オーガニゼーション」（地域組織化）を活用して展開してきた。その後，1980年代頃からは，イギリスを中心に発展してきた「コミュニティワーク」（地域援助技術）が取り上げられるようになった。その背景には，1980年代頃か

ら在宅福祉政策が重視されるようになり，イギリスにおけるコミュニティケアの影響を受けた「コミュニティワーク」という用語が，わが国でも用いられるようになったと推測される。

　そして今日では，コミュニティワークとコミュニティ・オーガニゼーションは，論者によってさまざまな見解があるために，その違いが明確に整理されているわけではないが，池本ら（2019）は，「『資源・ニーズ調整』『インター・グループ・ワーク』『統合化（組織化）』『社会計画・実践』『ソーシャル・アクション』『ソーシャル・アドミニストレーション』がコミュニティワークに含まれる概念」としており，コミュニティ・オーガニゼーションを指している「地域組織化」を包含した「コミュニティワーク」が一般的に用いられるようになっている。

　コミュニティワークとは，住民に起こり得るさまざまな地域生活課題に対し，「専門機関が提供する制度的なサービスを有効に結びつけて提供する仕組み」に加え，「地域の住民組織やボランティアなどの協力を得て非制度的な資源を創出し，制度的サービスとの有機的な連携により，その困難を緩和・解決していく方法」（川上，1998）である。近年では，地域共生社会の実現に向けて「多様性を認め合い，誰をも排除しないソーシャルインクルージョンをめざして，『住民主体』を『住民参加』により進めていくなかで，ときには社会資源を創出し，自分たちの暮らしを自分たちの手でよりよくしていこうとするもの」（岩本，2021）として，コミュニティワークをとらえることもできる。

　そのため，住民の地域生活課題について，さまざまな社会資源を組み合わせて解決するという方法だけではなく，その過程を通して，住民間で豊かな福祉意識が醸成され，社会資源を創出する中で，住民の福祉力を高めることや福祉コミュニティを形成することもコミュニティワークの目的として位置づけられている。

（3）コミュニティソーシャルワーク

　近年，制度をはじめとした既存の社会資源だけに頼ることが困難な事例や現象が増えてきている。たとえば，中高年者のひきこもりの増加の影響もある8050問題や外国籍住民の生活のしづらさなどもその一例である。このような現象や事例は，個人単位で起こり，支援を提供することで完結するだけではなく，誰にでも起こり得ることや，あるいは多種多様な支援を検討する必要性がある

ことを考えると，地域単位でとらえ，地域生活課題として考える視点をもつことが大切である。そして，このような場合に注目される支援方法がコミュニティソーシャルワークである。

　コミュニティソーシャルワークは，イギリスで1982年に発表されたバークレー報告の中で明確に打ち出された概念である。その中で，コミュニティソーシャルワークとは，「地域を基盤としたカウンセリングと社会的ケア計画を統合したソーシャルワーク実践」ととらえられている。なお，ここでのカウンセリングとは，「クライエントとソーシャルワーカーとの直接的なコミュニケーションや相互作用の過程」と説明され，また社会的ケア計画は，「現在の問題を解決したり，軽減するためにつくられる計画に加え，将来の社会問題の深刻化を防いだり，発生すると予測される社会問題に対応する資源を開発，強化することを目的とする計画」と示されている。

　田中（2015）は，コミュニティソーシャルワークについて「人々の生活・人生の再建とともに地域の再建・成長を目指す実践」であるとし，「ケアマネジメントを軸とする個別援助を担いながら，援助を個別化するだけでなく，将来の同様なニーズの発生を予防または減少させるためにむしろ社会化する志向に力点が置かれた実践である」と述べている。

　すなわち，コミュニティソーシャルワークは，個別支援と地域支援を一体的にとらえる考え方であり，岩本（2021）も，「人々の地域での自立した生活を支援していくことを目的に，個別の課題を地域課題へとつなげて普遍化し，地域づくりを展開する。それにより地域の福祉力が上がり，それがさらなる個別支援につながってゆくのである。『個を地域で支える支援』と『個を支える地域をつくる支援』を一体的に推進する『地域を基盤としたソーシャルワーク』」であると述べている。

　このように，先のコミュニティ・オーガニゼーションやコミュニティワークだけにとどまらない枠組みをもつコミュニティソーシャルワークが，今日の地域共生社会で注目され，重要視されるようになってきている。

（4）地域を基盤としたソーシャルワーク

　ではここであらためて，地域を基盤としたソーシャルワークが求められる背景についてまとめておきたい。

　家族形態の変化や超高齢社会の到来により，子育てや介護など従来からの家

族機能に期待することが難しくなり，それぞれのニーズを充足するためには，多種多様な支援を活用できる基盤づくりの必要性が高まってきている。また，何らかの理由や事情で，地域との接点を見出しにくい世帯の抱える生活課題は複合かつ深刻になる場合が多く，さまざまな支援の担い手がチームとして対応するケースが増えてきている。さらには，支援の主な担い手とされてきた行政をはじめとした専門職によるサービスに加え，住民も担い手の一つとして，地域生活課題の解決に向けた関わりを積極的に担うことが求められており，住民の福祉力を高めることも喫緊の課題となっている。

　このような背景をもとに，個別支援と地域支援を切り離したとらえ方ではなく，個への支援に地域の力を活用することで，地域力の向上にもつながるといった，個と地域を一体化としてとらえる支援が大切になる。

　岩間（2010）[8]は，地域を基盤としたソーシャルワークに求められる機能として，「①広範なニーズへの対応，②本人の解決能力の向上，③連携と協働，④個と地域の一体的支援，⑤予防的支援，⑥支援困難事例への対応，⑦権利擁護活動，⑧ソーシャルアクション」の8つの機能をあげている。

　8つの機能をまとめてみると，制度的枠組みだけにとらわれずに広い視野をもち，地域を掘り起こす姿勢で，顕在化及び潜在化しているニーズをしっかりとキャッチし，支援の流れをつくるにあたっては，多職種・多機関協働によるチームアプローチに加え，本人の問題解決能力やエンパワメントにも注目する必要がある。また，支援困難な事例に向き合う際には「一つの事例が地域を変える」という前向きな気持ちをもつとともに，虐待など権利侵害のおそれがある事例の場合には，早期からの対応や継続的支援を念頭に置いた積極的な関わりを重視することが大切である。そして，このような一連の流れの中で，生きづらさや生活のしづらさを抱えている人の状況が改善されない場合には，地域や社会に向けて，社会資源の開発や改善を働きかける代弁者としての活動を展開することが求められる。

　このように，個別支援と地域支援は切っても切り離せない関係性であり，個別支援と地域支援が循環するとともに一体化したものとしてとらえることで，住民一人ひとりの孤立防止や生きがい創出につながることが期待できる。「虫の目，鳥の目，魚の目」という言葉があるように，目の前の出来事を注意深く観察する視点や物事を総合的に分析する視点，世の中の流れを読む視点をもちあわせることが大切である。具体的には，個別支援（虫の目）と地域支援（鳥

の目）の両者の視点をもちながら，目の前の人やその人を取り巻く環境の変化にも敏感に気づけること（魚の目）がソーシャルワーカーには求められている。

　なお，個と地域を一体化してとらえるということは，その過程の中で，両者による良好なつながりを形成できる正の要素がもたらされることもあれば，両者が向き合うことにより葛藤関係に発展する負の要素がもたらされることもある。そのため，個と地域のそれぞれの取り組みとそれを包含している体制の全体像を複眼的に把握し留意しながら支援を展開する必要がある。

3　地域福祉実践の姿勢

（1）アウトリーチ

　「○○で困っているので，支援を受けたい」と相談に来る人は，確かに自分のもつ力や取り巻く環境だけでは対応が困難なため，相談に来ているものといえる。しかし，自分の置かれている状況を理解し，相談に来ることができるという一連の流れには，本人のもつ力が作用しているともいえる。

　一方の「声なき声」といわれるように，子どもをはじめ，疾病や障害の状況，置かれている環境のために，声をあげることが困難な人も存在する。そして，声をあげることが困難な人の中には，自分の置かれている状況がよく理解できず，支援を受ける必要があるという意識をもちにくいという人もいる。また，「どうせ声をあげても状況は変わらないだろう」というあきらめの気持ちをもつこともある。

　では，このように，置かれている状況がよくのみこめていなかったり，「しかたがない」とあきらめかけていたりする人に，私たちは何ができるのだろうか。

　ここで大切になる姿勢が，アウトリーチである。アウトリーチとは，支援を求める力を失っていたり，支援の必要性に気づいていなかったりする人へ，ソーシャルワーカーが積極的に出向き，発見，訪問し，支援の介入を行うことである。

　そもそも，わが国の福祉制度や福祉サービスの利用においては，本人自らの相談窓口への申請がなければ，具体的な支援の展開に結びつかない場合が多い。これを申請主義という。また，血縁や地縁の希薄化が叫ばれている現在，都市部を中心に，互いに気にかけ合うような関係づくりや助け合いが弱まってきて

いる。そのため，心身のさまざまな事情により，自ら支援を求めることが困難
な人や，自らのもつ特性や価値観などにより，自分の生活における問題に気づ
いていない人，あるいはデジタル・ディバイド（情報格差）の影響による情報
不足や，逆に ICT の普及による情報過多により，どこに相談すればよいのか
がわからない人などは，日々の生活を送るうえで必要な各種福祉サービスを利
用できずに取り残される可能性がある。

　したがって，本人からの申し出の有無に関係なく，ソーシャルワーカーが自
身の所属する施設や機関の中で，本人や家族，住民からの相談を待つだけでは
なく，うもれているケースを掘り起こし，必要に応じて各種福祉制度や福祉
サービスにつなげられるように積極的に働きかける姿勢や行動といったアウト
リーチが重要になってくる。

（2）社会資源の活用と開発

　社会資源とは，ソーシャルワーカーが利用者や対象者のニーズに沿った問題
を解決するために用いられる資金などの物的資源あるいは人材といった人的資
源がある。また他にも，不可視的な情報や制度といった資源も含まれる。

　社会資源は，大きく分けて，フォーマルな社会資源とインフォーマルな社会
資源に分けられる。フォーマルな社会資源は，制度化された社会資源であり，
行政によるサービスや，専門的なサービスを提供する民間組織によるサービス
等を指している。一方のインフォーマルな社会資源は，制度化されていない社
会資源であり，家族や親戚，友人，近隣住民，ボランティア，自治会等による
サポートを指している。

　それぞれの社会資源のメリットとデメリットは，表5-2のとおりである。

　フォーマルな社会資源は，専門性は高いが，提供するサービス内容について
は柔軟な対応が困難である一方で，インフォーマルな社会資源は，専門性は低
いが，提供するサービス内容については柔軟な対応が可能であるなど，フォー
マルな社会資源とインフォーマルな社会資源は，互いのデメリットを互いのメ
リットで補う相互補完関係にあるものといえる。したがって，フォーマルな社
会資源とインフォーマルな社会資源をあわせて活用することで，利用者や対象
者のニーズに即した対応が実現しやすくなる。そのためには，両者の社会資源
をつなぎ，そして調整する役割の存在が不可欠となり，その役割をソーシャル
ワーカーが担うことが期待されている。

表5-2　社会資源のメリットとデメリット

	フォーマル	インフォーマル
メリット	・専門的かつ安定したサービス提供が可能である。 ・最低限のサービスレベルを確保できる。 ・利用者の経済能力に応じたサービスの提供が可能という公平性がある。	・困っていることにはすぐに対応できる簡便性や柔軟性のある対応が可能である。 ・面識のある関係性であるため，安心感のあるサポートを提供できる。
デメリット	・柔軟性に欠け，画一的なサービスになりやすい。 ・申請からサービス開始までに時間がかかる。	・専門性が低いことが多い。 ・できる範囲でのサポートになるため，安定性や継続性のある提供としては困難な場合がある。

出所：筆者作成。

　このように，既存の社会資源を組み合わせながら活用した支援を提供することも大切ではあるが，既存の社会資源がないために，利用者や対象者のニーズに応えられない場合に，私たちソーシャルワーカーはどうすればよいだろうか。ここで大切になるのが，社会資源の開発である。

　さまざまな事情や環境の中で生活する人から生まれるニーズは多種多様であり，すべてのニーズが現在の制度やサービスで対応が可能とはいえない現状にある。そのため，ソーシャルワーカーは，利用者や対象者のニーズに応じて，フォーマルな社会資源やインフォーマルな社会資源につなげて活用できるようにする「社会資源の活用」，そして個別及び地域アセスメントを実施し，その結果に基づき，利用者や対象者のニーズに応じたネットワークを構築する「社会資源の調整」に加え，地域において活用できる社会資源がない場合には，社会資源を開発して作り出す，あるいは機能していない資源を再資源化する「社会資源の開発」を実施することが求められる。

（3）ネットワーキング

　ソーシャルワーク実践において，さまざまな社会資源の調整につながる支援方法の基盤となるのが，ネットワーキングである。ネットワーキングとは，「地域で生活をしている個人や団体，組織同士をつなげて有機的に機能させる支援プロセスのこと」（高杉，2021）を指している。

　ネットワーキングが求められる背景としては，少子高齢化や長寿化に加え，都市部を中心に核家族や単身世帯が増える中，家族機能の変容により，家族か

らのサポートが見込めない家庭が増え，そのような家庭を支える地縁も希薄化してきていることから，これまでにはない新たなつながりが必要になってきている。たとえば，消費者被害に遭った一人暮らしの高齢者の場合，福祉分野だけでなく司法分野の専門職とのつながりが求められたり，民生委員や近隣住民による見守りサポートを取り入れたりすることがある。また，子どもの虐待が疑われている自宅を訪問した際に，保護者が疾患を抱えて子育てが十分にできないことが推測される場合には，児童福祉分野だけでなく，医療・保健分野の専門職とのつながりが求められたり，児童委員や子育てボランティアの訪問によるサポートを行ったりすることがある。このように，各専門分野の枠を越えるだけでなく，専門職にとどまらず，住民も含めた連携や協働する必要性が高まってきている。

　そもそも私たちの生活は，一つの分野だけで成り立っているのではなく，さまざまな分野が総合的に関わって成り立っている。そのように考えると，目の前の人の生活や人生を支援するためには，各専門分野や住民間による総合的なつながりが求められており，そのつながりを調整し連携する役割を担う人材として期待されているのがソーシャルワーカーであることが理解できるだろう。

　なお，ネットワークの中心はあくまでも利用者や対象者であることを念頭に置いたうえで，ネットワークを形成する視点が大切である。利用者や対象者にとって今，本当に必要なものは何かを正確にとらえながら，状況の変化に応じて，ネットワークの大きさや関わる人材を検討するアセスメント能力や柔軟な対応が求められる。また，ネットワークを維持する段階では，関わる立場同士の葛藤やストレスへの対応に加え，関係性が切れないようにする配慮も必要になってくる。そのため，コーディネート能力や継続性のある関わりが求められる。

　このように，ネットワーキングは，一度決まったネットワークを固定化するのではなく，状況に応じて変化し，動態的なつながりを形成するものである。

4　地域福祉実践の実際

　本事例は，集合住宅における一人暮らし高齢者の孤立死をきっかけに，住民主体のサロン活動や見守り活動が始まり，地区福祉委員会の立ち上げや専門職との連携による相談所の開設と住民主体による福祉活動拠点の設置により，住

民のニーズに応える多様な活動を地区福祉委員会が社協と共に進め，広めてきたものであり，社協が関わった内容とともにその実践のプロセスを紹介する。

（1）事例の概要

〈A地区の現状〉

　集合住宅のあるA地区は市内の南部に位置し，市役所や最寄り駅からも距離があり，移動には車やバスなどの公共交通機関の利用が必要である。最近では，地域内に買い物等のための社会資源が少ないことから，買い物支援や移動支援ニーズが増えてきている。

　地区内には旧村，新興住宅，府営・市営などの公営住宅が混在し，合計7つの自治会がある。A地区の世帯数は約530世帯，人口900人，高齢化率は40％を超え，一人暮らしの高齢者も120人を超える。また外国人世帯（比較的若い世代）も多い。

　地区福祉委員会が未設置であったA地区で，一人暮らし高齢者の孤立死が発生し，住民が見守りを兼ねた「ふれあい喫茶」の開催を社協に相談したことから，地区福祉委員会と社協との関わりが始まった。

　当時の自治会長や役員からは「自分たちでできる限り，困っている高齢者を支援するので，専門機関として社協にも一緒に支えになってほしい」との声があり，社協は市内の他の地区の「いきいきサロン」を紹介したり，具体的に立ち上げの助言を行ったりする中で，自治会長ほか5〜6人の有志メンバーを中心とした「いきいきサロン」活動がスタートした。

　その後，地区福祉委員会が立ち上がり，公営住宅の棟ごとの見守りや声かけといった個別支援に加え，定例のサロン活動とともに，公営住宅内に限らず，地域住民相互の交流を目的としたフリーマーケットの開催や，社協のブランチ（窓口）として新たに開設された活動拠点を活用した地区福祉委員会としての「学び」を共有する福祉学習会が実現した。さらには，地域の外国籍住民や日頃あまり交流がない若い住民層との接点づくりを目的に，NPO団体との協働による子育てサロンを開催するなど，ここ5年ほどの間に次々と住民のニーズに応える多様な活動が生み出されている（図5-1）。

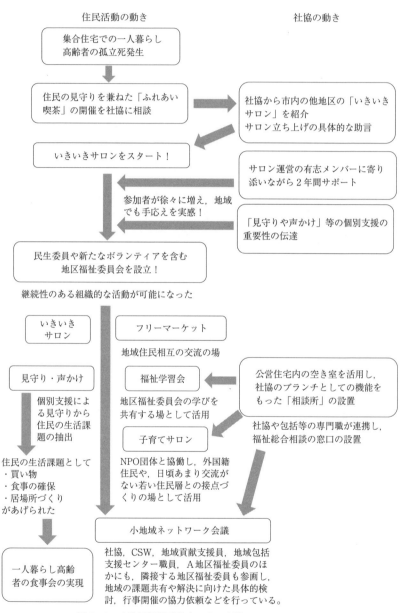

図5-1　A地区福祉委員会による実践のフローチャート

出所：筆者作成。

（2）活動の展開におけるポイント

上記の活動の展開からのポイントとして 3 点あげる。

1 つ目は，段階をふまえながら地区福祉委員会を立ち上げたことである。

住民の声から始まった「いきいきサロン」の活動が軌道に乗るまでの 2 年間，社協職員は運営の中心となる有志メンバーに寄り添いながら関係を深めていった。そして，ようやくサロン活動が定期開催となったところで，次のステップとして「見守りや声かけ訪問」等の個別支援の重要性を伝え，民生委員や新たなボランティアを含む地区福祉委員会の立ち上げに至った。これにより，当初の課題であった一人暮らし高齢者の孤立死防止等，見守りのための個別支援の充実が図られ，地区福祉委員会として継続性のある組織的な活動が可能となった。このように，活動メンバーをいきなり広げずに，まずは有志メンバーで活動実績をあげる中で，福祉意識の醸成や活動の方法・手順の習得を経て，満を持して地区福祉委員会の立ち上げに至ることで，住民も無理なく活動に関わることができる。

2 つ目は，公営住宅内の空き室を活用し，社協のブランチとしての相談機能をもたせるだけでなく，住民による福祉活動の拠点にもなったことである。

住民の生活圏内に活動拠点を設けることにより，拠点内のスペースを活用した喫茶活動や福祉学習会，子育てサロン等，住民主体による新たな活動が創出しやすくなった。さらにこの拠点に，社協職員・CSW（コミュニティソーシャルワーカー）・社会貢献支援員，地域包括支援センター職員などを配置し，福祉総合相談の窓口としての機能をもたせたことで，住民ニーズをよりキャッチしやすい環境が整い，地域のさまざまな課題解決に向けた専門職と地区福祉委員会との連携がより円滑なものになるとともに，小地域ネットワーク会議も開催されるようになった。

3 つ目は，個別支援から見えてきた課題をもとに，住民が地域資源を開発し活用していることである。

先の地区福祉委員会の立ち上げにより，個別の見守り支援が充実していく中で，買い物や食事の確保，居場所づくりといった一人暮らし高齢者の生活課題が明らかになったことから，一人暮らし高齢者の食事会が実現された（図 5-1）。このように，個別支援で集められた個々の住民のニーズを地域のニーズととらえ，それに応じた地域資源を創出する取り組みは，「個を地域で支える支援」と「個を支える地域をつくる支援」を一体的に推進する「地域を基盤と

したソーシャルワーク」といえる。

（3）考察と課題

　先の実践の中では，拠点を活用した「一人暮らし高齢者の食事会」の取り組みを紹介したが，こうした「居場所づくり」の取り組みは，人と人のつながりが希薄化している現代社会において，悩みを共感できる場になったり，人とのつながりを感じられる場になったり，生きがいの場になったりと，孤立やひきこもりといった課題の解決と予防の意味でも大きな効果を発揮している。

　以下は，Ａ地区福祉委員会の委員長が拠点への想いを語ったものであるが，こうした効果を実感することが，より積極的なニーズキャッチや活動を創造するための力となり，課題解決に向けた具体的な行動にもつながるのである。

〈相談所ができて〉

　集まる場所ができたこと，気軽に相談に寄れる場所ができたことをとても心強く感じている。見守りで気になった方など，社協職員の方を通じてすぐに対応いただける。住民にも見守りやサロン活動を通じて，相談所の存在が浸透し始めており，助けてほしい・手伝ってほしいという声をあげやすくなったことは大きな効果である。
　　　　　　　　　　　　　　　　　　　　　　　（Ａ地区福祉委員会委員長）

　また，地区福祉委員会の担い手の高齢化により，新たな担い手の確保が課題となる中で，「活動の継続性」をどのように考えるかは，今後の地域福祉活動を展開していくうえで，大きな課題であるといえる。

　以下は，活動の継続と担い手の確保に向けたＡ地区福祉委員会の委員長の言葉である。

〈活動を広め，続けていくためのコツ〉

　住民の声をしっかりと受け止めること，参加者が笑顔になれること，自分も楽しいと感じられることを大切にしている。活動が途中で駄目だったら辞めたらいい！くらいの想いで，思い立ったらまず何でもやってみる。“無理なくそれぞれができることをやる”意識を地区福祉委員会全体として共有することを大事にしている。
　　　　　　　　　　　　　　　　　　　　　　　（Ａ地区福祉委員会委員長）

〈担い手を確保するために〉

　元気があれば高齢者でも見守りはできるし，むしろ若い人より年が近いので分かり合える部分は大きい。10年後この地区がどんな地域であってほしいかを考えると，もしかしたら5年後でも担い手はいないかもしれないという不安はあるが，今実施している主に支援を必要とする高齢者を対象としたさまざまな行事は，社協と相談しながら，福祉委員以外のお手伝い（ボランティア）を受け入れたり，他の地区との交流をうまく取り入れたりしながら続けられている。

　こうした地域の協力を広く受け入れ，近隣住民との関わりを強めながら，地区福祉委員会としての活動を充実させていきたい。

　さらに，ひとりの住民としては，いくつになっても今のような交流できる場があってほしいし，毎日みんなが集まれるような喫茶やいろんな楽しい行事が増えれば嬉しい。福祉委員としてはできるところまで続けたい。やっぱり福祉委員会の活動は楽しい！　だから続けられる！！　　　　　　　　（A地区福祉委員会委員長）

　上記の言葉にもあるように，地域福祉を支える担い手が，「無理なくそれぞれができることをやること」「活動を楽しむこと」とともに，「自分たちの地域をどんな地域にしていきたいか？」「目的や夢をもつこと」は，地域活動を継続していくうえで非常に重要なポイントである。

　実際に，このA地区では，地域で直面する「孤立死」や「一人暮らし高齢者の生活課題」「外国籍住民や関わりの少ない若年層とのつながり構築」へのアプローチに明確な目的意識をもち，自身も福祉委員であるとともに，一人の住民として住み続ける未来を思い描いて活動に取り組んでいる。

　2015（平成27）年の介護保険法改正により，介護予防・日常生活支援総合事業が創設され，こうした地域における支え合いの力として，元気な高齢者の参画にも大きな期待が寄せられている。

　住民一人ひとりが地域に関わり，地域の課題に気づき，自分にできることを無理なく，楽しみながら関わり続ける。それが「地域の福祉力」を高め，誰もが安心して暮らし続けることのできるまちづくりにつながるものといえる。

注
(1)　加山弾（2010）「コミュニティ・オーガニゼーション理論生成の系譜」『東洋大学社会学部紀要』47（1），81頁。

⑵　佐藤哲郎（2014）「社会福祉協議会におけるコミュニティ・オーガニゼーションの沿革」『松本大学研究紀要』12, 24頁。

⑶　池本賢一・村山浩一郎（2019）「わが国におけるコミュニティワーク理論の再構築に向けた試論——コミュニティワークの定義及び範囲に着目して」『福岡県立大学人間社会学部紀要』27 ⑵, 48頁。

⑷　川上富雄（1998）「地域援助技術（コミュニティワーク）」杉本敏夫・住友雄資編著『新しいソーシャルワーク——社会福祉援助技術入門』中央法規出版, 126頁。

⑸　岩本裕子（2021）「コミュニティワーク」相澤譲治監修／津田耕一・橋本有理子編著『新版・ソーシャルワークの理論と方法 I 【基礎編】』みらい, 162頁。

⑹　田中秀樹（2015）「コミュニティソーシャルワークの概念」特定非営利活動法人日本地域福祉研究所監修／中島修・菱沼幹男編著『コミュニティソーシャルワークの理論と実践』中央法規出版, 17頁。

⑺　⑸と同じ, 163頁。

⑻　岩間伸之（2010）「地域を基盤としたソーシャルワーク（総合的かつ包括的な相談援助）の視点」岩田正美・大橋謙策・白澤政和監修／岩間伸之・白澤政和・福山和女編著『ソーシャルワークの理論と方法 I』ミネルヴァ書房, 19頁。

⑼　高杉公人（2021）「ソーシャルワークにおける社会資源の活用・調整・開発」相澤譲治監修／大和三重編集『新版・ソーシャルワークの理論と方法 II 【専門編】』みらい, 86頁。

⑽　社会貢献支援員は，各福祉施設に所属している CSW と共に相談支援を行い，関係機関とのネットワークづくりを担っている。大阪府の場合は，大阪府社会福祉協議会に所属している。

参考文献

岩間伸之（2010）「地域を基盤としたソーシャルワーク（総合的かつ包括的な相談援助）の視点」岩田正美・大橋謙策・白澤政和監修／岩間伸之・白澤政和・福山和女編著『ソーシャルワークの理論と方法 I』ミネルヴァ書房, 8 〜25頁。

岩間伸之（2010）「『総合的かつ包括的なソーシャルワーク』をめぐるこれからの課題」岩田正美・大橋謙策・白澤政和監修／岩間伸之・白澤政和・福山和女編著『ソーシャルワークの理論と方法 I』ミネルヴァ書房, 274〜277頁。

川上富雄（1998）「地域援助技術（コミュニティワーク）」杉本敏夫・住友雄資編著『新しいソーシャルワーク——社会福祉援助技術入門』中央法規出版, 125〜136頁。

瓦井昇（2003）「コミュニティワークとは何か」杉本敏夫・斉藤千鶴編著『改訂　コミュニティワーク入門』中央法規出版, 21〜32頁。

公益社団法人日本社会福祉士会（2015）「社会福祉士実習指導者講習会」。

橋本有理子（2021）「ソーシャルワークの過程 I ——ケースの発見から契約まで」相

澤讓治監修／津田耕一・橋本有理子編著『新版・ソーシャルワークの理論と方法Ⅰ【基礎編】』みらい，53〜68頁。

学習課題

① 　コミュニティソーシャルワークの中核となるコミュニティソーシャルワーカーの役割や活動内容について調べてまとめてみましょう。

② 　「申請主義」という言葉を入れて，アウトリーチの意義について説明してみましょう。

第Ⅱ部

地域共生社会の実現に
向けた取り組み

第6章

地域共生に向けた包括的支援体制

　本章では，地域共生社会の実現に向けた包括的支援体制について取り上げる。まずは「地域包括ケアシステム」に着目し，その成り立ちや考え方について触れ，地域包括ケアシステムの深化と地域共生社会実現への希求について述べる。加えて，地域共生社会実現に向けた方策として示された包括的な支援体制についての考え方を通して，誰もが暮らしやすい地域を構築するための重層的な包括的支援体制について考えられるようにする。

1　地域包括ケアシステムとは何か

（1）地域包括ケアシステムのはじまり

　地域包括ケアシステムは，1970年代に広島県の旧御調町の国民健康保険病院（現在の公立みつぎ総合病院）の医師であった山口昇氏が初めて提起したといわれている。山口医師によると，当時御調町国民健康保険病院では，救急で搬送され，緊急手術で救命し，24時間体制で看護を行い，さらにリハビリを行って無事退院したケースが，1～2年後に寝たきり状態になって再入院してくるというケースが相次いだ。それに対して，医療を自宅に届ける「医療の出前」，訪問看護，保健師の訪問，リハビリテーションを強化し自宅に医療を届ける仕組みをつくった。その後1980年代には病院に健康管理センター（現在の保健福祉センター）を併設し，町役場の福祉と保健行政を集中させ，社会福祉協議会も移設し，保健医療介護の一体的な推進体制を整備した。さらには保健福祉総合施設としてリハビリテーションセンター，特別養護老人ホーム，グループホーム，ケアハウス等も病院の一部として設置し，行政部門とともに包括的なケアシステムを構築した。この御調町国民健康保険病院の取り組みを契機に，各地の医師や医療機関を中心に医療・介護・福祉の総合的なケアシステムとしての地域

包括ケアシステムの構築が進められた。

　その後の大きな変化となったのが，2003（平成15）年に厚生労働省に設置された高齢者介護研究会から出された『2015年の高齢者介護――高齢者の尊厳を支えるケアの確立に向けて』（以下『2015年の高齢者介護』）であり，この報告書以降，特に高齢者福祉領域において，国が打ち出すさまざまな政策の中で地域包括ケアシステムという用語が使われるようになった。2008（平成20）年からは，厚生労働省に設置された地域包括ケア研究会において継続的に議論され，10年間で複数の報告書（以下，『地域包括ケア研究会報告書』）を出している。地域包括ケア研究会が初めて出した『地域包括ケア研究会報告書』（2008年）では，地域包括ケアシステムは「ニーズに応じた住宅が提供されることを基本とした上で，生活上の安全・安心・健康を確保するために，医療や介護のみならず，福祉サービスを含めた様々な生活支援サービスが日常生活の場（日常生活圏域）で適切に提供できるような地域での体制」と定義していた。また1989（平成元）年に公布された「地域における医療及び介護の総合的な確保の促進に関する法律」の第2条で，地域包括ケアシステムは「地域の実情に応じて，高齢者が，可能な限り，住み慣れた地域でその有する能力に応じ自立した日常生活を営むことができるよう，医療，介護，介護予防（中略），住まい及び自立した日常生活の支援が包括的に確保される体制」と規定されている。

（2）地域包括ケアシステムがもつ多義性

　では，地域包括ケアシステムは具体的にどのようなものなのか。前述した通り地域包括ケアシステムは，医療機関を中心とした保健医療福祉の一体的な提供によりはじまった。2012（平成24）年度の『地域包括ケア研究会報告書』では，保健医療福祉だけでなく，本人・家族の選択と心構えを前提として，「住まいと住まい方」「医療・看護」「介護・リハビリテーション」「保健・予防」「生活支援・福祉サービス」の5つの構成要素で成り立っていると示している。さらに，地域包括ケアシステムを誰が担うのかという点においては，「自助・互助・共助・公助」という4つに分けている。この誰が担うのかという点について田中（2014）は「自分のことは自分でする『自助』をベースに，お互いに助け合える部分は助け合う『互助』を活用し，自助・互助・共助・公助を組み合わせて，高齢者の在宅生活を支えていくことをめざしています」と説明している。つまり地域包括ケアシステムは，予防やリハビリテーションを含めた保

○　団塊の世代が75歳以上となる2025年を目途に，重度な要介護状態となっても住み慣れた地域で自分らしい暮らしを人生の最後まで続けることができるよう，医療・介護・予防・住まい・生活支援が一体的に提供される地域包括ケアシステムの構築を実現。
○　今後，認知症高齢者の増加が見込まれることから，認知症高齢者の地域での生活を支えるためにも，地域包括ケアシステムの構築が重要。
○　人口が横ばいで75歳以上人口が急増する大都市部，75歳以上人口の増加は緩やかだが人口は減少する町村部等，高齢化の進展状況には大きな地域差。
○　地域包括ケアシステムは，保険者である市町村や都道府県が，地域の自主性や主体性に基づき，地域の特性に応じて作り上げていくことが必要。

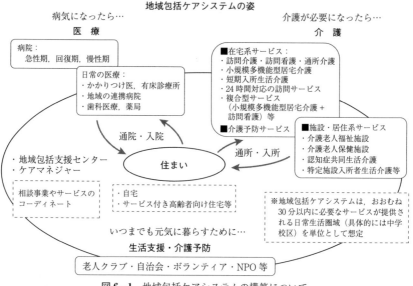

図6-1　地域包括ケアシステムの構築について

出所：厚生労働省老健局全国介護保険・高齢者保健福祉担当課長会議（2014年2月25日）総務課関係資料「介護保険制度の改正案について」スライド26より一部筆者改変。

健・医療・福祉による包括的なケア体制を指している（図6-1）と同時に，その担い手として公的機関やサービス事業者のみならず，ボランティアや住民等による取り組みを含めたものといえる。

　二木（2017）は，地域包括ケアシステムをわかりにくくしている背景に，①概念・範囲の説明が変化・進化し続けていること，②実際はネットワークであるのにシステムと命名されたこと，③保健医療系と（地域）福祉系の2つの源流があることを挙げている。中田（2015）は，地域包括ケアシステムにおける"包括ケア"には，①医療・福祉・住宅などの分野を包括して提供するという

意味の包括ケア［分野横断的なケア］，②家族や介護サービス事業所の専門職だけでなく，地域住民やボランティアなどケアの担い手に着目した包括ケア［多様な担い手］，③健康増進や介護予防，要支援や要介護状態への重度化，そしてターミナルケアや看取りを含めた包括ケア［継続的なケア］という3つの側面があると指摘した。そしてここに地域共生社会の実現に向けて新たに加えられたのが，高齢者にとどまらない全世代全対象型の包括ケア［限定しない対象］という側面である。つまり，地域包括ケアシステムは多義的にとらえられ，そのことで構築を目指す，あるいは進める主体や方向性によって解釈や取り組み内容が異なる概念といえるだろう。

（3）地域包括ケアシステムの構築に向けて

　地域包括ケアシステムは各地でどのように取り組まれているのか。先行研究や関連する書籍においては，これまでに取り組まれてきたさまざまな先駆的な事例がいくつも紹介されている。2014（平成26）年に出された「事例を通じて，我がまちの地域包括ケアを考えよう『地域包括ケアシステム』事例集成——できること探しの素材集」には，大小さまざまな自治体で実施されている地域包括ケアシステム例が60例掲載されている。キーワードで見てみると，①介護保険サービスの充実強化，医療との連携強化に関する取り組み，②介護予防の推進に関する取り組み，③生活支援サービスの確保や住まいの整備に関する取り組み，④住民や関係団体・機関等との協働による包括的な支援体制づくりの取り組みの4つに整理されている。

　また『地域包括ケアサクセスガイド——地域力を高めて高齢者の在宅生活を支える』においても，取り組み事例として10事例が掲載されている。掲載事例では，システムづくりを進める主体として，自治体などの行政機関，診療所やクリニックなど医療機関，社会福祉協議会や地域包括支援センター，社会福祉法人が経営する社会福祉施設，ボランティアグループなどの取り組みがあげられていた。また，構築に向けた方法として，在宅医療に関わる医師やケアマネジャーが集える在宅医療連携会議などの組織化，悲惨な孤立死・虐待などを1例も発生させない地域づくりを目指す「安心生活創造事業」の推進，住民同士の見守りのネットワーク化やサロン活動，地域のさまざまな課題を検討する多様な地域ケア会議の開催，他職種チームによる認知症高齢者支援，入所施設の地域分散などがある。

　つまり，地域包括ケアシステムの構築と一言でいっても，住民主体の介護予防の取り組みをあげているところも，社会福祉法人が展開する生活支援サービスに取り組むところも，行政が進める重層的な地域ケア会議の開催を通して目指すところもあり，その実情はさまざまなのである。

2　地域共生社会の実現に向けて

（1）地域包括ケアシステムの深化

　1970年代に生まれた地域包括ケアシステムは，一人ひとりの患者を包括的に，継続的に診ることの必要性から進められた。しかし『2015年の高齢者介護』では，団塊の世代が65歳以上となる2015（平成27）年に向けて高齢者を対象とした地域包括ケアシステムが提案され，その後は『地域包括ケア研究会報告書』をはじめとして，団塊の世代が75歳以上となる2025年をめどにした，高齢者を中心とした地域包括ケアシステムの構築が目指されていた。これらの提起は，「税と社会保障の一体改革」や「地域における医療及び介護の総合的な確保の促進に関する法律」につながっている。さらに2013（平成25）年度の『地域包括ケア研究会報告書』以降は，高齢者数及び死亡者数がピークに達し，後期高齢者数が再び増加し始める2040年までを展望し，中長期的な観点から議論を行っているものの，やはり高齢者施策を中心に地域包括ケアシステムをとらえてきたことがわかる。

　しかし地域包括ケアシステムの構築は，高齢者のみの地域生活を支えるものではないだろう。2015（平成27）年に厚生労働省に設置された，新たな福祉サービスのシステム等のあり方検討プロジェクトチームが発表した『誰もが支え合う地域の構築に向けた福祉サービスの実現——新たな時代に対応した福祉の提供ビジョン』（以下，『新たな福祉の提供ビジョン』），そして2016（平成28）年，厚生労働省に「我が事・丸ごと」地域共生社会実現本部が設置されることにより，地域包括ケアシステムは，医療介護サービス体制の改革の一つとして，地域包括ケアシステムの深化，地域共生社会の実現へと扱われ方が変化していく。いまや高齢者の地域生活を支援するだけでなく，地域包括ケアシステムの深化により，「高齢者・障害者・子どもなど全ての人々が，一人ひとりの暮らしと生きがいを，ともに創り，高めあう社会[8]」を実現することが目指されるのである。

（2）2040年の社会の姿を見据えて

　これまで，団塊の世代が高齢者となる2015（平成27）年，75歳以上になる2025年を見据えた議論を進めてきた。しかし，もはや2025年は目前となり，現在は，高齢者数及び死亡者数がピークに達し，後期高齢者数が再び増加し始める2040年に議論が移っている。2016（平成28）年の『地域包括ケア研究会報告書』では，2040年に向けて検討を進める背景の一つに，要介護者・中重度者・看取りニーズの増加をあげている。80歳前後を要介護リスクが上昇する年代ととらえ，すべての団塊の世代が85歳以上となる2035年頭，そして2040年に死亡者数がピークに達するとし，課題は「いかにして団塊の世代を看取るか」に集約されるとまとめている。さらに生産年齢人口の減少に伴い，医療・介護を担う人材や財政の不足を指摘し，これまで通りのサービス体制では対応できないという厳しい現実を指摘している。宮本（2018）は，人口の減少が進み，生産年齢人口1.5人が1人の高齢者を支えるという推計（国立社会保障・人口問題研究所による2017年推計，出生率・死亡率中位仮定）をふまえ，「85歳以上人口が高齢人口の3割近くになり，高齢世代がさらに高齢化する。また，就職氷河期に安定した雇用を得ることができなかった世代がそのまま高齢となり，高齢世代の困窮化も進む。そして高齢世帯の中で単独世帯が4割を超え，高齢世代の孤立化が進行する」。加えて「東京圏と地方の人口不均衡が限界に達する。地方では2040年には高齢人口も減り始め，2025年よりも高齢者が減少する県が21に及ぶ。だが，地方における現役世代の減少と流出はそれ以上に進む」と，世代間の不均衡と東京圏と地方間の不均衡がより一層高まってくることを指摘している。

　一方で，経済産業省や内閣府では，2040年の見方が多少異なっているようである。たとえば，2019（平成31）年に発表された未来イノベーション WG の「未来イノベーション WG からのメッセージ　人と先端技術が共生し，一人ひとりの生き方を共に支える次世代ケアの実現にむけて」では，誰もがより長く元気に活躍できる社会を実現する2040年を展望し，多様な就労・社会参加，健康寿命の延伸，医療・福祉サービス改革が打ち出された。たとえば，医療・福祉サービス改革プランには，2040年の生産性向上に向けた目標を掲げ，ロボット・AI・ICT 等の実用化，データヘルス改革，タスクシフティングを担う人材の養成，シニア人材の活用推進など，科学技術の進展により，サイバー空間とフィジカル空間が高度に融合した「超スマート社会」の実現に向けたSociety5.0 等により，地方で暮らす人や高齢者が暮らしやすくなるようなイ

メージである。

　人口減少・少子高齢化が進むわが国において，2040年の社会の姿をどのようにとらえ，取り組んでいくのか。高齢者施策のみに焦点を当て，議論をしているようでは，地域包括ケアシステムの深化や地域共生社会の実現は語れない。現在厚生労働省では，2040年を展望した社会保障・働き方改革の検討についてのプロジェクトチームを設置し，検討を進めている。

（3）住民に身近な"地域"で考える

　国の自治体（市町村）への期待は，1980年代以降徐々に，そして2000（平成12）年の「地方分権の推進を図るための関係法律の整備等に関する法律」の施行で顕著に進むこととなった。1990（平成2）年の社会福祉関係八法改正で在宅福祉サービスや老人保健福祉計画の策定が法制化され，施設から在宅へ，そして市町村単位での体制づくりが重視されてきた。

　地域包括ケアシステムの構築においても，2013（平成25）年度の『地域包括ケア研究会報告書』で「出来る限りケアを受ける場所を変えずに，可能な限り住み慣れた場所にとどまってケアを受けられるような仕組みづくり」を住み慣れた地域で実現する上で，自治体が中心的な役割を果たすとし，各自治体は「首長の責任のもと，地域の実態や課題を分析し，どのように地域包括ケアシステムを構築するか，地域住民の参画において基本方針を決定，地域住民に対し選択肢を提示すべきである」と示している。また介護保険制度における国の基本方針を示す「介護保険事業に関わる保険給付の円滑な実施を確保するための基本的な方針」においても，市町村が必要に応じて当該市町村が定める区域ごとに被保険者の心身の状況，その置かれている環境その他の事情など，要介護者等の実態に関する調査（日常生活圏域ニーズ調査等）を行うこととすると規定されている。そしてさらに，2017（平成29）年2月に地域包括ケアシステムの強化のための介護保険法等の一部を改正する法律により社会福祉法が改正され，市町村における包括的な支援体制の整備等を推進することが努力義務とされた。

　おそらく，今後ますます市町村への期待は大きくなっていくだろう。そして，地域包括ケアシステムの深化と地域共生社会の実現を，地域の実情・地域性と各市町村間の差との関連でどうとらえるかも，今後検討すべき重要な事項である。

3 包括的な支援体制とは何か

（1）包括的な支援体制が求められる背景

　2015（平成27）年の『新たな福祉の提供ビジョン』では，現代社会の現状と課題について，①家族・地域社会の変化に伴い複雑化する支援ニーズへの対応，②人口減少社会における福祉人材の確保と質の高いサービスを効率的に提供する必要性の高まり，③誰もが支えあう社会の実現と必要性と地域の支援ニーズの変化への対応をあげ，新しい地域包括支援体制の確立を，改革の方向性の一つとして打ち出した。その後，2016（平成28）年 6 月に閣議決定された「ニッポン一億総活躍プラン」の介護離職ゼロに向けたその他の取り組みの一つとして，さらには，2018（平成30）年 6 月に閣議決定された「まち・ひと・しごと創生基本方針」の中で，地域共生社会の実現が位置づけられることになる。

　そして，2016（平成28）年に厚生労働省「我が事・丸ごと」地域共生社会実現本部が設置され，2017（平成29）年 2 月に「地域共生社会の実現にむけて（当面の改革工程）」（図 6 - 2 ）が出された。そこでは，地域共生社会の実現が求められる背景として「縦割り」の限界を克服する必要性と，「つながり」の再構築の必要性の 2 つがあげられている。そして，地域共生社会を，「制度・分野ごとの『縦割り』や『支え手』『受け手』という関係を超えて，地域住民や地域の多様な主体が『我が事』として参画し，人と人，人と資源が世代や分野を超えて『丸ごと』つながることで，住民一人ひとりの暮らしと生きがい，地域をともに創っていく社会」としている。また，地域における住民主体の課題解決力強化・相談支援体制の在り方に関する検討会（地域力強化検討会）からは，2016（平成28）年12月に中間取りまとめ，2017（平成29）年 9 月に最終とりまとめが出されている。

（2）市町村で整備する包括的な支援体制

　地域共生社会の実現に向け，地域包括ケアシステムの強化のための介護保険法等の一部を改正する法律による改正社会福祉法（2018（平成30）年 4 月 1 日施行）に基づき，市町村における包括的な支援体制の整備等を推進することが打ち出された。厚生労働省が作成した資料「改正社会福祉法の概要」によると，まず「我が事・丸ごと」の地域福祉推進の理念を規定し，この理念を実現する

「地域共生社会」とは

◆制度・分野ごとの『縦割り』や「支え手」「受け手」という関係を超えて，地域住民や地域の多様な主体が『我が事』として参画し，
人と人，人と資源が世代や分野を超えて『丸ごと』つながることで，住民一人ひとりの暮らしと生きがい，地域をともに創っていく社会

改革の背景と方向性

公的支援の『縦割り』から『丸ごと』への転換	『我が事』・『丸ごと』の地域づくりを育む仕組みへの転換
○個人や世帯の抱える複合的課題などへの包括的な支援 ○人口減少に対応する，分野をまたがる総合的サービス提供の支援	○住民の主体的な支え合いを育み，暮らしに安心感と生きがいを生み出す ○地域の資源を活かし，暮らしと地域社会に豊かさを生み出す

改革の骨格

地域課題の解決力の強化

・住民相互の支え合い機能を強化，公的支援と協働して，地域
課題の解決を試みる体制を整備【29年制度改正】
・複合課題に対応する包括的相談支援体制の構築【29年制度改正】
・地域福祉計画の充実【29年制度改正】

地域を基盤とする包括的支援の強化

・地域包括ケアの理念の普遍化：高齢者だけでなく，
生活上の困難を抱える方への包括的支援体制の構築
・共生型サービスの創設【29年制度改正・30年報酬改定】
・市町村の地域保健の推進機能の強化，保健福祉横断的な
包括的支援のあり方の検討

「地域共生社会」の実現

・多様な担い手の育成・参画，
民間資金活用の推進，多様な就労・社会参加の場の整備
・社会保障の枠を超え，地域資源（耕作放棄地，環境保全など）
と丸ごとつながることで地域に「循環」を生み出す，先進的取
組を支援

・対人支援を行う専門資格に共通の基礎課程創設の検討
・福祉系国家資格を持つ場合の保育士養成課程・試験科
目の一部免除の検討

地域丸ごとのつながりの強化

専門人材の機能強化・最大活用

実現に向けた工程

平成29(2017)年：介護保険法・社会福祉法等の改正 ◆ 市町村による包括的支援体制の制度化 ◆ 共生型サービスの創設など	平成30(2018)年： ◆ 介護・障害報酬改定：共生型サービスの評価など ◆ 生活困窮者自立支援制度の強化	平成31(2019)年以降： 更なる制度見直し	2020年代初頭： 全面展開

【検討課題】
①地域課題の解決力強化のための体制の全国的な整備のための支援方策（制度のあり方を含む）
②保健福祉行政横断的な包括的支援のあり方　③共通基礎課程の創設　　　　等

図6-2　「地域共生社会」の実現に向けて（当面の改革工程）

出所：厚生労働省「我が事・丸ごと」地域共生社会実現本部（平成29年2月7日）決定「『地域共生社会』
の実現に向けて（当面の改革工程）」資料より。

ため，市町村が①地域住民の地域福祉活動への参加を促進するための環境整備，
②住民に身近な圏域において，分野を超えて地域生活課題について総合的に相
談に応じ，関係機関と連絡調整等を行う体制，③主に市町村圏域において，生
活困窮者自立相談支援機関等の関係機関が協働して，複合化した地域生活課題
を解決するための体制という包括的な支援体制づくりについて努める旨を規定
している。ほか，市町村が地域福祉計画を策定するよう努めるとともに，福祉
各分野における共通事項を定め，上位計画として位置づけることが盛り込まれ
ている。つまり国は，地域共生社会を実現するための体制づくりを，市町村に
期待しているのである。

　2019（令和元）年には，「地域共生社会に向けた包括的支援と多様な参加・協
働の推進に関する検討会（地域共生社会推進検討会）」が，7月に中間とりまと
め，12月に最終とりまとめを出している。ここでは，市町村における包括的な

◆　市町村がそれぞれの実情に応じて包括的な支援体制を整備するため，以下の支援を一体的に実施する事業を創設
　　①断らない相談支援
　　②参加支援（社会とのつながりや参加の支援）
　　③地域づくりに向けた支援
◆　本事業全体の理念は，アウトリーチを含む早期の支援，本人・世帯を包括的に受け止め支える支援，本人を中心とし，本人の力を引き出す支援，信頼関係を基盤とした継続的な支援，地域とのつながりや関係性づくりを行う支援である。

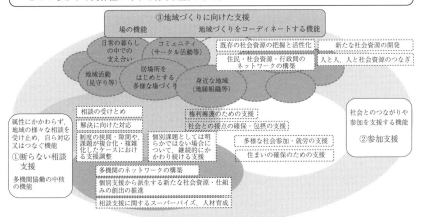

図 6-3　新たな包括的な支援の機能等について

出所：厚生労働省「地域共生社会に向けた包括的支援と多様な参加・協働の推進に関する検討会（地域共生社会推進検討会）最終とりまとめ」（2019年12月26日）資料。

支援体制の構築に向けた事業の枠組みとして，①断らない相談支援，②参加支援，③地域づくりに向けた支援の３つの支援を一体的に行うことによって，本人と支援者が地域住民との継続的な関係性を築くことが可能となり，これからの関係性が一人ひとりの自律的な生を支えるセーフティネットとなると述べている。

　３つの支援については，12月の最終とりまとめにおいて，①断らない相談支援：本人・世帯の属性に関わらず受け止める相談支援，②参加支援：本人・世帯の状態に合わせ，地域資源を生かしながら，就労支援，居住支援などを提供することで社会とのつながりを回復する支援，③地域づくりに向けた支援：地域社会からの孤立を防ぐとともに，地域における他世代の交流や多様な活躍の機会と役割を生み出す支援と説明されている（図6-3）。

（3）包括的支援体制で期待される効果

　2019（令和元）年12月の「地域共生社会に向けた包括的支援と多様な参加・協働の推進に関する検討会（地域共生社会推進検討会）」最終とりまとめには，市町村が3つの支援を一体的に展開することで期待される具体的な効果を以下のように説明している。一つは，地域づくりに向けた支援を通じて，地域で人と人とのつながりができることで，個人や世帯が抱える課題に対する住民の気づきが生まれ，断らない相談支援で早期につながりやすくなる。もう一つに，断らない相談支援で浮かび上がったニーズについて，参加支援を通じて，既存の地域資源を活用し，社会参加の機会や一時的な住まいの確保などオーダーメイドの支援が実現することがあげられていた。また，この新たな事業を行う際は，アウトリーチを含む早期的な対応を行うこと，本人・世帯を包括的に受け止め支えること，本人を中心とし本人の力を引き出す観点で行われること，信頼関係を基盤として継続的に行われること，地域住民のつながりや関係性づくりを行うことなどの基本的姿勢・理念に基づくべきであると示されている。

　つまり，この包括的支援体制の対象者は高齢者のみならず，地域で困りごとを抱えているすべての人が対象となること。3つのうち，1つの事業を単独で行えばよいのではなく，現在ある資源との連携も行いつつ，3つの事業を有機的に関連づけながら文字通りに地域（市町村）全体で包括的な支援体制を整えていくこと，さらに，それらを専門職や行政等のみで進めるのではなく，地域住民等とも検討を重ね，考え方や方法の決定のプロセスを共有していくことが求められている。

　これらの検討を受け，2020（令和2）年6月には，「地域共生社会の実現のための社会福祉法等の一部を改正する法律」が公布され，第106条の3に，市町村における包括的な支援体制が努力義務とされた。加えて，これらの事業は，すべての市町村が行うべき事業として規定されているのではなく，実施を希望する市町村の手上げに基づき任意に実施することになっている。

4　地域における重層的な支援体制の構築を目指して

　最後に包括的支援体制の3つの事業についてあらためて整理しながら，本章のまとめとしたい。

（1）地域全体で受けとめる相談支援体制

　これまでわが国の社会福祉制度は，対象者別に整備され，サービスが提供されてきた。しかしながら，制度の狭間にある人，ニーズが複雑化し単独の制度では解決につながらないケースもある。さらに，たとえ使える制度や相談支援機関があったとしてもたどり着かない，つながらないこともある。

　市町村が「断らない相談支援」を実施する際の体制の要件として，①介護，障害，子ども，生活困窮者の相談支援に関わる事業を一体的に実施すること。②［属性にかかわらず，地域の様々な相談を受け止め，自ら対応または関係機関につなぐ機能］［世帯全体を見渡し，世帯を取り巻く支援関係者間を総合調整する機能］［個別制度につなぎにくい課題等に関して，継続的につながり続ける伴走支援を中心的に担う機能］の3つの機能を有すること，③住民の視点から見た相談のしやすさの観点から，市町村内に最低1か所の断らない相談支援を行う場を明示することが要件として求められている。そして，具体的な支援体制については，各市町村の実情に応じて設計が可能であり，事業を実施した後も柔軟に体制を見直すことで改善していくものとされている。

　つまり，属性や世代を限定せず相談を受けとめる体制だけでなく，相談窓口に来られない方を想定したアウトリーチの実施，特定の相談機関や窓口ですべてを丸抱えするのではなく，市町村全体で適切な多機関協働（ネットワーク構築）を進め，本人を中心とした包括的な支援体制の構築を目指すのである。想定される既存の会議体にも，地域ケア会議（介護），自立支援協議会（障害），支援会議，支援調整会議（生活困窮者），要保護児童対策地域協議会（子ども）などがあげられ，地域全体で「断らない相談支援」体制を整えることが求められる。

（2）つながりづくりと社会参加

　これまで何度も述べてきているが，社会福祉制度は基本的に対象別に展開され各種サービスが提供されてきた。たとえば，精神疾患を患っておられる方の日中活動の場に高齢者や子どもは通えないし，高齢者施設を若い身体障害者は利用できない。近年，地域共生型のサービスを提供する事業所があるが，誰もがサービスを享受できるようにはなっていない。

　一方で，すでに生活困窮者自立支援制度等において，就労の支援や社会参加の機会づくりなどに取り組んできた実績がある。たとえば，長く自宅にひきこもっていた方の居場所づくりや伴走的な関わりを含めた就労支援，企業等への

就労が難しい若者と一人暮らしの高齢者が共に暮らす共同住居などもある。地域共生社会では，サービスの受け手が受け手であるだけでなく，受け手・支え手という関係を超えてつながることが目指されている。高齢者の支援に障害をもった方が参画する出番があるなど，分野横断的な参加支援が求められている。

　たとえば東京都足立区や江戸川区では，生活困窮者自立支援と自殺対策の連携が進められている。両区では，複数の関係機関間で使用する「つなぐシート」等のツールを作成・活用し，連携の円滑化を図っていた。また，自立相談支援機関や自殺対策担当部署等が共に出張相談会を実施するなど，アウトリーチ活動も行われていた。加えて，居場所機能を有している活動や場を設け，住民の暮らしの身近な情報交換や相談，連携・ネットワークの場として機能している。このように，広く全体で取り組むというだけでなく，相談事に応じて複数の分野が有機的につながり対応することが求められている。

（3）地域づくりに向けた支援

　東京都健康長寿医療センター研究所によると，社会的孤立と閉じこもり傾向の両者が重積している高齢者の6年後の死亡が2.2倍高くなることが明らかになった。さらにJAGESのデータを用いた斉藤ら（2016）によると，社会的孤立・閉じこもりともに地区単位で相当なバラつきがあることや，市民参加・社会的連帯・サポートのいずれも高い地域ほど孤立割合が少なく，市民参加得点が高い地域は閉じこもり割合が少ないことが明らかになったと述べている。つまり，他者との接触が少なくなることは，特に高齢期の健康に影響を与える重要な要素であり，それらは単純に個別の要因だけでなく，地域の状況によっても影響を受けるということなのだろう。

　包括的支援体制のうち，①断らない相談支援と②参加支援は，ある程度福祉的なニーズを抱える方を対象とした内容であったが，③地域づくりに向けた支援は，必ずしも福祉的なニーズを抱えている方に限らない。同じ地域で暮らす住民同士が出会い，暮らしやすい地域に向けて取り組むことも含まれている。たとえば，商店街の空き店舗を利用したコミュニティカフェや地域食堂，終活などの学習会や写真展等の開催など，地域で住民同士が出会い，交流できるような場・機会をつくっていくことで閉じこもりや社会的孤立を防ぎ，活躍の場の創出にもつながることが期待されている。また地域のお祭りや神社や公園の整備など，すでに住民たちの集まっている場に新たな参加者をつなげたり，担

い手を育てるなどして活性化するなどのコーディネートも重要かもしれない。地域づくりには，福祉だけでなく，地方創生，まちづくり，住宅施策，環境保全，教育など他の領域との連携が進められることが重要である。"福祉"内に固執するのではなく，地域で暮らし続けられるために何が必要か，地域住民が何を求め，どのようにすれば実現できるのかを考えた先に取り組むべきことが見えてくるのではないだろうか。

注

(1)　山口昇（2012）「地域包括ケアのスタートと展開」高橋紘士編『地域包括ケアシステム』オーム社，12～37頁。

(2)　2008年度より厚生労働省に設置された地域包括ケア研究会は，2008年度，2009年度，2012年度，2014年度，2015年度，2016年度，2017年度，2018年度の計8回の報告書を出している。それぞれの『地域包括ケア研究会報告書』は以下の通り。

- 地域包括ケア研究会（2009）『平成20年度　老人保健健康増進等事業　地域包括ケア研究会　報告書　～今後の検討のための論点整理』。
- 地域包括ケア研究会（2010）『平成21年度　老人保健健康増進等事業　地域包括ケア研究会　報告書』三菱 UFJ リサーチ＆コンサルティング。
- 地域包括ケア研究会（2013）『平成24年度　厚生労働省老人保健事業推進費等補助金（老人保健健康増進等事業分）持続可能な介護保険制度及び地域包括ケアシステムの在り方に関する調査研究事業報告書　地域包括ケアシステムの構築における今後の検討のための論点』三菱 UFJ リサーチ＆コンサルティング。
- 地域包括ケア研究会（2014）『平成25年度　厚生労働省老人保健事業推進費等補助金（老人保健健康増進等事業分）持続可能な介護保険制度及び地域包括ケアシステムの在り方に関する調査研究事業報告書　地域包括ケアシステムの構築における今後の検討のための論点』三菱 UFJ リサーチ＆コンサルティング。
- 地域包括ケア研究会（2016）『平成27年度　老人保健事業推進費等補助金　老人保健健康増進等事業　地域包括ケアシステム構築に向けた制度及びサービスの在り方に関する研究事業報告書　地域包括ケアシステムと地域マネジメント』三菱 UFJ リサーチ＆コンサルティング。
- 地域包括ケア研究会（2017）『平成28年度　老人保健事業推進費等補助金　老人保健健康増進等事業　地域包括ケアシステム構築に向けた制度及びサービスの在り方に関する研究事業報告書　2040年に向けた挑戦』三菱 UFJ リサーチ＆コンサルティング。
- 地域包括ケア研究会（2019）『平成30年度　老人保健事業推進費等補助金　老人

保健健康増進等事業　地域包括ケアシステムの深化・推進に向けた制度やサービスについての調査研究　2040年：多元的社会における地域包括ケアシステム──「参加」と「協働」でつくる包摂的な社会』三菱 UFJ リサーチ＆コンサルティング。

(3)　田中滋監修（2014）『地域包括ケアサクセスガイド──地域力を高めて高齢者の在宅生活を支える』メディカ出版, 13頁。

(4)　二木立（2017）『地域包括ケアと福祉改革』勁草書房, 18〜20頁。

(5)　中田雅美（2015）『高齢者の「住まいとケア」からみた地域包括ケアシステム』明石書店, 15頁。

(6)　日本総合研究所（2014）「平成25年度　厚生労働省老人保健事業推進費等補助金（老人保健健康増進等事業分）地域包括ケアシステム事例分析に関する調査研究事業　事例を通じて, 我がまちの地域包括ケアを考えよう『地域包括ケアシステム』事例集成──できること探しの素材集」27〜274頁。

(7)　(3)と同じ。

(8)　厚生労働省「我が事・丸ごと」地域共生社会実現本部（平成28年7月15日）資料「地域包括ケアの深化・地域共生社会の実現」資料2・スライド1。

(9)　(2)の地域包括ケア研究会（2017）9頁。

(10)　宮本太郎（2018）「社会保障の2040年問題, 現役1.5人が高齢者1人を支える困難さ」JCER 日本経済研究センター：政策ブログ［社会保障］（https://www.jcer.or.jp/blog/miyamototaro20181017.html　2021年11月1日閲覧）。

(11)　経済産業省未来イノベーション WG（2019）「未来イノベーション WG からのメッセージ　人と先端技術が共生し, 一人一人の生き方を共に支える次世代ケアの実現に向けて」。

(12)　(2)の地域包括ケア研究会（2014）。

(13)　厚生労働省（2017）「我が事・丸ごと」地域共生社会実現本部（平成29年2月7日）資料『「地域共生社会」の実現に向けて（当面の改革工程）』。

(14)　厚生労働省（2017）「改正社会福祉法の概要（地域包括ケアシステムの強化のための介護保険法等の一部を改正する法律による改正」スライドより。

(15)　厚生労働省社会援護局地域福祉課（2019）「地域共生社会に向けた包括的支援と多様な参加・協働の推進に関する検討会（地域共生社会推進検討会）」中間とりまとめ・最終とりまとめ（概要）スライドより。

(16)　(15)と同じ。

(17)　第7回地域共生社会推進検討会（令和元年10月31日）資料1-1「包括的支援体制の構築に向けた基本的な考え方」スライド8〜10。

(18)　(17)と同じ, スライド37〜38。

(19)　地方独立行政法人東京都健康長寿医療センター（2018）「高齢期の社会的孤立と閉じこもり傾向による死亡リスク約2倍」による。ここでいう社会的孤立とは, 他

者との接触頻度に基づく客観的な状態から定義し，主観的な状態である孤独感あるいは孤立感と区別している。

⒇　斉藤雅茂・相田潤・近藤尚己・近藤克則（2016）「高齢者の社会的孤立及び閉じこもりに関連する地域環境の特性——JAGES プロジェクト2013横断データより」『老年社会科学』38（2），211頁。JAGES（日本老年学的評価研究）は健康長寿社会を目指した予防政策の科学的な基盤づくりを目的とした研究である。

参考文献

太田貞司編（2011）『地域包括ケアシステム——その考え方と課題』光生館。

大橋謙策・白澤政和（2014）『地域包括ケアの実践と展望——先進的地域の取り組みから学ぶ』中央法規出版。

中田雅美（2022）「地域包括ケアと居住福祉——地域を基盤とした『住まいとケア』」日本居住福祉学会編『居住福祉学序説』東信堂，82〜99頁。

永田祐（2013）『住民と創る地域包括ケアシステム——名張式自治とケアをつなぐ総合相談の展開』ミネルヴァ書房。

野口定久編集代表（2014）『ソーシャルワーク事例研究の理論と実際——個別援助から地域包括ケアシステムの構築へ』中央法規出版。

宮本太郎編著（2014）『地域包括ケアと生活保障の再編——新しい「支え合い」システムを創る』明石書店。

厚生労働省地域共生社会のポータルサイト「地域共生社会の実現に向けた取組の経緯」（https://www.mhlw.go.jp/kyouseisyakaiportal/keii/）。

独立行政法人福祉医療機構　WAM NET「『我が事・丸ごと』の地域共生社会の実現に向けて」（https://www.wam.go.jp/content/wamnet/pcpub/top/tiikikyouseisyakai/tiikikyouseisyakai001.html）。

学習課題

①　厚生労働省の地域共生社会のポータルサイトや WAM NET の地域共生社会実現関連情報にアクセスし，これまでの議論の経緯を整理してみよう。

②　地域共生社会を自分なりに定義し，現在住んでいる地域（自分の身近な地域）で取り組まれていることを調べたり，こんな取り組みがあればよいな，と思うものをあげてみよう。

∽∽∽∽　コラム　なんかおかしいかな，の次に……　∽∽∽∽

自営業を営みながら暮らす父と電話で話していると「このあいだ，店の前でなんか様子が気になるおばあさんがいてな……」と話しだした。父によると，道路沿いにある自

分の店の前をふらふらと歩いていた年配の女性がいたという。自宅に向かっているのだ
ろうが，どうも確かさがない。父はすぐに声をかけ，女性に自宅の住所を聞いて道を教
え，しばらく様子を見ていた。しかしまだ女性は伝えた道の方に向かう様子がない。父
はその女性を追いかけ，お店の中で少し休んでもらうことにした。少し休み，落ち着い
た女性は，「夫と一緒に買い物に出かけたが，夫が振り返りもせずさっさと行ってし
まった。追いかけようとしたが追いつかず，帰れなくなってしまった」と話してくれた。

　みなさんはこのような場面に出会ったとき，どのように考えるだろうか。そして，ど
のように対応するだろうか。本人を引き留めすぐに警察に連絡し対応してもらう，女性
に自宅の電話番号を聞きご家族に迎えに来てもらう，近所の人に相談し一緒に考えても
らう……ほかにもあるだろう。

　もちろん，このとき娘の私（ソーシャルワーカー）は北海道におり，たとえこのよう
な連絡があっても駆けつけることはできない。父はこのご夫婦の知り合いではないため，
彼らの身体・精神・社会的な状況を把握しているわけでもない。

　父はまず，女性に自宅の電話番号を聞き，夫に迎えに来てもらおうと考えた。電話を
すると，夫は驚いた様子ですぐに行くと言ったが，なかなか迎えに来ない。父はまた心
配になり，辺りまで様子を見に行くと，夫は父のお店にたどり着けず，別の建物の前を
ウロウロとしていた。父は夫に声をかけて一緒にお店に向かい，やっと無事にご夫婦は
再会できたそうだ。

　実は父は，夫を待つ間に一人で対応するのが難しいと考え，地域包括支援センターに
連絡していた。地域包括支援センターのもつ機能を十分理解しているわけではなかった
が，祖父や母の療養時にお世話になった知り合いの職員さんがいた。地域包括支援セン
ターの職員は，父とご夫婦の一連のやりとりを聞き，すぐに事情をつかみ，父のお店に
駆けつけた。職員によると，ご夫婦はお二人とも認知症を患い，お二人だけで暮らして
おられるという。地域包括支援センターとしても情報を把握し，関わっていたようだ。

　父はこのことを娘の私に話しながら，「夫婦二人で仲睦まじく暮らしているのはほん
まにうらやましいことやけど，認知症になったら（夫婦だけでは）あかんな」と言った。
私はそれに対し，母を亡くし，一人で暮らす父の率直な感想を受け止めつつ，「でもさ，
お父さんみたいな人が地域に沢山おって，なんかあったら声かけたり，専門の人につな
いでくれたらええなぁ」と言った。

　みなさんがソーシャルワーカーだったら，この町で次，何に取り組むだろうか。

第 7 章

地域共生に向けた低所得者支援

　本章では低所得者や生活困窮者を取り巻く困難な現状をとらえ，それらを予防・防止していくための各種制度について述べる。単なる制度理解にとどまらず，制度を利用する対象者を思い浮かべ，「困ったときに必要な支援を利用するために課題となっているものは何か」「生活困窮者の支援と地域福祉がどのように関連するのか」といった問題意識をもちながら読み進めてほしい。

　また，生活困窮者に対する相談援助を実施する際に，対象者とどのように関係づくりをしていく必要があるかを考えてもらいたい。

1　地域生活と生活困窮者問題

（1）生活困窮者の実態

　1990年代以降のバブル経済の崩壊，2008（平成20）年のリーマンショックの影響により，経済や雇用を取り巻く環境は大きく変化してきた。全就業者に占める非正規雇用の増加は，職業キャリア形成の困難や低所得による生活困窮をもたらしている。ところで，その国の文化水準や生活水準と比較して困窮した状態を示す指標として，相対的貧困率がある。具体的には，世帯の所得が，その国の等価可処分所得の中央値の半分に満たない人の割合を指すが，厚生労働省（以下「厚労省」）の「2019年　国民生活基礎調査の概況」（2020（令和2）年）によると，日本の相対的貧困率は15.4％であり，OECD加盟国の中でも比較的高いグループに位置している。

　また，「最後のセーフティネット」と呼ばれる生活保護の被保護者数は高齢者世帯を中心に増加傾向にある。注目すべきは，稼働年齢層を示す「その他の世帯」で，2008（平成20）年度と2015（平成27）年度を比べると2倍以上に増加していることがわかる（図7-1）。つまり，生活困窮の問題は，ある特定の世

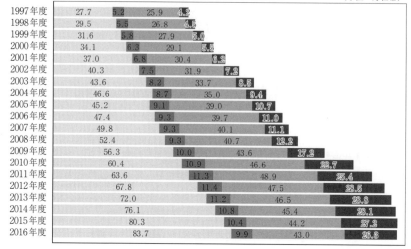

（単位：万世帯）

年度	高齢者世帯	母子世帯	傷病・障害者世帯	その他の世帯
1997年度	27.7	5.2	25.9	4.2
1998年度	29.5	5.5	26.8	4.5
1999年度	31.6	5.8	27.9	5.0
2000年度	34.1	6.3	29.1	5.5
2001年度	37.0	6.8	30.4	6.2
2002年度	40.3	7.5	31.9	7.2
2003年度	43.6	8.2	33.7	8.5
2004年度	46.6	8.7	35.0	9.4
2005年度	45.2	9.1	39.0	10.7
2006年度	47.4	9.3	39.7	11.0
2007年度	49.8	9.3	40.1	11.1
2008年度	52.4	9.3	40.7	12.2
2009年度	56.3	10.0	43.6	17.2
2010年度	60.4	10.9	46.6	22.7
2011年度	63.6	11.3	48.9	25.4
2012年度	67.8	11.4	47.5	23.5
2013年度	72.0	11.2	46.5	23.8
2014年度	76.1	10.8	45.4	23.1
2015年度	80.3	10.4	44.2	27.2
2016年度	83.7	9.9	43.0	26.3

■高齢者世帯　■母子世帯　■傷病・障害者世帯　■その他の世帯

図7-1　世帯類型別生活保護受給世帯数の年次推移

注：世帯数は各年度の1か月平均であり，保護停止中の世帯は含まない。
　　高齢者世帯の定義：男女とも65歳以上（2005年3月以前は，男65歳以上，女60歳以上）の者のみで
　　構成されている世帯か，これに18歳未満の者が加わった世帯。
出所：厚生労働省編（2017）『平成29年版　厚生労働白書――社会保障と経済成長』日経印刷株式会社。

代に限られたものではなく，すべての世代において取り組むべき課題であると
いえる。

（2）日常生活における生活困窮問題が与える影響

　生活困窮に陥る経緯は，生活困窮者の数だけ存在するといっても過言ではな
い。たとえば，家計の管理が十分にできずに借金を重ねてしまう，家族の介護
のために正規の仕事を辞めて収入の低い仕事に転職する，配偶者からの暴力に
よって幼い子を抱えたままのために安定した仕事に就くことができない等，課
題それ自体も複合的に重なり合っていることも多い。

　生活困窮は日常生活においてさまざまな影響を及ぼす。たとえば，健康面と
しては十分な食事を確保することができず，低栄養状態や疾病のリスクが高ま
る。また，教育面としては，学習環境面を十分に整えることができずに学習習
慣が身につかなかったり，子どもが希望していたとしても高等教育への進学を

断念せざるを得なかったりするような状況を引き起こす。さらに，家計を支えるために若くして就労したり，長時間勤務している親に代わって疾病状態の家族や幼いきょうだいの世話を子どもが担うことで自身の学校生活に支障をきたすヤングケアラーと呼ばれる状態になったりすることもある。そのため，生活困窮者の現時点における日常生活の困りごとだけでなく，生活困窮という状況それ自体が新たな日常生活の課題を引き起こすことも想定しておく必要がある。

（3）地域課題としての生活困窮問題

　産業構造の中心が第１次産業から第２次産業，第３次産業へと移行する変化に伴って，人口の流動化も活発となり，身近に頼れる家族（血縁）が少なくなるという状況を生み出している。また，従来の社会では何らかの困りごとが生じた際に支え手として機能してきた地域（地縁）や会社（社縁）といった公的な制度以外の機能も脆弱化している。民生委員・児童委員といった地域関係者による見守りや相談なども期待されるが，人口減少が本格化した現状においては，その担い手の確保に困難も生じている。このように，現在は生活に困窮したとしても人を頼ることがしづらく，必要なときに必要な支援を受けにくい環境である。

　さらに，個人の内面に目を向けると，現在の生活困窮である状況を自己責任ととらえ，自分の置かれている現状を恥じらってしまい，誰かを頼ることに葛藤が生まれ，相談ができなくなるという悪循環を引き起こしてしまうこともある。

2　低所得者支援の体系

（1）生活福祉資金貸付制度

　後述する生活困窮者自立支援制度とともに「第２のセーフティネット」に位置づけられている生活困窮者の支援を目的とした生活福祉資金貸付制度について整理していく。まず，生活福祉資金の貸付けは，2009（平成12）年に厚生労働省事務次官通知に基づき実施され，生活困窮者の経済的自立及び生活意欲の助長促進並びに在宅福祉及び社会参加の促進を図り，安定した生活を送れるようにすることを目的としている。実施主体は，都道府県社会福祉協議会であり，資金の貸付業務の一部を当該都道府県の区域内にある市町村社会福祉協議会に

表7-1　生活福祉資金貸付制度の対象世帯

低所得者世帯	独立自活に必要な資金の融通を他から受けることが困難であると認められるもの（市町村民税非課税世帯程度）
障害者世帯	障害者手帳（身体・精神），療育手帳の交付を受けた者や障害者総合支援法によるサービスを利用している者等の属する世帯
高齢者世帯	65歳以上の高齢者の属する世帯

出所：生活福祉資金貸付制度要綱より筆者作成。

委託できる。また，2020（令和2）年の生活福祉資金貸付制度要綱の一部改正により，特に必要と認められるときは，資金の貸付業務の一部を厚生労働大臣が定める者に委託することも可能になっている。制度の利用対象世帯は表7-1に示す通りである。

　生活福祉資金貸付制度は，総合支援資金（生活支援費，住宅入居費，一時生活再建費），福祉資金（福祉費，緊急小口資金），教育支援資金（教育支援費，就学支度費），不動産担保型生活資金（不動産担保型生活資金，要保護世帯向け不動産担保型生活資金）の4つの資金種類による貸付を行っている。また，2015（平成27）年の生活困窮者自立支援制度の施行に合わせた同制度改正により，総合支援資金と緊急小口資金等を利用する場合には，生活困窮者自立支援制度の自立相談支援事業の利用が原則必須とされている（ただし，病気等により一時的に生活費が不足する場合を除く）。

（2）社会手当制度

　社会手当制度は，公的扶助（日本においては生活保護制度）とともに税金を財源とする社会扶助方式の制度として位置づけられる。保険料を財源とする社会保険のような保険料の事前納付は不要であり，また生活保護のような資力調査を基本的に実施せず，特定の要件に該当する場合に現金が給付される。社会手当には，家庭等の生活の安定や児童の健やかな成長を目的として中学校卒業まで（15歳の誕生日後の最初の3月31日まで）の児童を養育している者に支給する児童手当，ひとり親家庭の生活の安定と自立の促進に寄与し，児童の福祉の増進を図ることを目的として支給する児童扶養手当，20歳未満で精神または身体に障害を有する児童を家庭で監護，養育している者に支給する特別児童扶養手当，精神または身体に著しく重度の障害を有するために日常生活において常時特別の介護を必要とする状態にある在宅の20歳以上の者に支給する特別障害者手当

などがある。いずれの社会手当も支給のためには申請が前提となるため，制度に関する一定程度の理解が必要である。

（3）生活保護と生活困窮者自立支援制度

　従来の生活困窮者の支援制度の根幹をなしてきたものが生活保護制度である。日本国憲法第25条に規定されている「健康で文化的な最低限度の生活を営む権利（生存権）」を保障するための制度であり，国家責任による保障とともに「自立を助長することを目的とする」としている。これまでに見てきた通り，生活保護の受給世帯数は増加傾向にあり，生活保護に至るまでの段階における自立支援策の強化が求められるようになった。2013（平成25）年の社会保障審議会「生活困窮者の生活支援の在り方に関する特別部会　報告書」においては，生活保護制度が果たしている役割の大きさをふまえつつ，これからの生活支援体系の基本的な視点として，次の4つをあげている。

---

　①　自立と尊厳
　　すべての生活困窮者の社会的経済的な自立を実現するための支援は，生活困窮者一人ひとりの尊厳と主体性を重んじたものでなければならない。
　②　つながりの再構築
　　地域社会の住民をはじめとするさまざまな人々と資源を束ね，孤立している人々が地域社会の一員として尊ばれ，多様なつながりを再生・創造できることを目指す。
　③　子ども・若者の未来
　　次世代が可能な限り公平な条件で人生のスタートを切ることができるように，その条件形成を目指す。
　④　信頼による支え合い
　　制度に対する国民の信頼を強めるため，生活保護制度についての情報を広く提供し理解を広げつつ，信頼を損なうような制度運用の実態があればこれを是正していく必要がある。

　また，生活支援体系は従来の生活保護制度における所得保障に加え，利用者の状況に合わせた相談，就労，居住確保・養育，健康支援といった生活再建に向けた各種支援を行う。そして，その担い手は主体となる行政だけでなく，関係機関や団体と連携し，必要に応じて社会資源を創出していくことが提言され，生活困窮者自立支援制度の創設へと至った。

3　生活困窮者自立支援制度

（1）生活困窮者自立支援制度の目的・理念

　生活上のさまざまな課題に対応する新しいセーフティネットとして2013（平成25）年12月に生活困窮者自立支援法が成立し，2015（平成27）年4月より同法に基づく制度が開始された。3年間の制度運用後の2018（平成30）年6月に法改正が行われ，同年10月1日より施行されている。

　生活困窮者自立支援法の目的は第1条にて「生活困窮者自立相談支援事業の実施，生活困窮者住居確保給付金の支給その他の生活困窮者に対する自立の支援に関する措置を講ずることにより，生活困窮者の自立の促進を図る」こととしている。また，法改正時に基本理念が第2条として追加され，支援対象となる生活困窮者に対する自立支援について，第1項では「生活困窮者の尊厳の保持を図りつつ，生活困窮者の就労の状況，心身の状況，地域社会からの孤立の状況その他の状況に応じて，包括的かつ早期に行われなければならない」こと，第2項では，「地域における福祉，就労，教育，住宅その他の生活困窮者に対する支援に関する業務を行う関係機関（中略）及び民間団体との緊密な連携その他必要な支援体制の整備に配慮して行われなければならない」と規定している。

　そして厚労省は，この制度における基本理念を「新しい生活困窮者支援のかたち」として以下の通りに示している。

---

①　包括的な支援

　生活困窮者の課題は多様で複合的である。「制度の狭間」に陥らないよう，広く受け止め，就労の課題，心身の不調，家計の問題，家族問題などの多様な問題に対応する。

②　個別的な支援

　生活困窮者に対する適切なアセスメントを通じて，個々人の状況に応じた適切な支援を実施する。

③　早期的な支援

　真に困窮している人ほどSOSを発することが難しい。「待ちの姿勢」ではなく早期に生活困窮者を把握し，課題がより深刻になる前に問題解決を図る。

④　継続的な支援

最後のセーフティネットである生活保護制度及び生活保護に至る前の段階での自立を支援する生活困窮者支援制度により，生活に困窮する者に対して，重層的なセーフティネットを構成している。

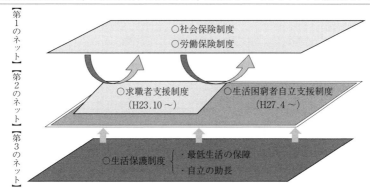

図7-2　低所得者層に対するセーフティネットと生活困窮者自立支援制度との関係
出所：厚生労働省社会・援護局地域福祉課生活困窮者自立支援室（2017）「生活困窮者自立支援制度について」。

自立を無理に急がせるのではなく，本人の段階に合わせて，切れ目なく継続的に支援を提供する。

⑤　分権的創造的な支援

主役は地域であり，国と自治体，官と民，民と民が協働し，地域の支援体制を創造する。

次に生活困窮者とは誰を指すのかについて考えてみよう。同法3条第1項によると，「就労の状況，心身の状況，地域社会との関係性その他の事情により，現に経済的に困窮し，最低限度の生活を維持することができなくなるおそれのある者」としている。この中に記載されている「就労の状況，心身の状況，地域社会との関係性その他の事情により」という文言は制度改正時に新たに付け加えられた文言であり，経済的困窮に加えて，心身に課題を抱えていたり，社会的孤立状態に陥っていたりする人々にも積極的に焦点を当てて支援していくことが含まれている。

従来の低所得者層に対するセーフティネットと生活困窮者自立支援制度との関係は図7-2で表すことができる。生活困窮者自立支援制度の意義は，生活保護に至っていない生活困窮者層に対する第2のセーフティネットを全国的に拡充することを通して，支援からこぼれ落ちることを防ぐ支援体系を整備する

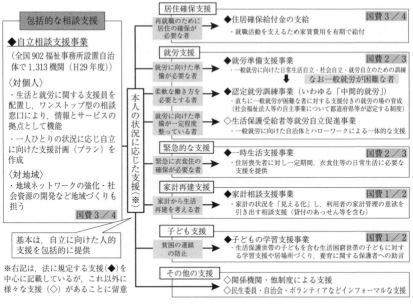

図7-3　生活困窮者自立支援制度の概要

注：2018（平成30）年の生活困窮者自立支援法の改正により，学習支援のみならず生活習慣・育成環境の改善に関する助言等も行うことが追記され，「子どもの学習支援事業」から「子どもの学習・生活支援事業」へと名称変更されている。

出所：厚生労働省編（2018）『平成30年版　厚生労働白書――障害や病気などと向き合い，全ての人が活躍できる社会に』日経印刷株式会社。

ことにある。制度の概要は図7-3のようになり，同法第3条第2項から第7項において，各事業について規定されている。実施主体は福祉事務所を設置する自治体であり，必ず実施しなければならない必須事業と各自治体の状況によって実施する任意事業がある。各事業は自治体の直営もしくは，委託により実施される。各事業内容については次項にて取り上げる。

（2）自立相談支援事業の概要

① 自立相談支援事業とは

　生活困窮者自立相談支援事業（必須事業）は，生活困窮者自立支援制度の中核をなす事業である。この事業は，生活困窮者やその家族等からの相談を受け，個々の置かれている現状把握や課題を整理し，自立した生活を送ることができるように支援していくことを目的として支援を行うものである。

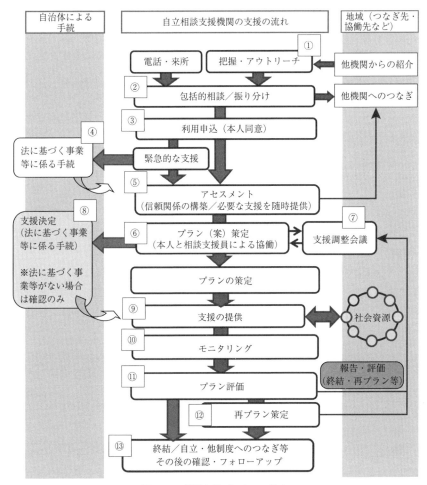

図7-4　相談支援プロセスの流れ

注：図の中央は，自立相談支援機関が行う相談支援業務の流れ，左は自治体が行う手続等，右は地域における社会資源に求める役割を示している。

出所：厚生労働省（2020）「自立相談支援事業の手引き」19頁より一部筆者改変。

　支援過程は基本的に図7-4のようなプロセスで実施される。初期の段階では，電話・来所による相談だけでなく，アウトリーチを行うことが重要である。なぜなら，生活困窮者は自分自身に有益となる社会福祉関連の情報を知る機会が少ないことや相談すること自体に抵抗感を感じていたり，社会的孤立に置か

れていたりする可能性があるからである。相談が円滑に入るためにも民生委員・児童委員などの地域関係者，保健師や医師といった医療機関とも適切な連携が図れるように自立相談支援機関としての理解・周知を図ることが必要となる。

　また，包括的相談を受ける段階では，インテーク（受付面接）として生活困窮者との基本的な信頼関係を構築し，主訴の把握やサービスの利用意思の把握が求められる。もし，事業の支援に当てはまらない内容の場合は，インフォーマルな支援も含めた機関へ適切につないでいくことが必要となる。

　そして，アセスメントの段階では，インテーク時から築いてきた信頼関係を基盤として，生活困窮者本人・家族の状況，健康状態，収入や債務等の状況，緊急的な支援の有無などを把握してプラン（案）を策定していく。策定したプランは関係専門職や専門機関を交えた「支援調整会議」にて協議され，自治体の判断責任のもと，支援（支給）を決定する。支援の提供の段階では，生活困窮者への直接的な働きかけに加え，本人を取り巻く環境にも働きかけながら，社会資源を創造していく。さらに，支援終了時の目標達成に関する評価や再アセスメントを行い，再プラン作成や終結へと至る。

　②　実施機関について

　この自立相談支援事業を行う機関を自立相談支援機関と呼ぶ。厚労省の「自立相談支援事業の手引き」（2020（令和2）年）では，自立相談支援機関を「生活困窮者からの相談に応じ必要な情報の提供や助言等を行い，認定就労訓練事業の利用のあっせん，プランの作成等の支援を包括的に行う自立相談支援事業を実施する機関を自立相談支援機関」と示されている。

　人員としては，相談支援業務のマネジメントや高度な相談支援（支援困難事例への対応等）などを行う「主任相談支援員」，相談支援全般や個別的・継続的・包括的な支援の実施などを行う「相談支援員」，就労意欲の喚起を含む福祉面での支援や就労後のフォローアップなどを行う「就労支援員」の3職種の支援員（人員）の配置（小規模自治体等においては兼務は可能）を基本としている。また，面談室等の相談支援を実施するために適切と考えられる設備が必要である。自立相談支援機関の設置場所については，利用者の利便性を考慮し，関係機関と連絡・調整を円滑に行うことができる場所に設置することが求められ，役所・役場内のほか，委託の場合は委託先法人施設内，福祉や雇用に関係する機関が入居する公的施設内，商業地区の施設内などが想定されている。

（3）自立相談支援事業以外の各種事業

　生活困窮者自立支援制度の事業について前節で取り上げた自立相談支援事業以外の各種事業の概要は以下の通りである。運営実施主体は福祉事務所設置自治体であるが，各事業による支援は，自治体直営以外にも社会福祉法人や民間企業に委託するなど，多様な形態で実施されている。

　①　住居確保給付金の支給（必須事業）

　離職等の理由によって経済的に困窮し，居住する住宅を失った者や家賃の支払いが困難となった者に対し，家賃費用相当額を期限付き（原則3か月）で支給する事業である。

　②　就労準備支援事業（任意事業）

　雇用による就業が著しく困難な生活困窮者に対して，就労に必要となる知識や能力の向上のために必要な訓練を行う事業である。1年を基本とした計画的・集中的な支援を行う。直ちに一般就労が困難な者に対しては，支援付きの就労の場を提供する「認定就労訓練事業」や自治体とハローワークによる一体的な支援を行う「生活保護受給者等就労自立促進事業」が設定されている。

　③　一時生活支援事業（任意事業）

　居住をもたない生活困窮者に対し，宿泊場所の供与，食事の提供等を行う事業である。ホームレス自立支援法の流れをくむもので，ホームレス以外にもネットカフェのように不安定な居住形態や地域社会から孤立した状態にある低所得者などを想定している。

　④　家計相談支援事業（任意事業）

　生活困窮者に対し，収入，支出その他家計の状況を適切に把握すること，家計の改善の意欲を高めることを支援するとともに，生活に必要な資金の貸付けの斡旋を行う事業である。家計状況の「見える化」と根本的な課題の把握を行うことで，相談者が自ら家計を管理できるように支援する。

　⑤　子どもの学習・生活支援事業（任意事業）

　生活保護世帯の子どもを含む生活困窮世帯の子どもに対する学習支援や居場所づくり等を行う事業である。法改正によって，生活習慣・育成環境の改善に関する助言，進路選択（教育，就労等）に関する相談に対する情報提供，助言，関係機関との連携・調整等を行うことも追加されている。

4　これからの低所得者支援に求められること

（1）生活支援の観点から

　住居，食料，衣類，水道や電気といった日常生活を営むうえで必ず必要となるものが欠けている場合は，支援開始までに時間を要すると生命の危機に直結する。問題を発見した際には早期に介入できる具体的な機動力が必要となり，支援内容によって柔軟に対応していくことが重要となる。

　これまで見てきたように生活困窮となる経緯や原因は多様である。たとえば，「就労意欲の低下」という状態があったとしても，社会的孤立によるストレスによるもの，就労に必要な技能が未修得であること，これまでの仕事の失敗経験などによって自信を喪失していること等が考えられる。岩間（2017）は，深刻な事態に陥れば，それだけ状況の改善に時間を要し，支援者の労力も支援の幅も狭くなってしまうことから，生活困窮者の早期把握・早期対応によって深刻な事態に陥ることを未然に防止することが，権利擁護の推進や社会的孤立を防止することにつながると指摘している。生活困窮者のさまざまな生活上の困りごとを支援のきっかけとし，総合的なアセスメントをしながら支援していくことが求められる。そのためにも，対象者の属性にかかわらず，個別的かつ包括的な相談支援を実践することを意味する「断らない相談支援」という考え方が重要となる。

（2）地域支援の観点から

　支援のきっかけとなる入り口を広げるとともに，本人らしく自立した生活を送ることが可能となる出口を拡大することが重要である。この出口は中間的就労を含めた多様な就労機会，安心して過ごすことができる居場所のような社会資源とのつながりを意味する。出口を拡大することによって，地域にある社会資源と生活困窮者の新しいつながりが生まれる。生活困窮者が地域との接点を作り，抱えている課題をともに解決していくことが，地域の中にある解決力を高めることになり，誰もが安心して生活することができる地域づくりにつながっていく。生活困窮問題は，負の側面ばかりに目が向けられがちであるが，問題解決をする中で地域住民が地域にある課題に主体的に関与し，地域による解決力を向上させる糸口と考えることができる。

　また，地域支援という観点で考えれば，地域を構成しているものは福祉だけに限らない。まちづくりや地域産業といった他分野との連携や住民同士が共通認識をもつためのきっかけとなる場づくりや関係性を作る居場所づくりなどの創設も重要である。そのためには，全世代・全領域を俯瞰的にとらえ，コーディネート機能を担う役割が求められる。これは必ずしも支援者が先頭に立って取り組むものではなく，地域住民と協働しながら，地域のつながりの中で機能しているケアや支え合う関係性を尊重するという姿勢が必要となる。

（3）問題解決型支援と伴走型支援による実践の展開について

　最後に生活困窮者自立支援制度を展開するにあたって重要となる考え方について整理する。厚労省において，今後の社会保障や包括的な支援体制の整備を目的として議論を重ねてきた「地域共生社会に向けた包括的支援と多様な参加・協働の推進に関する検討会（地域共生社会推進検討会）」において，対人支援において今後求められる支援の両輪として，「具体的な解決を目指すアプローチ」と「つながり続けることを目指すアプローチ」が明言された（図7-5）。

　「具体的な解決を目指すアプローチ」は，本人が有する具体的な課題を解決するために行われるものであり，支援者は幅広い制度や支援内容に関する知識をもち，多くの連携先とネットワークを構築しておくことが必要となる。一方の「つながり続けることを目指すアプローチ」は，本人と支援者が継続的につながり続けることを目指すものであり，現状では解決困難な課題を抱えたとしても，関係を切らない支援であり，「伴走型支援」と呼ぶ。

　この「伴走」という言葉には，一人の状態（社会的孤立）が長く続くことによって本人の生きる意欲が醸成されず，困窮が繰り返されることを防ぐ狙いが込められている。従来の支援方法であれば，支援者とつながったとしても，すぐに解決できないものや解決することが困難な問題の場合，次第に関わりが薄くなり，問題を一人で抱え込む時間が増え，次に支援者が関わるときには問題がさらに重度化していることも少なくない。そこで，本人と支援者がつながり続けることで，本人の中に心理的安心感が芽生え，問題と向き合う気力を高めることができる。このように，本人と支援者がつながり続けることが本人の問題解決力を高めることになる。

　また，奥田ら（2014）は，伴走型支援の仕組みについて，対個人の領域に加

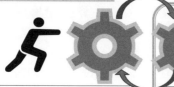

具体的な課題解決を目指すアプローチ	つながり続けることを目指すアプローチ
➤本人が有する特定の課題を解決することを目指す	➤本人と支援者が継続的につながることを目指す
➤それぞれの属性や課題に対応するための支援（現金・現物給付）を重視することが多い	➤暮らし全体と人生の時間軸をとらえ、本人と支援者が継続的につながり関わるための相談支援（手続的給付）を重視
➤本人の抱える課題や必要な対応が明らかな場合には、特に有効	➤生きづらさの背景が明らかでない場合や、8050問題など課題が複合化した場合、ライフステージの変化に応じた柔軟な支援が必要な場合に、特に有効

共通の基盤 　本人を中心として，"伴走"する意識

個人が自律的な生を継続できるよう，本人の意向や取り巻く状況に合わせ，2つのアプローチを組み合わせていくことが必要。

図7-5 「対人支援において今後求められるアプローチ」

出所：厚生労働省（2019）「地域共生社会に向けた包括的支援と多様な参加・協働の推進に関する検討会（地域共生社会推進検討会）最終とりまとめ（概要）」。

え，対社会の領域についても言及している[2]。これは，個人が必要とする適切な社会資源につなぐだけでなく，必要に応じて別の社会資源につなぎ直し，時には関係機関による社会資源の創造を支援するという，地域に存在する各領域に対して継続的に関わることが求められているといえる。

注
(1) 岩間伸之（2017）「生活困窮者は誰が支えるのか？——地域に新しい支え合いのかたちを創造する」五石敬路ほか編『生活困窮者支援で社会を変える』法律文化社，19〜36頁。
(2) 奥田知志ほか（2014）『生活困窮者への伴走型支援——経済的困窮と社会的孤立に対応するトータルサポート』明石書店。

参考文献

埋橋孝文編（2018）『貧困と生活困窮者支援——ソーシャルワークの新展開』法律文化社。
奥田知志ほか（2014）『生活困窮者への伴走型支援——経済的困窮と社会的孤立に対

応するトータルサポート』明石書店。

岡部卓編（2018）『生活困窮者自立支援──支援の考え方・制度解説・支援方法』中央法規出版。

五石敬路ほか編（2017）『生活困窮者支援で社会を変える』法律文化社。

厚生労働省（2013）「社会保障審議会　生活困窮者の生活支援の在り方に関する特別部会　報告書」（https://www.mhlw.go.jp/stf/shingi/2r9852000002tpzu-att/2r9852000002tq1b.pdf　2021年9月1日閲覧）。

厚生労働省（2015）「生活困窮者自立支援制度について」（https://www.mhlw.go.jp/file/06-Seisakujouhou-12000000-Shakaiengokyoku-Shakai/2707seikatukonnkyuushajiritsusiennseidonituite.pdf　2021年9月1日閲覧）。

厚生労働省（2019）「地域共生社会に向けた包括的支援と多様な参加・協働の推進に関する検討会（地域共生社会推進検討会）最終とりまとめ（概要）」（https://www.mhlw.go.jp/content/12602000/000582595.pdf　2021年9月1日閲覧）。

厚生労働省（2020）「2019年　国民生活基礎調査の概況」（https://www.mhlw.go.jp/toukei/saikin/hw/k-tyosa/k-tyosa19/dl/14.pdf　2021年9月1日閲覧）。

厚生労働省（2020）「『生活福祉資金の貸付けについて』の一部改正について」（https://www.mhlw.go.jp/content/000624041.pdf　2021年9月1日閲覧）。

厚生労働省（2020）「自立相談支援事業の手引き」（https://www.mhlw.go.jp/file/06-Seisakujouhou-12000000-Shakaiengokyoku-Shakai/01_jiritsu.pdf　2021年9月1日閲覧）。

厚生労働省編（2018）『平成30年版　厚生労働白書──障害や病気などと向き合い，全ての人が活躍できる社会に』（https://www.mhlw.go.jp/wp/hakusyo/kousei/18/dl/all.pdf　2021年9月1日閲覧）。

学習課題

① 自分が暮らしている市区町村で実施している生活困窮者自立支援制度の各種事業がどのように展開されているのかを調べて具体的にまとめてみましょう。

② 伴走型支援の必要性について，問題解決型支援と比較しながら，自分の言葉で説明してみましょう。

コラム　本人に寄り添い続けることの重要性

　支援が必要な状況であっても，助けを求められない（求めない）人がいると想像することは重要である。大きく分けると，①周囲から見ると支援が必要であっても本人が問題を認識していない，困っていない状態，②問題を自分だけで解決できると考え，他者の助けを求めない状態，③助けを必要としているが，助けを求められない状態などがあ

げられる。

　本章の生活困窮者支援の内容では，③に焦点を当てたが，①②のような状態を放置していると問題の重篤化につながりかねない。ここに，本人と寄り添い，支援を続ける伴走型支援の必要性を見ることができ，稲月（2014）は支援の「答え」は本人と支援者の「間」にあるとして，次のように述べている。

> 　「支援を考える場合，生活困窮の当事者と支援者との関係のあり方が常に問題となる。支援が支援者の押しつけになってはならないことはいうまでもない。しかし，当事者本人が望むことが，当人にとって本当に適切なものであるかどうかも実はわからない。（中略）支援には唯一絶対の『答え』はない。それは支援者と当事者とのコミュニケーションの中から立ち上がってくるものであり，両者の関係において構築されるものだという考え方である。（中略）『自分のことは自分が一番よく知っている』というが，何が本当に必要なのかは実は当事者にも支援者にもわからない」

出所：稲月正（2014）「本書の目的と基本的視座」奥田知志ほか『生活困窮者への伴走型支援──経済的困窮と社会的孤立に対するトータルサポート』明石書店，21〜22頁。

　もちろん，本人の意向を抜きにして支援方針を決めるということはあってはならないが，本人が他者との関わり，新しい生活体験を通して本人の中で新しい意欲や欲求が生まれたり，問題やその解決方法に対する認識が改まったりする可能性がある。本人と支援者の「間」に目を向けることは，本人と一緒に支援を考える「仲間」となるとともに，本人への早期対応・介入につながることを意味する。本人へ関わる期間が長くなるほど，本人とともに苦楽を経験することになり，支援の深みを味わうことができる。

第 8 章

地域共生に向けた多職種連携

　近年，家族形態の多様化や小家族化，人権擁護の高まりに伴い，家族内で支え合うことが困難なケースが増加したり，住み慣れた自宅や地域で生活したりする流れが生まれつつある。そして，このような変化や流れは，福祉専門職のみで対応することが難しく，医療や司法など，さまざまな分野や職種との連携が必要である。

　本章では，地域共生社会の実現に向けて，多職種連携の必要性や連携に不可欠な個人情報保護の取り扱い，組織的対応が求められる地域福祉実践の仕組みを紹介したうえで，取り組み事例をもとに，地域福祉実践を進める際の視点と留意点を学ぶ。

1　多職種連携と個人情報保護

（1）多職種連携とは

　近年では，多様化・複雑化した生活課題や地域課題に向けて，福祉・医療・保健分野にとどまらず，教育や司法，就労分野など，さまざまな分野の専門職との連携を図る機会が増えてきている。そのため，多職種連携が今後，より一層，重要視されてきている。

　多職種連携とは，一分野や一専門職では解決することが困難な状況や事例に対して，異なる専門的背景をもった専門職が，質の高い支援を提供するために，共有した目標に向けて協働しながら実践することである。したがって，専門職は，自らの専門性だけを磨けばよいのではなく，他の分野の専門職の専門性の理解に努め，相互の立場を尊重し合う姿勢や，目の前の状況を一人で何とか解決しようとするのではなく，「ほうれんそう」（報告・連絡・相談）を大切にし，周囲に働きかけ，チームで対応する姿勢も求められる。

　そして何よりも，支援ネットワークの中心にいるのは，支援を受ける側の本人や家族であることを関係者一人ひとりが理解しておくことが必要である。

　なお，最近は，地域単位で支援を検討することも増えてきていることから，民生委員やNPO，ボランティア団体などの地域住民や地域団体も含まれる傾向にある。

（2）多職種連携が求められる背景

　わが国における公的な福祉サービスは，高齢者や障害者，子どもといった対象者ごとのニーズ（生活課題）に対して，専門的サービスを提供することにより，福祉施策の充実や発展に寄与してきた。しかし，介護保険法や障害者総合支援法，子ども・子育て支援法の制度など，各制度の成熟化が進む一方で，人口減少や，家族・地域社会の変容などにより，これまでの縦割りのシステムに課題が生じてきている。具体的には，制度が対象としない「制度の狭間」に存在するさまざまな課題への対応や，複合的な課題を抱える世帯への対応など，ニーズの多様化や複雑化に伴い，従来の対応だけでは困難な場合や現象が見られ始めている。

　そのため，さまざまな分野の専門職や地域住民と協力しながら，目の前の状況や事例に対応し，課題を解決する動きとその場づくりがより一層，求められている。

（3）多職種連携等における個人情報保護

　多職種連携は，さまざまな専門職が関わることで，一人で対応するときよりも，幅広い視点による多様な支援の展開が可能になる。その一方で，緊急性の高い，あるいは本人の生活の質や今後の人生に直結するような状況や事例においては，取り扱う個人情報の重要度も高く，専門職のささいな言動が本人や本人を取り巻く環境に多大な影響を及ぼす可能性がある。そのため，多職種連携の内容によっては，後述の要保護児童対策地域協議会のように，罰則規定が明確にされているものもある。

　また，多職種連携による支援の提供が円滑に進められるように，個人情報の取り扱いについて，本人や家族に事前に説明し，同意書に署名してもらう手続きを行うこともあるが，いずれにせよ，個人情報の取り扱いについては，細心の注意を払う必要がある。具体的には，取得した個人情報が入力されている電

子媒体や記録している紙媒体の保管方法や，本人や家族の同意なく個人情報の目的外利用を行わないことなどがあげられる。

　そのため，多職種間の情報共有が情報拡散にならないように，専門職をはじめ，関係者全体で，個人情報の取り扱いに関する定期的な研修や勉強会を開催することも大切である。

2　組織的な地域福祉実践の仕組み

（1）組織的対応の意義

　組織的対応とは，特定の専門職のみが対応するのではなく，文字通り，組織として対応することを指している。それによって，特定の専門職が一人で問題を抱え込みにくくなることや，多様なニーズに対して冷静な対応も可能となることが期待できる。そして，その組織的対応を実現する前提条件として，「ほうれんそう」（報告・連絡・相談）がある。

　「何とかしてあげたい」という思いをもつ専門職の中には，目の前の人や状況に対して一人で解決しようと試みることがある。本来であれば，周囲に相談し，一緒に検討したり対応したりすることが望ましいにもかかわらず，「ほうれんそう」を行わないことで，強引に物事を進めてしまったり，偏った支援に陥りがちになることもある。その結果，目の前の人にかえって負担をかけてしまうことや，状況改善が円滑に進まないことにもなりかねない。また，専門職自身が「燃え尽き」た状態になってしまうこともある。

　そのため，今日の多様化・複雑化するニーズに対しては，組織として対応することがより一層，求められるようになってきている。

（2）協議体

　団塊の世代が75歳以上となる2025年をめどに，重度の要介護状態となっても住み慣れた地域で自分らしい暮らしを人生の最後まで続けることができるよう，医療・介護・予防・住まい・生活支援が包括的に確保される体制である地域包括ケアシステムの構築の実現が求められている。一方で，大都市部と町村部との高齢化の進展状況は今後，地域差がより一層見込まれることからも，保険者である市町村を中心に，地域の自主性や主体性に基づき，地域の特性に応じて体制を作り上げていくことが必要である。

　そのため，2015（平成27）年の介護保険法改正により，地域包括ケア実現に向けて，地域支援事業を活用し，包括的支援事業の一つである「生活支援体制整備事業」のもと，協議体の設置や生活支援コーディネーターの配置等により，生活支援・介護予防サービスの充実と高齢者の社会参加の推進を図ることが求められている。

　協議体は，厚生労働省「介護予防・日常生活支援総合事業のガイドライン」（2015（平成27）年）において，市町村が主体となり，各地域における生活支援コーディネーターと生活支援・介護予防サービスの提供主体等が参画し，定期的な情報共有及び連携強化の場として，中核となるネットワークと示されている。なお，生活支援コーディネーターは，市町村が定める活動区域ごとに，関係者のネットワークや既存の取り組み・組織等も活用しながら，生活支援・介護予防サービスの提供体制の構築に向けたコーディネート機能を果たすこととされている。

　協議体の概要と全体図は，表8-1と図8-1の通りである。

　協議体に期待されるものとしては，会議を重ねるごとに，関係者同士が顔の見える関係づくりへと発展し，共に地域づくりに取り組む一体感が生まれやすくなるものといえる。一方で，活動を効果的に展開するためには，地域の特性や課題を見極めることや，既存の取り組み・組織等に働きかけ，共により良い地域を作り上げる空気感を醸成することも必要となる。

（3）地域ケア会議

　前項で紹介した協議体と同様に，本項の地域ケア会議も，2015（平成27）年の介護保険法改正により，地域包括ケア実現に向けて，地域支援事業を活用し，包括的支援事業の一つである「地域包括支援センターの運営」としてその充実が図られるようになった。

　地域ケア会議は，図8-2のように，個別ケースについて，多職種や住民等の関係者間で検討を重ねることにより，地域の共通課題を共有し，課題解決に向け，関係者間の調整をはじめ，ネットワーク化，新たな資源開発，さらには施策化を，ボトムアップで図っていく仕組みである。

　その目的としては，地域包括支援センター等において，多職種協働による個別事例の検討等を行い，地域のネットワーク構築，ケアマネジメント支援，地域課題の把握等を推進することである。そのため，多職種による個別事例の検

表8-1 協議体の目的・役割等について

設置目的	生活支援・介護予防サービスの体制整備に向けて，多様なサービス提供主体の参画が求められることから，市町村が主体となって，「定期的な情報の共有・連携強化の場」として設置することにより，多様な主体間の情報共有及び連携・協働による資源開発等を推進する。
役 割	○コーディネーターの組織的な補完 ○地域ニーズの把握，情報の見える化の推進（アンケート調査やマッピング等の実施） ○企画，立案，方針策定を行う場 ○地域づくりにおける意識の統一を図る場 ○情報交換の場，働きかけの場
設置主体	設置主体は市町村であり，第1層のコーディネーターが協力して地域の関係者のネットワーク化を図り，設置する。 ※地域の実情に応じた様々なネットワーク化の手法が考えられるため，既に類似の目的を持ったネットワーク会議等が開催されている場合は，その枠組みを活用することも可能。 ※特定の事業者の活動の枠組みを超えた協議が行われることが重要。
構成団体等	○行政機関（市町村，地域包括支援センター等） ○コーディネーター ○地域の関係者（NPO，社会福祉法人，社会福祉協議会，地縁組織，協同組合，民間企業，ボランティア団体，介護サービス事業者，シルバー人材センター等） ※この他にも地域の実情に応じて適宜，参画者を募ることが望ましい。

出所：厚生労働省（2015）『生活支援コーディネーター及び協議体とは』〜その目的，仕組み及び養成について〜」より抜粋，一部筆者加筆）。

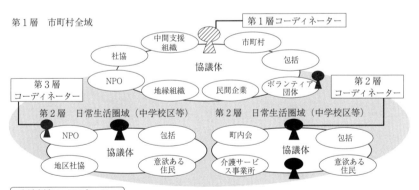

第1層 市町村全域

生活支援コーディネーター
第1層…市町村全域で，主に資源開発（不足するサービスや担い手の創出・養成，活動する場の確保）中心
第2層…中学校区域で，第1層の機能のもとで具体的な活動を展開
第3層…コーディネート機能には，第3層として，個々の生活支援サービスの提供主体で，利用者と提供者をマッチングする機能があるが，これは生活支援体制整備事業の対象外

図8-1 協議体の全体図

出所：厚生労働省（2015）『生活支援コーディネーター及び協議体とは』〜その目的，仕組み及び養成について〜」より抜粋，一部筆者加筆。

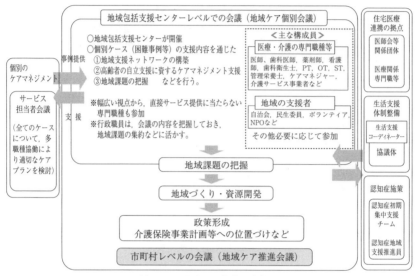

図 8-2　地域ケア会議の全体図

出所：厚生労働省・総務省・経済産業省（2018）「地域包括ケアシステムの構築に向けた取組」より抜粋。

討を通して，高齢者の自立に向けたケアプランにつなげていくとともに，個別事例の検討を積み重ねることで，地域課題を発見し，新たな資源開発などにつなげていくねらいがある。

　なお，前項の協議体との連携に着目すると，地域ケア会議は，地域資源の把握・開発という側面で，協議体の取り組みをサポートすることが可能である。たとえば，先のガイドラインでは，生活支援・介護予防サービスの充実を図る際に，生活支援コーディネーターや協議体が，地域ケア会議を積極的に活用することが示されている。そして，地域ケア会議に生活支援コーディネーターが参加するなど，地域の実情に応じて効率的に連携した運営の実現が，より継続した取り組みにつながるものといえる。

（4）地域包括支援センター運営協議会

　地域包括支援センターは，その設置目的と基本機能からも，公正で中立性の高い事業運営である「公益性」の視点，地域の特性や事情をふまえた柔軟な事業運営である「地域性」の視点，それぞれの業務を縦割りにとらえるのではなく，連携・協働体制を念頭に置き，チームとしてとらえる「協働性」の視点に

基づいた運営が求められる。

　そのため，地域包括支援センターは，市町村が設置した地域包括支援セン
ター運営協議会の意見をふまえて，適切，公正かつ中立な運営を確保すること
とされている。このように，地域包括支援センター運営協議会は，地域の関係
者全体で協議，評価する場として，市町村ごとに設置されている。具体的には，
地域包括支援センターに年度ごとの事業計画を立てさせ，業務の遂行状況を評
価し，次年度の事業に反映させる等，PDCA サイクルを確立させるために，
地域包括支援センターから事業計画書等を提出させて評価する。

　なお，地域包括支援センター運営協議会が協議等の対象とする主な事項とし
ては，地域包括支援センターの設置に関することや，公正・中立性の確保など
運営に関すること，職員の確保に関することなどがある。

　主な構成員は，介護サービス及び介護予防サービスに関する事業者及び職能
団体（医師，歯科医師，看護師，介護支援専門員等）をはじめ，介護サービス及び
介護予防サービスの利用者，介護保険の被保険者（第1号及び第2号），介護保
険以外の地域の社会資源や地域における権利擁護，相談事業等を担う関係者，
地域ケアに関する学識経験者である。そのため，地域包括支援センター協議会
は，地域包括支援センターと地域との間をつなぐという重要な役割も担ってい
る。

　したがって，地域包括支援センターの職員は，その運営が，常に地域包括支
援センター運営協議会からの関与，すなわち，地域の意思に基づいて行われる
ものであることを認識しておく必要がある。

（5）要保護児童対策地域協議会

　児童虐待は，子どもの人権を著しく侵害し，その心身の成長や人格形成に重
大な影響を与えるものである。しかし，子どもが自らの保護や支援を求める声
をあげることは難しく，また保護者も虐待への自覚がなかったり，自身も幼少
期からそのような経験をしていたりすることもあり，子どもだけでなく，子ど
もを取り巻く環境への働きかけも必要なことが多い。

　そのため，虐待を受けている子どもをはじめとする要保護児童等（要支援児
童や特定妊婦を含む）の早期発見や適切な保護を図るため，児童相談所や学校・
教育委員会，医療機関，警察等の各関係機関が，要保護児童等に関する情報共
有や実際の支援を行うために協議する場として設置されたのが，要保護児童対

	平成27年度	平成28年度	平成29年度
設置している市町村数（※）	1,726(99.1%)	1,727(99.2%)	1,735(99.7%)
登録ケース数（うち児童虐待）	191,806(92,140)	219,004(97,428)	260,018(101,807)

図8-3　要保護児童対策地域協議会の果たすべき機能と主な構成員

資料：平成27, 28年度：厚生労働省雇用均等・児童家庭局総務課調べ，平成29年度：厚生労働省子ども家庭局家庭福祉課調べ
注：平成27, 28年度：4月1日時点　平成29年度：4月1日時点（設置している市町村数，登録ケース数），2月調査時点（調整機関職員数）
出所：内閣府（2019）「令和元年版　子供・若者白書」167頁。

策地域協議会（子どもを守る地域ネットワーク）である（図8-3）。2004（平成16）年の児童福祉法改正により法定化され，2007（平成19）年の児童福祉法改正により，市町村等における設置が努力義務となった。設置状況は，2018（平成30）年4月1日現在，99.7％の市町村で設置されている。

　要保護児童対策地域協議会は，代表者会議，実務者会議，個別ケース検討会議の三層から構成されることが多い。

　代表者会議は，要保護児童対策地域協議会の構成員の代表者による会議で年に1～2回開催される。実務者会議は，実際に活動する実務者から構成される会議であり，年に数回程度開催される。個別ケース検討会議は，その子どもに関わりをもっている担当者や，今後，関わりをもつ可能性のある関係者等の担当者による会議であり，随時開催される。

　なお，要保護児童対策地域協議会における要保護児童等に関する情報共有は，

要保護児童の適切な保護を図るためのものであるため，要保護児童対策地域協議会の構成員及び構成員であった者は，その職務に関して知り得た秘密を漏らしてはならないことが規定されており（児童福祉法第25条の5），守秘義務に反し，秘密を洩らした場合は，1年以下の懲役または50万円以下の罰金が科せられる（児童福祉法第61条の3）。

（6）自立支援協議会

　2006（平成18）年に施行された障害者自立支援法は，ノーマライゼーションの理念に基づき，障害のある人が地域で安心して生活できる地域づくりを目指している。そして，地域共生社会の実現のためには，幼少期から，障害の有無にかかわらず，共に遊び・学び・暮らす環境を整備することが必要である。そのためには，障害者のニーズに応じて，複数のサービスを適切に結びつけて調整するとともに，社会資源の改善及び開発を行う相談支援事業の充実が不可欠であり，その中核的役割となる自立支援協議会を強化する必要がある。

　障害者自立支援法（現在の障害者総合支援法）等の一部改正により，2012（平成24）年に法定化された自立支援協議会は，地域の関係者が集まり，個別の相談支援事例を通して明らかになった地域課題を共有し，解決に向け地域で連携・協働する場として位置づけられている（障害者総合支援法第89条の3）。そして，障害福祉の関係者だけでなく，保健や医療，教育，就労，当事者，地域住民など幅広い関係者から構成され，地域づくりのために協議し取り組むことが目的とされている（図8-4）。

　自立支援協議会には，6つの機能がある（表8-2）。開催する際には，これらの機能が果たせるように意識するとともに，開催することが目的ではなく，障害者総合支援法の理念を果たすための手段ということを念頭に運営することが重要である。そして，関係者間で共通の目標を持ち，対立構造ではなく，協働意識を育むように努め，一歩ずつ前進する姿勢で進めることが求められる。

（自立支援）協議会の法定化

○　（自立支援）協議会は，地域の関係者が集まり，地域における課題を共有し，その課題を踏まえて，地域のサービス基盤の整備を進めていく重要な役割を担っているが，（自立支援）協議会の法律上の位置付けが不明確。
○　障害者自立支援法等の一部改正により，平成24年4月から，自立支援協議会について，設置の促進や運営の活性化を図るため，法定化。
※改正により，都道府県及び市町村は，障害福祉計画を定め，又は変更しようとする場合，あらかじめ，自立支援協議会の意見を聴くよう努めなければならないとされている。
○　障害者総合支援法の施行（25年4月）により，自立支援協議会の名称について地域の実情に応じて定められるよう弾力化するとともに，当事者家族の参画を明確化

【（自立支援）協議会を構成する関係者】

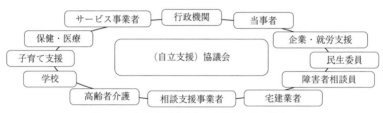

図 8-4　自立支援協議会の法定化と主な構成員

出所：厚生労働省（2016）「障害者福祉における相談支援の充実に向けた取組について」。

表 8-2　自立支援協議会の機能

機　能	内　　　容
情報機能	・困難事例や地域の現状・課題等の情報共有と情報発信
調整機能	・地域の関係機関によるネットワーク構築 ・困難事例への対応のあり方に対する協議，調整
開発機能	・地域の社会資源の開発，改善
教育機能	・構成員の資質向上の場としての活用
権利擁護機能	・権利擁護に関する取り組みの展開
評価機能	・中立・公平性を確保する観点から，委託相談支援事業者の運営評価 ・サービス利用計画作成費対象者，重度包括支援事業等の評価 ・市町村相談支援機能強化事業及び都道府県相談支援体制整備事業の活用

出所：財団法人日本障害者リハビリテーション協会（2008）「自立支援協議会の運営マニュアル」10頁より抜粋。

3　地域福祉実践の取り組み

（1）事例「地域個別ケア会議による地域課題の抽出と対応」

今回は，地域包括支援センター主催の地域ケア個別会議を通して，地域の共通課題の抽出とその対応について紹介する。

①　事前準備

A市地域包括支援センターでは，毎年4回，地域個別ケア会議を開催している。ケアマネジャーや地域包括支援センターの担当者から提供された処遇困難な事例をもとに，今回のテーマは「家族への支援」と設定し，それに応じた事例を複数例，当日の会議に向けて，事例提供者が支援過程の記録を会議資料用として整理した。

また，主催者である地域包括支援センターは，スーパーバイザーとの間で，会議の参加者の選定や当日の進め方について，事前に打ち合わせを行った。通常の構成員は，行政と医師，歯科医師，薬剤師，ケアマネジャー，介護サービス事業者，民生委員から構成されることが多いが，今回は，成年後見制度の手続きのこともあり，司法書士にも参加してもらった。

②　当日の会議の実際

事例提供者がそれぞれ事例を紹介し，事例ごとに，事例関係者が情報を追加したり，参加している他の職種から質問や支援に必要な情報提供が行われた。担当の民生委員からは，家族と地域とのこれまでの関係性について情報が追加されたり，医師からは，本人の受診を家族が拒否した場合の対応について情報提供が行われた。その後，スーパーバイザーから，今回の会議で話し合われた内容をもとに，多職種間の相互理解を促進するために，互いの専門性の強みや業務上の困りごとについて自由に語り合う場を設ける提案がなされた。

③　事後対応

地域ケア個別会議開催後，福祉・医療・保健分野の施設・機関・事業者に声をかけ，開催から3か月後に，多職種間で自由に語り合う場を設けた。終了後，参加者からは「お互いの専門性の強みを話し合うことで，気持ちが前向きになり，困ったときには相談してみようと思った」「私だけでなく，他の事業者や専門職でも同じような悩みをもっていることがわかり，安心した」などの感想が寄せられた。

　さらに，地域包括支援センターでは，地域個別ケア会議から抽出された地域の共通課題や関係者の声を集め，年に2回開催されている市町村単位の地域ケア推進会議に反映するようにした。

（2）地域住民と協働する意味

　今回の事例のように，担当の民生委員が地域個別ケア会議に参加することで，事例の全体像を把握する機会となり，自身がどの立場で本人や家族に関わっているのかを理解することができる。そのため，専門職間のみで対応できるのではなく，民生委員や近隣住民の存在がいかに大きなものであるかを認識することにもつながり，「一緒に頑張ろう」という気持ちや一体感も芽生えやすくなる。

　また専門職としても，本人や家族と地域とのこれまでの関係性というものを容易に把握することは難しく，地域住民をはじめ，関係者からの情報を丹念に集める作業が必要となる。特に，本人や家族との直接的な関わりが難しい場合に，周辺からの情報は，今後の支援を検討するうえでも有効なものとなり，本人や家族のストレングスの手がかりに出会うこともある。

（3）地域福祉実践を進める際の留意点

　①事前準備では，会議開催に向けて，支援記録のまとめ直しに時間がかかりすぎないように，あらかじめフォーマットを用意しておき，入力や記録作業の省力化に配慮することが大切である。また，当日の会議が効率よく進むように，ジェノグラムやエコマップも活用し，文字による記録内容の理解の一助となるように工夫することも効果的である。なお，支援記録をまとめる際には，個人等が特定されないよう匿名化にも配慮し，会議開催終了直後には，個人が特定される可能性のある資料はすべて回収することも忘れてはならない。さらに，会議の構成員は，会議のテーマや事例に応じて，顔ぶれを柔軟に変え，より中身のある話し合いが行われるように，主催者が考慮することも必要である。

　②当日の会議の実際と③事後対応では，会議で話し合われたまま終わらないようにするためにも，「見える化」と「フィードバック」が大切である。たとえば，会議内容をもとに，今後，どのような動きにつなげるのかを表明し，それを形にすることや，地域個別ケア会議から抽出された地域の共通課題や関係者の声を地域ケア推進会議のほうに提言し，そこでの反応や評価を関係者に

フィードバックすることで，関係者が地域ケア個別会議の意義をより認識することができ，会議への向き合い方もより良いものになるといえる。

参考文献

厚生労働省（2016）「『我が事・丸ごと』地域共生社会実現本部について」。

橋本有理子（2020）「人材育成・実習指導に求められるスーパービジョンと教育学・教育心理学」櫻井秀雄・橋本有理子編著『ソーシャルワークのための「教育学」』あいり出版，175〜187頁。

学習課題

① 多職種連携における個人情報保護の意義と留意点についてまとめてみましょう。

② 多職種連携が行われている事例を自分で調べて一つ取り上げ，円滑に進める際のポイントについてまとめてみましょう。

～⋇コラム　多職種連携で求められる能力（多職種連携コンピテンシー）とは⋇～

本章でも説明したように，専門職として業務に従事する際に，多職種連携の実践が求められるが，その実践に必要な能力は一夜にして養えるものではない。

ここでは，多職種連携に求められる能力の向上に向け，学生時代から意識して取り組むことができるように，多職種連携コンピテンシーを紹介する。

開発された多職種連携コンピテンシー（下図）は，2つのコア・ドメイン（中核となる領域）とコア・ドメインを支える4つのドメイン（領域）からなる。

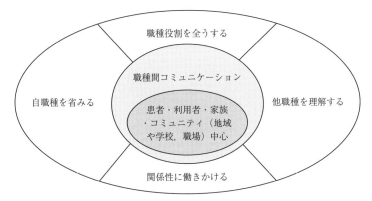

出所：春田淳志（2016）「特集　専門職連携コンピテンシー」『保健医療福祉連携』9 (2)，106〜115頁をもとに筆者作成。

　図のように，多職種連携を図るうえでは，まず患者・利用者・家族・コミュニティを中心に置く。それを取り巻く「互いに，互いについて，互いから」という双方向による職種間のコミュニケーションは，後述の4つのドメインにも関わる能力である。そのドメインについては，状況に応じて変化する職種の役割を全うすることと，多職種との関係性の構築や維持，成長を支援・調整したり，職種間の葛藤に適切に対応したりすること，自職種の強みと課題を振り返るとともに，他職種の思考や行為，価値観を理解することがあげられる。

　このようなことからも，日頃から価値観の異なる人と関わる機会を増やすことや，グループにおける自分の役割や立ち位置を客観視すること，社会福祉学に関連する学問（社会学や心理学，教育学，経済学など）への関心やその学問を学ぶ学生との交流など，学生時代から意識して取り組むようにしてみよう。

第 9 章

多様な機関協働の実際

　地域には，子育てや介護・福祉，まちづくり・地域活性化，環境保護などの
さまざまな社会課題がある。時代の変化に伴い社会課題は多様化・複雑化して
おり，行政だけではこうした社会課題への対応が難しくなっている。

　本章では，このような地域の社会課題に対して，社会的企業（ソーシャルビ
ジネス），NPO などが行政や住民と連携・協働して取り組んでいる現状を学ぶ。

1　地域の社会課題

　住民に身近な地域において，子育て・介護・福祉，地域創生・まちづくり・
活性化，環境保護・農業など，分野を超えた多様で複合的な地域の社会課題が
存在している。住民や地区社会福祉協議会，地域包括支援センター，相談支援
事業所，地域子育て支援拠点，NPO 法人，社会的企業などの関係機関が協働
して，複合化した地域の社会課題を解決するため，地域づくり・包括的な支援
体制が求められる。

　地域のネットワークを強化し，多様な機関が協働するためには，①地域活動
が生じるプラットフォームの形成，②NPO，社会福祉法人，社会的企業等の
多様な主体による事業の促進，③地方創生やまちづくり関係の施策との連携を
促進，④民間からの資金調達の促進をしていくことが重要である。

（1）子育て・介護・福祉
　地域における子育ての課題については，核家族化や地域のつながりが希薄化
するとともに，長時間労働等により父親の育児参加が十分に得られない中，子
育てが孤立化し，負担感が大きくなっている。また，子育て不安や虐待問題が
深刻化している。

　これらの子育ての課題や問題は，家庭と地域社会との交流が少なくなったことによって，拡大している。さらに，核家族になった家族関係や親族関係，地域社会との関係は希薄化し，母親が主体となる子育ての傾向が強まっていった。

　こうした背景が母親の育児不安，育児負担，孤立感を生み，結果として，子育ての基盤である「家庭」が不安定になり，母親の育児による負担を増大させるばかりか，母親になおさら不安感や孤立感を与えることとなった。

　また，ひとり親世帯や貧困者世帯の問題もある。子どもの豊かで健全な育成を家庭の力だけに託すことが難しいという課題が生じている。このことからも保育サービス等の就労を支えるサービスだけでなく，就労の有無にかかわらず，すべての子育て家庭を支える取り組みが必要であるといえる。

　また地域における介護の課題については，超高齢化による認知症の増加，老々介護，ダブルケアなどがある。また，要介護ではないが，近所付き合いの低下や地域コミュニティの希薄化等に伴って，一人暮らしの高齢者など見守りのネットワークからこぼれ落ちる高齢者等を地域で支え合うことが一層困難になってきている。

　このような介護の課題などを地域で支え合うために，厚生労働省は地域包括ケアシステムを構築した。その概要は，団塊の世代が75歳以上となる2025年をめどに，重度な要介護状態となっても住み慣れた地域で自分らしい暮らしを人生の最後まで続けることができるよう，住まい・医療・介護・予防・生活支援を地域で一体的に提供するシステムを構築することである。また，この地域包括ケアシステムは高齢者の介護から始まり，医療や他の福祉分野にも応用されている。さらに，生きがいのある地域づくりが介護予防につながるとして，市町村，住民，NPO等の協働により地域づくりを進めている。

　地域での福祉の課題については，①多様なニーズすべてに公的な福祉サービスが対応できていない，②複合的な問題に対して公的サービスが総合的に提供されていない，③社会的排除の問題，④「制度の谷間」にあって支援が届かない，⑤孤立死，⑥地域生活に移行する障害者を支える仕組みが不十分など，複合的な課題がある。これらの地域の課題について，「地域共生社会」で取り組んでいくためには，地域住民やNPO，企業，行政，非営利セクターが連携，協働をして，地域の生活課題に対応することが肝要である。

（2）まちづくり・地域活性化

　まちづくりとは，地域の課題の解決を行政に委ねるのではなく，地域住民が主体となって，地域の課題を改善しようとすることが始まりである。まちづくりの定義は，時代によって変遷しており，識者によっても表現がさまざまであるが，居住環境の改善，地域の魅力や活力を高めるということにまとめられるであろう。地域の課題を解消し，地域の魅力や活力を高めることで，経済的にも潤っていくことが地域の活性化である。

　まずは，地域の課題を概観していく。都市部の社会問題として，大都市の過密や混雑，大規模イベントや発災時の混雑や事故，地方都市のスポンジ化（古い空き家・空き地等が無秩序に大量発生し，生活・行政サービスや社会インフラの維持が困難になること），地域コミュニティの弱体化や機能不全などがある。

　過疎地域の課題としては，人口流出，経済・社会の持続性の低下，公共交通機関が維持できなくなること，地域での交流の停滞，魅力ある雇用先の減少，住民の移動困難，発災時における避難困難などがある。共通の課題としては，医療（特に過疎地域）・介護従事者や教員などエッセンシャルワーカーの担い手不足，公共施設の過不足など，多様な課題に直面している。

　今後求められることとして，具体的には，発災時における混乱で避難誘導ができない場合，避難状況のシミュレーションに基づいて，避難場所に合わせた避難行動を最適化することがあげられる。災害時に過疎地住民（特に子どもや高齢者などの災害弱者）が滞留している場所が特定できない場合，適切な情報を提供し，救助対策を実施することが今後求められる。

　住民が主体となって地域の課題を改善していくのが基本ではあるが，地域住民のノウハウは限定的であるため，NPO，社会的企業，行政などと連携して，まちづくり・地域活性化をしていくケースが多く見られる。

（3）環境保護・農業

　環境問題として，地球温暖化，生物多様性の損失，森林減少・劣化，オゾン層の破壊，酸性雨，海洋汚染，砂漠化，ごみ問題等，さまざまな課題に直面している。私たちの生産活動の結果，地球温暖化をもたらしている可能性が指摘されている。さらには，大気汚染物質の排出等により，オゾン層の破壊，酸性雨，大気・土壌・河川・湖沼・海洋の汚染等の問題が起こっている。また，家庭や企業から排出されるごみ問題もある。開発途上国の焼畑，過放牧，過耕作

等により，熱帯林の減少や砂漠化等の問題が生じている。

　このような地球温暖化の進行，生物多様性の損失等の環境問題に関心が高まっており，その解決に向け食料・農業・農村分野での貢献が求められている。

　わが国の水田稲作を中心とする農業は，本来，持続的な生産が可能であったが，農産物に対する外観重視の傾向や，生産性の向上に偏った農業生産活動等に伴い，化学肥料，化学合成農薬の多投入や不適切な使用，家畜ふん尿の不適切な処理により，環境への悪影響が懸念されていた。

　このため，1992（平成4）年以降，「農業のもつ物質循環機能を生かし，生産性との調和等に留意しつつ，土づくり等を通じて化学肥料・農薬等による環境負荷の軽減，さらには農業が有する環境保全機能の向上に配慮した持続的な農業」である「環境保全型農業」の定着を図るため，農業環境規範の普及・定着，エコファーマーの取り組みへの支援，先進的な営農活動への支援，有機農業の推進等の取り組みが行われている。

（4）地方創生

　地方創生に至る背景には，大都市圏を除く「地域」の人口減少・高齢化の問題で経済やコミュニティの維持が困難になる地域の増加，景気の地域間格差拡大の懸念，グローバル化の進展による地場産業地域などの落ち込み，農村地域における高齢化の深刻化，後継者不足と集落の維持困難（限界集落），農業所得の減少による地域経済の落ち込み，地方の購買力低下など，地方の厳しい現状がある。

　過疎化した地方では，日常生活を送るために必要な小売や飲食などのサービス，地域公共交通，さらには医療など一定の人口規模があるがゆえに成り立っているサービスが縮小され，その地域で生活することが不便になる。過疎化は，地域コミュニティの機能の低下に与える影響も大きく，町内会や自治会といった住民組織の担い手が不足し，共助機能が低下する。また，若年層の減少は地域の祭りのような伝統行事が継続できなくなることにつながる。このように，住民の地域活動が縮小することによって，住民同士の交流の機会が減少し，地域への愛着が失われる。これらが地方の課題であり，これらの課題を解決するために，地方創生が策定された。

　地方創生とは，2014（平成26）年12月に閣議決定された「まち・ひと・しごと創生長期ビジョン」「まち・ひと・しごと創生総合戦略」という日本政府の

政策に関連して用いられた言葉で，地方の人口減少・少子高齢化に歯止めをかけるとともに地方の魅力を創生し，日本全体の活力をあげることを意味している。地方創生は政府発信のトップダウン的な政策であることがわかる。まちづくりが住民主体のボトムアップ型の取り組みであることと対照的である。

　まち・ひと・しごと創生法の概要は，少子高齢化の進展に的確に対応し，地方の課題である人口の減少に歯止めをかけるとともに，東京圏への人口の過度の集中を是正し，それぞれの地域で住みよい環境を確保して，将来にわたって活力ある日本社会を維持していくために，まち・ひと・しごと創生に関する施策を総合的かつ計画的に実施することである。この法律の「まち」とは，国民一人ひとりが夢や希望をもち，潤いのある豊かな生活を安心して営める地域社会の形成を指す。「ひと」とは，地域社会を担う個性豊かで多様な人材の確保を指す。「しごと」とは，地域における魅力ある多様な就業の機会の創出を指している。

　2020（令和 2 ）年に「まち・ひと・しごと創生基本方針2020」が策定された。第 2 期「まち・ひと・しごと創生総合戦略」（2020年度〜2024年度）の枠組みは，①地方にしごとをつくり，安心して働けるようにする，②地方への新しいひとの流れをつくる，③若い世代の結婚・出産・子育ての希望をかなえる，④時代に合った地域をつくり，安心なくらしを守るとともに，地域と地域を連携するという「 4 つの基本目標」と，①情報支援，②人材支援，③財政支援の「地方創生版・三本の矢」で構成されている。

　第 2 期の新たな視点の中に地方公共団体に加え，NPO などの地域づくりを担う組織や企業などの民間と連携・協働していくと示されている。

2　社会的企業

（ 1 ）社会的企業とは

　子育て支援や高齢者・障害者の介護，まちづくり・地域活性化，環境保護など，私たちの周りには，解決しなければならないさまざまな社会課題が数多くある。このような社会課題の解決に向けて，住民や NPO 法人（特定非営利活動法人），企業などがビジネスの手法を活用して取り組むのが社会的企業である。イギリスやアメリカなどで先にソーシャルビジネスが活動をしていたので，ソーシャルビジネスを社会的企業と日本語に翻訳したのだが，そのままソー

シャルビジネスとしても通用する。

　社会的企業とは何かをもう少し詳しく説明すると，時代の変化に伴い社会課題が多様化・複雑化しており，行政だけではこうした社会的課題への対応が難しくなっている中で，社会課題やニーズをビジネスとしてとらえ，それを解決するための取り組みを，持続的な事業活動として展開するのが社会的企業である。

　社会的企業が一般企業の営利事業と最も異なるところは，事業の目的として「利益の追求」よりも「社会課題の解決」に重点を置いているところである。また，社会的企業がボランティア活動と異なるところは，社会課題に取り組むための活動資金を，寄付や行政からの助成よりも，ビジネスの手法を活用して自ら稼ぎ出すことに重点を置いているところである。

（2）地域課題に取り組む社会的企業の事例

　遊園地の企画に長年携わってきた代表者が，廃校を利用して創業した子ども体験型学習塾を運営するNPO法人がある。地域社会と協力し，文化の継承とやりがい・生きがいを感じる地元シルバーの方たちと協調しながら，「遊びながら学ぶ」子ども育成プログラムを策定すること，さらには，子どものために「気づく心」を育てていくことなどを理念としている。元教師や企業のOBなどが先生となって，体育遊びや料理，ロボットづくり，科学工作など，「遊びながら学ぶ」子ども育成プログラムを有料で提供している。

（3）地域課題に取り組む社会的企業の事例

　高速道路や市街地の建設現場で交通誘導や交通規制業務を行う作業員のトイレの問題を解決するため，おがくずで排泄物を分解する「移動式バイオトイレカー」を開発した社会的企業がある。水を使わず下水施設も汲み取りも不要，臭いが発生しにくく衛生的であり，どこにでも設置が可能で，使用後のおがくずは有機肥料に活用される。

　また，同社はイベント会場などで障害者向けのトイレ設備が不十分な状況が障害者の外出の妨げとなっていることに注目し，そこで車いす用パワーリフトを備えるなど，障害者でも利用可能なように「移動式バイオトイレカー」を改良して，各種イベントなどへのレンタルを有料で行っている。

　この2つの事例で注目してほしいのは，ビジネスの手法を使って社会課題を

解決していることである。有料でサービスや商品などを提供することで，社会的企業の活動を継続的・広範に行えること，また，行政の補助金などを使っていないことから，規制にしばられることなく事業展開をしていけることで，先駆的な事業に取り組むことができる。

3　NPO 法人

（1）NPO 法人（特定非営利活動法人）とは

　NPO 法人は，社会的企業と同様に社会課題に取り組む法人であるが，経営形態が株式会社のような営利法人ではなく，非営利法人である。NPO 法人の特徴については，まず，簡単に「NPO」とは何かを説明する。NPO は，「Non-Profit Organization」または「Not-for-Profit Organization」の略称である。Non-Profit すなわち「非営利」から，収益をあげてはいけない（儲けてはいけない）という意味ではなく，団体の構成員に対し，収益を分配（配当）することを目的としない（非分配制約）団体の総称である。

　学問的な定義は難しいので，株式会社（営利法人）と比較するとわかりやすい。株式会社の収益は株主に配当（分配）するため，株主のために事業活動をしている側面もあるが，NPO は株主がいないことから，儲け（収益）を株主に配当（分配）する必要がない。そのため，儲けを社会活動などに使うことができる。

　このうち，特定非営利活動促進法に基づき法人格を取得した法人を「特定非営利活動法人（NPO 法人）」という。NPO は法人格の有無を問わず，さまざまな分野（福祉，教育・文化，まちづくり，環境，国際協力など）で，社会の多様化したニーズに応える重要な役割を果たすことが期待されている。

　特定非営利活動法人いわゆる NPO 法人とは，特定非営利活動促進法に基づき法人格を取得した法人である。法人格をもつことによって，法人の名の下に取引等を行うことができるようになり，団体名義での契約締結や土地の登記など，団体がいわゆる「権利能力の主体」となり，団体自身の名義において権利義務の関係を処理することができるようになる。NPO 法人を設立するためには，所轄庁に申請をして設立の「認証」を受けることが必要になる。認証後，登記することにより法人として成立する。たとえば，NPO が介護保険の事業者になるためには，NPO 法人として法人格の取得が必要になる。

　また認定特定非営利活動法人（認定NPO法人）とは，NPO法人のうち実績判定期間（直前の2事業年度）において一定の基準を満たすものとして所轄庁の「認定」を受けた法人である。認定NPO法人になると，税制上の優遇措置を受けることができる。

（2）地域課題に取り組むNPO法人の事例①

　NPO法人八木まちづくりネットワークは，奈良県橿原市八木周辺の町並み等の歴史的資産を活かした「まちづくり」のための事業を行い，八木周辺の活性化に寄与することを目的としている。NPOの設立趣旨は「沈滞した町からにぎわう町へ」である。橿原市八木札の辻周辺地区の中心市街地は，社会的経済的変化に伴い空洞化が目立ち，伝統的な町家が失われつつある。地区内には，JR畝傍駅，旧和歌山銀行，県立畝傍高校などの歴史的価値が高い近代建築物も点在している。

　これらの歴史的資源を活かし，住環境の改善を図り，当地区が「歴史を尊重して生き生きとしたまち」として活性化するため，地元市民やまちづくり専門家が，草の根市民活動を展開することが必要との考えから，「八木まちづくりネットワーク」を設立した。

　八木のまちを散策する拠点として，市指定文化財「東の平田家（旧旅籠）」が八木札の辻交流館として開館している。また，大和八木ゲストハウス笑顔は[1]，築80年程の町家をセルフリノベーションした古民家ゲストハウスである。

（3）地域課題に取り組むNPO法人の事例②

　経済発展によって，「大量生産」「大量消費」「大量廃棄」を伴うことになった生活は，地球温暖化，環境破壊をもたらし，地球環境に大きな負荷をかけている。かつての日本人の暮らしには持続可能な未来へのヒントがある。特定非営利活動法人共存の森ネットワークの活動は，農山漁村に通い，さまざまな世代と協働しながら，持続可能な社会づくりを目指している。次世代を育てることと同時に地域コミュニティを再生し，新たな生業づくりの活動をしている。

　共存の森ネットワークは，森と共に生きてきた生活者の伝統的な知恵や技の集積の中に持続可能な社会の基本があることを見据え，広く一般市民及び青少年に対して，人の暮らしと自然をテーマとした教育などの事業，森づくり，地域づくりに関する事業を行い，人と自然・人と人との「共存」を基本とした社

会づくり及び新たな価値観の創造に寄与することを目的として設立された。

　共存の森ネットワークの「聞き書き甲子園」は，自然をテーマとした教育事例である。森や海・川の自然と，暮らしとのつながりを，そこに生きる人から直接学ぶことができる。先人の知恵を未来に継承することを目的として，88人の高校生が，森や海・川の「名人」88人を訪ね，その知恵や技術，ものの考え方や人となりを「聞き書き」し，記録する活動である。樵（きこり）や造林手，炭焼き，漁師や海女など，さまざまな職種「名人」がいる。高校生は名人にインタビューをし，その録音した会話の一言一句を書き起こし，名人の語り口調を活かしながら作品をまとめていく。その過程で何度も名人の言葉を聞き直し，書き起こす作業を続けるうちに，高校生は「名人」の価値観や想いを受け止めていく。「聞き書き」に参加したことがきっかけで，自分の進路や将来に対する夢を見つけた高校生も大勢いる。

4　農福連携

（1）農福連携とは

　農福連携は，主に農林水産省，厚生労働省で取り組まれている。

　「ノウフク」の「ノウ」は自然，農林水産業を表しており，「フク」は人，福祉を表している。ホームページ「ノウフク WEB(2)」には，ノウフクの取り組みをはじめたい人のためのマニュアルや支援制度，農福連携等実践者情報，国や自治体の担当窓口，日本農林規格ノウフク JAS 等について掲載されている。

　「ノウフク JAS」は，2019（平成31）年に制定された日本農林規格であり，農産物等の背景にある「社会的価値がブランドの軸」となっている，これまでの日本にはなかった新しい規格である。

　「ノウフク」は，農福連携等を障害がある人をはじめとする多様な人が，農林水産業などの分野で活躍することを通じて，持続可能な共生社会を生み出す取り組みとしている。

　農林水産省では，農福連携を障害者等が農業分野で活躍することを通じ，自信や生きがいをもって社会参画を実現していく取り組みとしている。農福連携に取り組むことで，障害者等の就労や生きがいづくりの場を生み出すだけでなく，担い手不足や高齢化が進む農業分野において，新たな働き手の確保につながる可能性もあり，近年，全国各地において，さまざまな形での取り組みが行

図9-1 ノウフクJAS
出所：ノウフクWEB
「ノウフクを知る」
(https://noufuku.jp/
know/)。

われており，農福連携は確実に広がりを見せている。

農林水産省では，厚生労働省と連携して，「農業・農村における課題」「福祉（障害者等）における課題」の双方の課題解決と双方に利益（メリット）がある Win-Win の取り組みである農福連携を推進している。

ここで，農福連携に至る農業・農村と福祉の課題について確認しておこう。まず，農業・農村の課題は，①農業労働の確保，②荒廃農地の解消等があげられる。福祉の課題は，①障害者等の就労先の確保，②工賃の引き上げ等がある。農福連携の取り組みをすることによって，農業・農村には，①農業労働力の確保，②農地の維持・拡大，③荒廃農地の防止，④地域コミュニティの維持等のメリットがあり，福祉（障害者等）は，①障害者等の雇用の場の確保，②賃金（工賃）向上，③生きがい，リハビリ，④一般就労のための訓練等のメリットがある。

さらに今後，農福連携によって農業や福祉の課題を解消するとともにメリットを生かし，①障害者等の雇用・就労の場の拡大を通じた農業生産の拡大，②障害の特性に応じた分業体制や，丁寧な作業等の特長を活かした良質な農産物の生産とブランド化の推進，③障害者の農業への取り組みによる社会参加意識の向上と工賃（賃金）の上昇を通じた障害者の自立支援等を目指していく。

農福連携の取り組みには，①農業者が障害者を雇用，②就労支援事業所が農業に参入，③福祉事業所による農作業請負（施設外就労）などの形態がある。

国も農福連携を推進しており，「経済財政運営と改革の基本方針2018（骨太方針）」（2018（平成30）年6月15日閣議決定）で，農福連携を共助社会・共生社会づくりとして障害者の地域生活への移行や農福連携を含めた就労・社会参加を促進するとともに，発達障害について，社会全体の理解促進，家族支援等に取り組むとしている。ここでは，農福連携を高齢者，障害者，生活困窮者等の農業分野における就農・就労と位置づけている。そのため，国は支援制度や交付金等の施策で，農福連携の推進を図っている。

（2）農福連携事例①

山城就労支援事業所さんさん山城は，2011（平成23）年に京都府京田辺市の

社会福祉法人京都聴覚言語障害者福祉協会によって設立された就労継続支援Ｂ型事業所である。聴覚障害者，知的障害者，精神障害者ら36名が生産・加工・販売に従事している。

　高齢化で廃園予定だった茶園を借り入れて，宇治茶の手摘みやエビイモの手掘りなど，障害者の手作業により，高品質な京都の伝統野菜を生産し，収穫した農産物はJAに出荷する他，濃茶大福，エビイモコロッケなど加工品にして販売している。また，併設するコミュニティカフェではとれたて野菜をふんだんに使ったワンコインランチを提供している。

　2017（平成29）年には，京都府の「農福連携推進拠点」に指定されている。また，2019（令和元）年12月には，農林水産省・内閣官房「ディスカバー農山漁村の宝（第6回）」コミュニティ部門に選定された。

（3）農福連携事例②

　大阪府和泉市にある株式会社いずみエコロジーファームは，2010（平成22）年，大阪いずみ市民生活協同組合が設立した農地所有適格法人である。2012（平成24）年に，就労継続支援Ａ型事業所「ハートランド事業部」を設立して，障害者を雇用している。現在，知的障害者を中心とする利用者19名が，露地・ハウスの野菜栽培に通年で取り組んでいる。生協出資の農業法人であることから，生協が求める品質を満たす農産物は，生協が買い取ることで販路が確保できている（主に生協の宅配で販売）。また，生協店舗で出た食品残渣を堆肥化して使用するなど，生協を軸に生産・販売・消費の循環を生み出している。年間通して収穫できる小松菜は，1日約2000袋出荷，特売時期は約4000袋出荷している。人手と販路を安定的に確保することで，利益が安定化しており，Ａ型事業所として大阪府の最低賃金の月額12.7万円程度を支給している。2019（令和元）年12月にノウフクJAS認証を取得した。

（4）農福連携事例のまとめ

　障害者就労施設が，有機農業によって付加価値の高い農作物を生産し，加工・販売まで手掛けることによって，高い工賃（賃金）を実現している事例もある。また，農業分野には，多様な作業があることから，障害者の特性に応じた仕事を開発することにより，より多くの障害者の雇用・就労につながる。また，地域の農家ともつながることにより，地域活性化や地方創生にも資する事

例も見られるようになってきている。

注

(1)　大和八木ゲストハウス笑顔ホームページ（http://guesthouse-egao.com/　2021年6月1日閲覧）。

(2)　ノウフク WEB（https://noufuku.jp/know/　2021年6月1日閲覧）。

(3)　さんさん山城ホームページ（http://www.kyoto-chogen.or.jp/communityplaza/sunsunyamashiro/　2021年6月1日閲覧）。

参考文献

NPO 法人共存の森ホームページ「活動の紹介」（https://www.kyouzon.org/activity/mori/　2021年6月1日閲覧）。

柏木克之（2013）『地域でめざせ社会的企業──障害者支援施設「麦の郷」の挑戦』生活福祉研究機構。

環境省ホームページ『平成21年度食料・農業・農村白書』「農村の集落機能の状況」（https://www.maff.go.jp/j/wpaper/w_maff/h21_h/trend/part1/chap4/c4_02.html　2021年6月1日閲覧）。

木下斉（2016）『地方創生大全』東洋経済新報社。

経済産業省ホームページ「ソーシャルビジネス」（https://www.meti.go.jp/policy/local_economy/sbcb/index.html　2021年6月1日閲覧）。

現代公益学会編（2018）『公益法人・NPO 法人と地域』文眞堂。

公益法人協会「社会的企業（日本の民間公益活動）」（http://www.kohokyo.or.jp/kohokyo-weblog/yougo/2009/04/post_109.html　2021年6月1日閲覧）。

厚生労働省（2014）「『健やか親子21（第2次）』について検討会報告書」（https://www.mhlw.go.jp/stf/houdou/0000044868.html　2021年6月1日閲覧）。

厚生労働省（2019）第4次少子化社会対策大綱策定のための検討会（第5回）「子育て支援施策について」（https://www8.cao.go.jp/shoushi/shoushika/meeting/taikou_4th/k_5/pdf/s3-3.pdf　2021年6月1日閲覧）。

厚生労働省（2019）「農福連携の推進に向けた取組について」（https://www.mhlw.go.jp/content/12601000/000494863.pdf　2021年6月1日閲覧）。

国土交通省（2014）「健康・医療・福祉のまちづくりの推進ガイドライン（技術的助言）」（https://www.mlit.go.jp/common/001049464.pdf　2021年6月1日閲覧）。

国土交通省（2018）『国土交通白書2018』「地域活性化の推進」（https://www.mlit.go.jp/hakusyo/mlit/h29/hakusho/h30/pdf/np204000.pdf　2021年6月1日閲覧）。

小林勇治・波形克彦（2015）『「地方創生」でまちは活性化する──まち・ひと・しご

と創生による地域活性化事例』同友館。

総務省（2017）「自治体 CIO 育成地域研修教材（平成 29 年度改訂版）」（https://www.soumu.go.jp/menu_seisaku/ictseisaku/ictriyou/cio_kyozai.html　2021 年 6 月 1 日閲覧）。

都市計画基本問題小委員会（2019）「都市計画基本問題小委員会中間とりまとめ」（https://www.mlit.go.jp/common/001301245.pdf　2021 年 6 月 1 日閲覧）。

内閣府（2017）政府広報オンライン「『ソーシャルビジネス』を支援」（https://www.gov-online.go.jp/useful/article/201410/3.html　2021 年 6 月 1 日閲覧）。

内閣府（2019）「まち・ひと・しごと創生総合戦略（2018 改訂版）及び平成 31 年度予算・税制改正（地方創生関連）について」（https://www.soumu.go.jp/main_content/000609878.pdf　2021 年 6 月 1 日閲覧）。

内閣府 NPO ホームページ「NPO のイロハ」（https://www.npo-homepage.go.jp/about/npo-kisochishiki/npoiroha　2021 年 6 月 1 日閲覧）。

内閣官房まち・ひと・しごと創生本部事務局ほか（2019）「地方創生の現状と今後の展開」（https://www.soumu.go.jp/main_content/000635353.pdf　2021 年 6 月 1 日閲覧）。

内閣官房まち・ひと・しごと創生本部事務局（2017）「地方創生をめぐる現状と課題」（https://www.soumu.go.jp/main_content/000573278.pdf　2021 年 6 月 1 日閲覧）。

内閣府・文部科学省・厚生労働省（2013）「子ども・子育て関連 3 法について」（https://www8.cao.go.jp/shoushi/shinseido/law/kodomo3houan/pdf/s-about.pdf　2021 年 6 月 1 日閲覧）。

農政ジャーナリストの会編（2021）『日本農業の動き 209　農業と福祉　その連携は何を生み出すか』農政ジャーナリストの会。

ノウフク WEB「ノウフクを知る」（https://noufuku.jp/know/　2021 年 6 月 1 日閲覧）。

農林水産省ホームページ「農福連携の推進」（https://www.maff.go.jp/j/nousin/kouryu/kourei.html　2021 年 6 月 1 日閲覧）。

農林水産省ホームページ「環境保全に向けた農業分野での取組」（https://www.maff.go.jp/j/wpaper/w_maff/h22_h/trend/part1/topics/t4_01.html　2021 年 6 月 1 日閲覧）。

農林水産省農村振興局都市農村交流課（2018）「農林水産省における農福連携施策」（https://www.maff.go.jp/primaff/koho/seminar/2018/attach/pdf/190129_05.pdf　2021 年 6 月 1 日閲覧）。

農林水産省生産局環境保全型農業対策室（2007）「環境保全型農業の現状と課題」（https://www.maff.go.jp/j/study/kankyo_hozen/01/pdf/data02.pdf　2021 年 6 月 1 日閲覧）。

富士通総研（2019）「地域・地方の現状と課題」（https://www.soumu.go.jp/main_content/000629037.pdf　2021年6月1日閲覧）。

古沢広祐（2020）『食・農・環境とSDGs——持続可能な社会のトータルビジョン』農山漁村文化協会。

八木まちづくりネットワークホームページ（https://yagimachi-net.jp/　2021年6月1日閲覧）。

吉田行郷・里見喜久夫・季刊『コトノネ』編集部（2020）『農福連携が農業と地域をおもしろくする』コトノネ生活。

学習課題

① 地域の社会課題について説明をしてみましょう。

② 社会的企業とNPO法人の違いについて説明をしてみましょう。

③ 地域の社会的課題の取り組み・農福連携について，本章の事例で学びました。これらを含む先進的な地域の事例を一つ取り上げ，その内容について調べ，そこから何がいえるかを考察してみましょう。

コラム　NPOなどでボランティアをするには

　本章では，子育て・介護・福祉，まちづくり・地域活性化，環境保護などの地域の社会課題やこれらの課題を解決するための社会的企業，地域課題に取り組むNPO法人，農福連携について学んできました。

　みなさんの中には，これらの社会課題に取り組むNPOなどでの活動に興味をもった人もいるでしょう。でも，地域の課題に取り組むNPOはどこで探したらよいのでしょうか。ボランティアをしたいけど，実行に移す勇気がない人がいるかもしれませんね。

　そのようなときは，「全社協・地域福祉・ボランティア情報ネットワーク」にアクセスしてみましょう。全社協は全国社会福祉協議会の略です。全国でボランティア・市民活動を推進する組織です。ボランティア・市民活動についてわかりやすく解説してくれています。

　さらに住んでいる都道府県，たとえば大阪府であれば，「大阪府ボランティア・市民活動センター」にアクセスしてみましょう。センターの利用案内で紹介されている主な相談内容に「私にもできるボランティアがあるかしら？」などがあります。所在地は大阪府社会福祉協議会の中ですので，実際に行って相談してみるのもよいでしょう。大阪市に住んでいるのであれば，「大阪市ボランティア・市民活動センター（OCVAC）」に

アクセスしてみましょう。1987（昭和62）年にオープンした「大阪市ボランティアセンター」は，ボランティアを必要とする人と活動をしたい人を個々に結びつけること（コーディネート）からスタートしました。所在地は大阪市社会福祉協議会の中にあります。地域の課題を解決する活動に関心がある学生さんは，一度，アクセスしてみませんか。

第10章

災害時における包括的支援体制

　本章では，自然災害をとらえる視点として，その脅威だけに目を向けるのではなく，地域社会の中に内在する脆弱性に目を向けることが重要であることについて触れる。また自然災害がもつ不平等性についても目を向け，災害対策と福祉の接点について確認する。そして災害対応における法体系や支援体制についての解説を行いつつ，近年，整備が急がれる包括的支援体制の実現を図るうえでも災害対策の視点が必要であることについて言及する。

1　災害対策と福祉の接点

（1）災害とは何か

　近年の日本における災害について見ると，マグニチュード6.5の前震とマグニチュード7.3の本震が襲った2016（平成28）年の熊本地震，西日本を中心とした集中豪雨により，河川の氾濫，土砂災害が相次いだ2018（平成30）年の西日本豪雨災害，球磨川や筑後川といった河川で氾濫が発生した2020（令和2）年の令和2年7月豪雨災害などの記憶が新しい。

　わが国は，国土の70％が山地で占められており，急峻な山地が多いことから土砂災害が発生しやすく，また急流河川が多く，河川氾濫による被害を受けやすいことも知られている。さらに日本列島とその周辺には，太平洋プレート，フィリピン海プレート，ユーラシアプレート，北米プレートの4つがぶつかり合っており，マグニチュード6.0以上の地震の回数で見ると，世界全体に占める日本の地震発生割合は20.8％を占める。そうした特徴をもつわが国は，災害による脅威が毎年のように国内のどこかで生じていることを忘れてはならない。

　災害対策基本法において，災害とは「暴風，竜巻，豪雨，豪雪，洪水，崖崩れ，土石流，高潮，地震，津波，噴火，地滑りその他の異常な自然現象又は大

規模な火事若しくは爆発その他その及ぼす被害の程度においてこれらに類する政令で定める原因により生ずる被害をいう」とされている（災害対策基本法第2条第1項）。この定義では災害について，豪雨災害や地震災害といった自然災害に加え，「政令で定める原因により生ずる被害」も含めており，これについては放射性物質の大量の放出や，多数の者の遭難を伴う船舶の沈没などの大規模な事故も含まれている（災害対策基本法施行令第1条）。よって，災害対策基本法における災害とは，自然災害と事故災害の2つを含むことになるが，ここでは前者の自然災害に焦点を当てて見ていくことにする。

　まず，先ほど取り上げた令和2年7月豪雨災害における人的被害について見ると，死者及び行方不明者をあわせて86名となっている[(2)]。また，西日本豪雨災害では271名，熊本地震で273名が被害を受けている[(3)]。このように災害は，多くの命を奪う現象であるといえる。しかしながら，無人島を災害が襲ったとしても死者が出ることはない。また地震災害を例にとってみても，耐震性が強固な建物が整備されているとすれば人的被害は生じないかもしれない。つまり，豪雨災害や地震災害といった災害は人的被害をもたらす原因であり，引き金となり得るが，災害による影響だけで人的被害がもたらされるのではなく，社会が抱える脆弱性が大きく関係しているのである。よって災害をとらえるうえで重要なことは，その脅威だけに目を向けるのではなく，地域社会の中に内在する脆弱性に目を向けることが求められている。

（2）災害と福祉

　これまでの災害における人的被害について見ると，2011（平成23）年に発生した東日本大震災では岩手県，宮城県，福島県における死者のうち，60歳以上の高齢者が約7割を占め[(4)]，2018（平成30）年における西日本豪雨災害においても，被災地である倉敷市真備町の死者のうち約9割が65歳以上であることが報告されている[(5)]。また障害者における人的被害については，東日本大震災による経験から，障害者の死亡率は全住民の死亡率と比べ，約2倍にのぼることが知られている[(6)]。このように災害がもたらす人的被害は，不平等性を包含しており，高齢者や障害者により大きな被害をもたらすことになる。

　また災害による直接的な被害から逃げ延び，命が助かったとしても，被災者の生活はこれまでのものと一変することになる。その一つの例として，福祉施設が被災し，サービスを受けることができなくなってしまうケースや自宅が被

災したことにより環境が整っていない避難所での生活を長期にわたって強いられるケースなどがあげられる。そしてこのような災害による二次的な影響によって，災害による直接的な影響から逃げ延びることのできた命が失われてしまう関連死が生じることもある。この関連死については，東日本大震災においてその犠牲者が3767名にのぼっており，熊本地震では関連死が直接死の4倍にのぼることが報告されている。さらにこの関連死についても，東日本大震災において70歳以上の犠牲者が約9割を占めるなど，不平等性が認められている。つまり災害による脅威は，直接的な要因によって人的被害をもたらすだけでなく，その後の人々の生活にも大きな影響を及ぼすものであるが，それはとりわけ，福祉における支援を必要とする者に大きな影響を与えることになる。よって，福祉における支援関係者は，支援対象者の命と尊厳を守るために，災害対策と福祉の問題は切り離せないものとしてとらえておくことが必要である。

2　災害対策に関わる法制度

　災害対策のフェーズ（段階）については，大きく3つに分けてとらえることができる。まず1つ目は，災害が発生する以前の平常時において将来起こり得る災害に対する備えを行う「災害予防」の段階である。また2つ目は，災害発生直後において人命を救助し，被災者に対して生活に必要となる物資を供与するなどの対応が行われる「応急救助」の段階，3つ目は，被災者の生活再建を促すための対応が行われる「復旧・復興」の段階である。わが国における災害対策については，図10-1で示す通り，災害対策基本法，災害救助法，被災者生活再建支援法といった法律に基づき行われている。ここでは，災害対策基本法をはじめとする代表的な制度の内容について概括することで，各段階において実施される対応について確認していきたい。

（1）災害対策基本法
　この法律は，伊勢湾台風（1959（昭和34）年）を契機として，1961（昭和36）年に成立した法律であり，文字通り，災害対策の基本を示す法律である。この法律における制定の契機となった伊勢湾台風は，昭和の三大台風の一つであり，死者・行方不明者が5000名以上にのぼる甚大な被害をもたらした災害であった。この災害以前のわが国における災害対策は，災害関係の法律が一本化されてお

図 10 - 1　災害対策法制の位置づけ

出所：内閣府「災害救助法の概要（令和 2 年度）」(http://www.bousai.go.jp/taisaku/kyuujo/kyuujo. html　2021年 4 月13日閲覧）。

らず，所管省庁ごとに定められていたことから，伊勢湾台風の対応において各省庁や自治体の対応が一貫性を欠き，防災行政が十分に機能しなかった。災害対策基本法は，こうした教訓をもとに定められた法律であり，災害対策全体を体系化し，総合的かつ計画的な防災行政の整備と推進を図ることを目的としている（法第 1 条）。

　この法律の内容についてみると，国，都道府県，市町村に対して防災に関する計画を作成し，それを実施するとともに，相互に協力するなどの責務を定めている（法第 3 条〜第 5 条）。さらにこの法律では，住民についても自発的な防災活動への参加を行うことなどの責務を規定していることが特徴としてあげられる（法第 7 条）。また防災に関する組織として，国に中央防災会議を設け，都道府県及び市町村において地方防災会議を設置することを定めている（法第11条，第14条，第16条）。加えて，災害発生またはそのおそれがある場合には，災害応急対応等を実施するため，都道府県または市町村に災害対策本部を設置することも規定している（法第23条，第23条の 2 ）。

（2）災害救助法

　この法律は，南海大震災（1946（昭和21）年）を契機として，その翌年に成立した法律である。この法律は，災害時において必要な救助を行い，被災者の保護と社会の秩序の保全を図ることを目的としている（法第 1 条）。この法律における具体的な救助としては，「応急救助」の段階における広範な内容が定められており，避難所の設置や応急仮設住宅の供与，食品の供与，被災者の救出，障害物の除去，遺体の埋葬といったものが規定されている（表10 - 1 ）。またこの法律は，35条の簡素な法律となっており，災害時における救助について詳細

表10-1　災害救助法における救助の種類

避難所の設置	医療・助産
埋葬	応急仮設住宅の供与
被災者の救出	死体の捜索・処理
炊き出しその他による食品の給与	被災した住宅の応急修理
障害物の除去	飲料水の供給
被服，寝具その他生活必需品の給与・貸与	学用品の給与
生業に必要な資金，器具または資料の給与・貸与	

出所：災害救助法第4条第1項及び災害救助法施行令第2条をもとに筆者作成。

表10-2　被災者生活再建支援法における制度の対象となる世帯

① 住宅が全壊した世帯
② 住宅が半壊，又は住宅の敷地に被害が生じ，その住宅をやむを得ず解体した世帯
③ 災害による危険な状態が継続し，住宅に居住不能な状態が長期間継続している世帯
④ 住宅が半壊し，大規模な補修を行わなければ居住することが困難な世帯（大規模半壊世帯）
⑤ 住宅が半壊し，相当規模の補修を行わなければ居住することが困難な世帯（中規模半壊世帯）

出所：被災者生活再建支援法第2条第2項イ〜ホをもとに筆者作成。

な内容は示されていない。実際の災害時における対応では，行政機関からさまざまな通知や事務連絡が出され，具体的な運用が行われることが一般的である。つまり，災害時における対応について詳細なものまで法律に定めてしまうと硬直的な対応となり，弾力的な運用ができなくなることから，災害救助法では細かな内容については定めず，そこで示される条文は限られているのである[11]。

（3）被災者生活再建支援法

　この法律は，1995（平成7）年の阪神淡路大震災を契機に，その翌年に成立した法律であり，災害により生活基盤に著しい被害を受けた者に対し，支援金を支給することにより，その生活の再建を支援し，住民の生活の安定と被災地の速やかな復興に資することを目的としている（法第1条）。この法律による支援は，家屋の損害状況等によって決定する基礎支援金と住宅の再建方法によって決まる加算支援金の2種類が設けられている[12]。

　またこの制度における対象となる被災世帯については，住宅が全壊した世帯や大規模半壊の世帯等となっている（表10-2）。さらに支援金における支給額は表10-3の通りであり，基礎支援金が最大100万円，加算支援金が最大200万円となっている。

表 10 - 3　被災者生活再建支援法における支援金の支給額

	基礎支援金	加算支援金		計
①全壊 ②解体 ③長期避難	100万円	建設・購入	200万円	300万円
		補修	100万円	200万円
		賃借（公営住宅を除く）	50万円	150万円
④大規模半壊	50万円	建設・購入	200万円	250万円
		補修	100万円	150万円
		賃借（公営住宅を除く）	50万円	100万円
⑤中規模半壊	―	建設・購入	100万円	100万円
		補修	50万円	50万円
		賃借（公営住宅を除く）	25万円	25万円

注：世帯人数が一人の場合は，上記の金額の4分の3の金額となる。
出所：被災者生活再建支援法第3条第2項～第7項をもとに筆者作成。

3　被災者の避難生活と被災者支援

　災害によって自宅が被災した被災者は，まず避難所において避難生活を送り，その後，仮設住宅に移ることになる。そして一定期間，仮設住宅における避難生活を送った後，自宅再建が困難な状況にある者は災害公営住宅での生活を送ることになる。ここでは，被災者における避難生活の最初の段階となる避難所について着目し，そこでの避難生活における課題と被災者に対する支援について見ていきたい。

（1）避難所における被災者の避難生活

　避難所とは，災害が発生した場合において，災害の危険性があり避難した被災者をその危険性がなくなるまで滞在させたり，災害により家に戻ることができなくなったりした者を一時的に滞在させるための施設を指す。また避難所は，被災者を一時的に滞在させるだけでなく，緊急物資の集積場所や情報発信の場所，情報を収集する場所，在宅避難者が必要な物資を受け取りにくる場所といったさまざまな役割を担うことになる。[13]

　避難所は，被災者が身の安全を確保するために，一時的に避難生活を送る場として位置づけられるが，大規模災害の場合，避難所での避難生活が長期化す

る場合もある。たとえば，阪神淡路大震災では避難所閉鎖までに6か月，東日本大震災では岩手県で7か月，宮城県で9か月を要している。

　避難所は地域社会の縮図であると呼ばれることがあるように，子どもから高齢者までのさまざまな年代の人が集まり，さらに障害を抱える人や人工呼吸器を使用する人などの医療的配慮を要する者（以下「要配慮者[14]」）も避難をしてくる可能性がある。そして発災後の混乱した状況の中で，要配慮者に対する十分な対応が行われないケースがこれまでの過去の災害において多々見られている。そのような中で，障害者や高齢者の身体機能が低下したというケースや，認知症高齢者の認知機能の低下が進んでしまったケースも見られた。さらに東日本大震災において発生した関連死の原因について見ると，避難所等における生活の肉体・精神的疲労を原因とするケースが約3割と最も多いことが報告されている[15]。つまり避難所における避難生活の混乱した状況は，要配慮者の機能低下を招いたり，災害による二次的な被害である関連死を引き起こしたりする可能性がある。

　また避難所での避難生活は，集団生活であることから周囲に遠慮や気兼ねをしながらの生活となり，日常生活において特別な配慮を要する人々だけでなく，すべての被災者にとってストレスのかかる状態となる。さらに被災したことによるショックや，先行きの見えない生活に対する不安も抱えながら避難生活を送らなければならない状態にある被災者もいる。そうした状況から，医療や福祉による専門的な支援までは必要としないが，強い不安や緊張，不眠，孤立といった問題を抱える「ハイリスク予備軍[16]」と呼ばれる人々の存在も指摘されており，この存在についても無視できない。

　また避難所における避難生活は集団生活となることから，感染症の問題も大きな問題となる。阪神淡路大震災においては，避難所内でインフルエンザが蔓延し，「インフルエンザ関連死」という言葉が生まれた。近年においては，新型コロナウイルス感染症が拡がりをみせており，コロナ禍の状況において災害が重なる複合災害の発生が危惧されており，避難所における感染症対策の重要性はますます高まっている。

（2）災害時における福祉支援体制

　避難所における被災者に対する支援は，さまざまな形で行われているが，ここでは災害派遣福祉チーム（DWAT：Disaster Welfare Assistance Team）につい

表 10 - 4　災害派遣福祉チームの代表的な活動内容

①　福祉避難所等への誘導
要配慮者に対してスクリーニングを行い，一般の避難所では避難生活を送ることが困難と判断される者を福祉避難所等へ誘導を行う
②　要配慮者へのアセスメント
要配慮者が必要とする支援を把握するためのアセスメントを行う
③　日常生活上の支援
要配慮者における機能低下等の二次被害を防止し，安定した避難生活を送ることができるよう，日常生活上の支援を行う
④　相談支援
常時変化する福祉ニーズを適切にとらえるために，一般の避難所内に相談スペースを設けるなどの対応を行う
⑤　避難所内の環境整備
車いすの通路確保や，トイレ環境の改善，キッズスペースや授乳スペースの確保など，一般の避難所内の環境整備を行う

出所：厚生労働省（2018）「災害時の福祉支援体制の整備に向けたガイドライン」をもとに筆者作成。

て，取り上げたい。災害派遣福祉チームは，都道府県ごとに設置された避難所（福祉避難所を除く）に避難する要配慮者に対して，福祉的な支援を行う専門職によって組織されたチームである。避難所では高齢者，障害者，子どもなどさまざまな要配慮者が避難生活を送ることになることから，災害派遣福祉チームにおけるメンバーは社会福祉士，精神保健福祉士，介護福祉士，介護支援専門員，保育士，看護師など，多様な領域による専門職で構成されており，4～6名程度のチームで活動を行う。

　すでに見たように，避難所における避難生活の長期化は要配慮者の機能低下や関連死につながるといった二次被害を招くことになる。こうした二次被害を防ぐために，災害派遣福祉チームは，表10-4に示すように，避難者に対する相談支援や避難所内の環境整備，日常生活上の支援等を実施している。この災害派遣福祉チームは，2011（平成23）年の東日本大震災以降にスタートした取り組みであるため，緒についたばかりである。これまで，2016（平成28）年の熊本地震や2018（平成30）年の西日本豪雨災害等で活動が行われ，それぞれの活動における検証作業が進められており，より実効性のある支援体制の構築を図るための見直しが進められている。

4　災害時に備えた平常時の取り組み

　これまで見てきた高齢者，障害者といった要配慮者は，避難生活における困難さだけでなく，避難行動そのものについても困難を抱えている者も多い。災害対策基本法では，こうした自ら避難することが困難な者で，かつ迅速な避難の確保を図るために支援を要する者を「避難行動要支援者」として位置づけている（災害対策基本法第49条の10第1項）。避難行動要支援者への避難支援は，発災後の混乱した状況において初めて取り組むのでは遅く，平常時からの入念な準備を必要とする。ここでは，災害時に備えた平常時の取り組みとして，避難行動要支援者に対する対策について着目していきたい。

（1）避難行動要支援者対策

　避難行動要支援者対策において大きな転機となったのは，2011（平成23）年の東日本大震災である。この災害では，犠牲者の過半数を高齢者が占め，障害者の犠牲者の割合についても一般住民の2倍に及ぶこととなった。このような東日本大震災の反省をふまえ，2013（平成25）年に災害対策基本法の改正が行われ，避難行動要支援者名簿の策定が市町村に義務づけられた。また避難行動要支援者本人の同意が得られた場合において，消防機関，警察，民生委員，社会福祉協議会，自主防災組織等の避難支援等関係者に平常時から名簿を提供することができる旨の規定が定められることとなった（災害対策基本法第49条の10第1項及び第49条の11第2項）。さらに発災または発災のおそれが生じた場合においては，上記の同意の有無にかかわらず，名簿を避難支援者に提供することができることも定められた（災害対策基本法第49条の11第3項）。

　避難行動要支援者名簿が策定され，支援を要する人々の情報を共有することができるようになったことについては，災害から彼らの命を守るための取り組みとして大きな一歩となったといえるであろう。しかし避難行動要支援者における避難の実効性を高めるためには，ただ名簿が作成されているだけでなく，避難行動要支援者一人ひとりに応じた避難場所や避難方法，避難支援を行う支援者を定める個別避難計画（個別計画）を作成することが必要である。

　この個別避難計画については，2021（令和3）年に災害対策基本法が改正され，その策定が市町村の努力義務とされることとなったが，それ以前において

策定は義務づけられておらず，避難行動要支援者名簿に記載されている者全員の個別避難計画を作成した市町村は全国で12％にとどまっていることが報告されている。そしてこのように個別避難計画の策定が低調である理由としては，地域において高齢化が進んでいることから避難行動を支援する支援者が見つからないとするケースや，他者の命を守る責任の重さから避難支援を引き受けることを敬遠する人が多いというケースなどが指摘されている。

　今回の災害対策基本法の改正により，個別避難計画の策定が市町村の努力義務とされたことにより，その策定が一定程度進むことになると思われるが，計画策定を行うことが最終的な目的ではない。策定された計画が災害時において実効性があるものとなるためには，平常時からの訓練が必要となる。平常時に訓練を繰り返し，その中で反省点を取り上げ，個別避難計画の内容を見直していくことが重要である。またその取り組みを繰り返すことで，地域に内在する脆弱性が可視化され，災害に強い街を創り上げることにもつながっていく。

（2）災害対策と包括的支援体制

　ここまで，避難所における避難生活の課題や避難行動要支援者の問題等について取り上げてきたが，上述してきた内容からわかるように，災害時において顕在化する課題や問題に対する対応は，平常時から備えておくことが必要となる。よって，被災者の命を守るための支援とは，災害が発生した後初めて取り組むものではなく，平常時からの連続性をもつものとしてとらえるべきである。

　こうした平常時における取り組みについては，本章において取り上げた災害派遣福祉チームの実効性を高めるための準備を進めることや，個別避難計画の策定率を高め，計画をもとにした避難訓練を実施するといった取り組み以外にも，福祉施設や福祉サービス事業所においてBCP（事業継続計画：Business Continuity Plan）の策定に取り組むことや，避難所における対応力の向上を図るために避難所運営訓練を行うことなど多岐に及ぶ。

　一方で，2003（平成15）年に厚生労働省老健局長の私的検討会である高齢者介護研究会が地域包括ケアシステムという用語を公式に用いて以降，支援を要する人々が住み慣れた街で最後までその人らしく生きることを保障するための支援体制の形成が目指されるようになり，今日では包括的支援体制の整備を図るためのさまざまな取り組みが進められているところである。支援を要する人々の地域生活と社会参加を支えようとする包括的支援体制の方向性は，たい

へん望ましいものである。しかしながら，災害の多い近年において，こうした取り組みが災害対策を十分にふまえたうえで進められていないとすれば，それは砂上の楼閣といっても過言ではない。日々の生活をサポートする支援体制だけでなく，災害に対する平時の備えも同時に進め，両者が相まったものとなることが，今日ではこれまで以上に求められている。

注

(1) 内閣府（2006）「平成18年版　防災白書」。

(2) 内閣府（2021）「令和２年７月豪雨による被害状況等について」。

(3) 内閣府（2020）「令和２年版　防災白書」

(4) 内閣府（2013）「平成25年版　高齢社会白書」。

(5) 岡山県「平成30年７月豪雨」災害検証委員会（2019）「平成30年７月豪雨災害検証報告書」。

(6) 河北新聞「３県障害者1655人犠牲　手帳所持者死亡率1.5％全住民の２倍」2012年９月24日朝刊。

(7) 復興庁（2020）「東日本大震災における震災関連死の死者数」。

(8) 熊本県（2018）「災害関連死の概況について」。

(9) 震災関連死に関する検討会（2012）「東日本大震災における震災関連死に関する報告」。

(10) 災害救助法は，一定数以上の住家の滅失がある場合や多数の者が生命又は身体に危害を受ける場合等において法律が適用される。よってすべての災害が，この法律における救助の対象となるわけではない。

(11) 津久井進（2012）『大災害と法』岩波書店，45頁。

(12) 被災者生活再建支援法は，一定数以上の住家の滅失がある場合に法律が適用されるため，すべての災害がこの法律における救助の対象となるわけではない。

(13) 内閣府（2016）「避難所における良好な生活環境の確保に向けた取り組み指針」。

(14) 災害対策基本法では，高齢者，障害者，乳幼児その他の特に配慮を要する者を「要配慮者」として定義している（法第８条第２項15号）。

(15) (9)と同じ。

(16) 浦野愛（2017）「熊本地震における避難所運営の実態と課題──過去の震災における避難所の運営との比較」『消防防災の科学』127，15～18頁。

(17) 避難所は本章第３節第１項で触れた一般的な避難所以外に，要配慮者を受け入れるための設備，器材，人材を備えた避難所である福祉避難所がある。災害派遣福祉チームの活動場所は，福祉避難所ではなく，原則として一般避難所となっている。

⒅　避難行動要支援者一人ひとりに応じた避難場所や避難方法，避難支援を行う支援者を定める計画については「個別計画」と呼ばれていたが，2021（令和３）年の災害対策基本法の改正により「個別避難計画」に名称変更している。

⒆　消防庁（2019）「避難行動要支援者名簿の作成等にかかわる取組状況の調査結果等」。

学習課題

①　一般の避難所と福祉避難所の違いについて調べ，福祉避難所が抱える課題について考えてみましょう。

②　自分たちが暮らす街のハザードマップを見て，どのような災害リスクが想定されているのかについて調べてみましょう。またその想定をふまえ，どのような問題が生じるのかを考えてみましょう。

コラム　福祉施設を襲う自然災害について考える

近年，わが国において豪雨災害が毎年のように繰り返し発生している。気象庁が示すデータを見ても，災害が発生してもおかしくないレベルの雨（１時間に50ミリ以上の雨）が1976（昭和51）〜1985（昭和60）年と比べて，1.4倍に増えていることが報告されており，記録的豪雨の発生する頻度が増していることがわかる。こうした豪雨災害の被害について考えた際，2016（平成28）年の豪雨災害によって，高齢者のグループホームの利用者９名が犠牲になったケースや2020（令和２）年の豪雨災害による熊本県球磨村の特別養護老人ホームの利用者14名が犠牲になったケースを思い出す人も多いであろう。

福祉施設については，水防法及び土砂災害防止法に基づき，利用者の迅速な避難の確保を図るために必要な事項を定める避難確保計画や，「指定介護老人福祉施設の人員，設備及び運営に関する基準」といった各種省令に基づき，災害発生時における職員の役割分担や基本行動等について定める非常災害対策計画といった福祉防災計画を策定することが求められている。

本章において見たように，福祉サービスの利用者は，災害による被害の影響を受けやすい。そうした人々が利用し，また暮らす場である福祉施設において，平常時から各々の施設に影響を及ぼす災害リスクを想定し，これに備えるための福祉防災計画を立案しておくことは重要である。しかし近年，福祉防災計画を立案していたとしても，これが実効性のあるものとなっていなかったり，計画の内容について職員間で周知されていな

かったことにより，災害による被害を拡大させてしまうケースが指摘されている。福祉防災計画は，ただ立案するだけであれば，それは絵に描いた餅である。そうならないよう，訓練を重ねることで職員間における周知を徹底するとともに，訓練を通して計画の内容を点検し，実効性を高めるための改善を継続的に進めていくことが大切である。

参考：気象庁ホームページ「大雨や猛暑日など（極端現象）のこれまでの変化」(https://www.data.jma.go.jp/cpdinfo/extreme/extreme_p.html　2021年7月29日閲覧)。

第Ⅲ部

地域福祉に関する政策と
今後の展望

第11章

福祉行財政システムと地域福祉

　社会福祉行政の制度と財政というと，対象範囲が広くて，そのイメージから
して固くて難易度が高い印象をもつかもしれないが，私たちの生活に身近で不
可欠な福祉制度の実際を理解するという視点で学習してほしい。

　国家試験では「福祉の財源」と「福祉行財政の動向」の出題が多いので，最
新版の『厚生労働白書　資料編』「社会保障関係費（国の予算）」と『地方財政
白書』を併読・参照しながら本章の学習に取り組むことを薦める。

1　国と地方の関係

（1）国・都道府県・市町村の役割

　国と地方の関係に大改正をもたらしたのは，1999（平成11）年に成立した
「地方分権の推進を図るための関係法律の整備等に関する法律」（通称「地方分
権一括法」）である。この法律により，地方自治法が見直され，国と地方公共団
体は対等な関係と位置づけられ，国が都道府県や市町村に対して関与すること
や都道府県が市町村に対して関与することについてできる限り排除することが
明記された。また地方公共団体の事務は機関委任事務が廃止され，法定受託事
務と自治事務に新しく再編成された。これにより，地方公共団体で独自に条例
を定めることが可能となり，当該地域の実情や住民のニーズに即した自治的な
行政事務が行えることとなった。

　本節では，国と地方の関係の経緯を押さえながら，国と都道府県，市町村の
役割について説明する。

　①　国の役割

　地方自治法に規定される国が果たすべき役割として，(1)国際社会における国
家として存立に関わる事務，(2)全国的に統一して定めることが望ましい国民の

活動や地方自治に関する基本的な準則に関する事務，(3)全国的な規模や視点に立って行わなければならない施策や事業の実施の3つがある。国は，住民に身近な行政はできる限り地方公共団体に委ね，地方公共団体に関する制度の策定や施策の実施時にも，地方公共団体の自主性・自立性が発揮されるようにしなければならない。

　また，国の社会保障・社会福祉制度に関する機関として，2001（平成13）年の中央省庁の再編に伴い，厚生労働省設置法第6条第1項に基づき厚生労働省の附属機関として設置された社会保障審議会がある。同審議会は厚生労働大臣の諮問に応じて，社会保障・社会福祉制度に関する基本事項や人口問題などに関する事項を調査審議し，関係行政庁に意見を具申する。

　②　都道府県の役割

2005（平成17）年前後にピークを迎えた市町村合併の推進（平成の大合併）により，市町村が自律的に事務を処理することに拍車がかかった。これにより都道府県の役割は，規模・能力が拡大した市町村との連絡調整を執ることが中心となり，それまで都道府県が担ってきた事業は徐々に縮小していった。

　一般的に都道府県が行う広域的調整事務には3類型がある。

---

(1)　広域事務　事務事業の対象や効果等が市町村の区域を越えるもの
　　例：水害・積雪などの対策，福祉人材の養成・確保，高度医療サービスなど
(2)　連絡調整事務　国と市区町村，市区町村相互間の連絡調整等に関するもの
　　例：複数の市町村の要望を集約して国に提言するもの，市町村間の利害調整
(3)　補完事務　規模・性質面で一般の市町村が処理することが適当でないもの
　　例：高等学校や図書館，大規模な財源を要する事業・専門性が高い機関など

　これからの社会・経済活動はダイナミックに変わり，都道府県境を越えた地域課題が多様化・山積していくことが想定され，近隣地方自治体間や産官学による連携などが大切になる。

　③　市町村の役割

　市町村は，住民に一番身近な地方行政府であり，特定の地域で自治権を行使する組織として，地域特性に見合う独自性・自律性ある行政事務を執ることができる。ここでは，市町村における大切な一般行政事項である条例と公共施設について説明する。

• 条　例…条例とは，日本国憲法第94条と地方自治法第14条及び第16条に基づいて，地方自治体が制定する自治立法である。1999（平成11）年の改正地方自治法により，自治事務と法定受託事務についても法令に違反しない限り条例を制定することが可能になった。福祉関係では「福祉のまちづくり条例」を掲げる地方自治体が多い。その他に，バリアフリー促進条例や障害者差別解消条例，（児童・高齢者・障害者）虐待防止条例，手話普及条例，青少年保護育成条例などがあげられる。

• 公共的な施設の設置・運営…市町村では，住民の公共の福祉の向上のために，福祉会館・福祉センターや児童館・児童センター，老人福祉センター等を設置し運用に当たるところが多い。施設は，会議や研修，イベント行事，災害時の緊急避難場所などに活用される。

（2）地方分権と地方自治

　1999（平成11）年の地方分権一括法により，国＝上級機関，地方自治体＝下級機関という構図が抜本的に見直され，両者が対等な関係に位置づけられたことはすでに見てきた通りである。その後，2000（平成12）年以降，地方分権の概念が国民にも浸透し，全国の地方自治体では，独創的で画期的な地方創生事業が生まれた。小泉内閣（2001（平成13）年4月～2006（平成18）年9月）が主唱した「効率的かつ小さな政府」「規制緩和」政策のもと，社会福祉法人の許認可や福祉六法に関する措置，福祉サービスに係る費用の徴収事務等の改革改正が行われていった。一方で，地方行政の運営に欠かすことのできない財源確保のために，2002（平成14）年に行われた三位一体の改革では，(1)国庫補助金の削減，(2)地方交付税の削減等地方交付金の見直し，(3)地方に税財源を移譲することが一体的に行われている。

　2007（平成19）年には，地方分権改革推進法が施行され，地方分権を進めるうえでの基本理念と国・地方自治体の責務の明確化を図るなど，地方分権改革への着手も始まった。

　2011（平成23）年5月には，「地域の自主性及び自立性を高めるための改革の推進を図るための関係法律の整備に関する法律（第1次地方分権一括法)」「地方自治体の一部を改正する法律」「国と地方の協議の場に関する法律」の3つの法律が交付された。その後，同年8月には第2次一括法が，2021（令和3）年5月には第11次一括法が公布されている。

　このように地方分権は，2005（平成17）年前後をピークに市町村合併が進んだ「平成の大合併」と相まって，約20年で大胆かつ画期的に進められた。しかしその一方で，地方自治体による自主性の違いや市町村格差，権限や責任を明らかにしていくこと等の課題も山積し，これからの地方自治体の取り組みが注視される。

（3）都道府県及び市町村における福祉行政

①　都道府県の福祉行政

　都道府県には，福祉事務所，児童相談所，身体障害者更生相談所，知的障害者更生相談所，精神保健福祉センター，婦人相談所といった福祉行政にかかわる専門機関が設けられている。これらの機関における役割等に関する具体的な記述は後述することとし，ここでは都道府県が担う福祉行政のうち，代表的なものとして社会福祉審議会と社会福祉法人への指導監督について説明する。

・社会福祉審議会…社会福祉法第7条に規定されるように，地方社会福祉審議会は，都道府県知事や指定都市・中核市の長の監督に属し，その諮問に答えて，関係行政庁に意見を具申する機関である。

　審議会には，民生委員の適否の審査に関する事項を調査審議するため民生委員審査専門分科会を，身体障害者の福祉に関する事項を調査審議するため身体障害者福祉専門分科会を，それぞれ置くこととなっている。また必要に応じて，老人福祉専門分科会やその他の専門分科会を置くこともできる（法第11条）。その他にも，地方社会福祉審議会は，児童福祉及び精神障害者福祉に関する事項について調査審議することができる。なお，児童福祉に関する調査審議の場合には，児童福祉専門分科会の設置が可能である（法第12条）。

・社会福祉法人への指導監督…社会福祉法第56条（監督）では，厚生労働大臣や都道府県知事，指定都市・中核市の長による，社会福祉法人の業務・財産への監督・監査権が規定されている。法令や定款に違反したり，適正な運営がなされていなかったりする際には，必要な措置（業務停止・解散命令や役員の解職勧告など）を執ることができる。

　とりわけ第1種社会福祉事業を経営する社会福祉法人は，運営・生活支援そのものが利用者の生活に重大な影響を及ぼし得るので，都道府県知事の強い監督及び指揮権下に置かれる。

②　市町村の福祉行政

市町村が担当する福祉行政は，介護保険事業をはじめとして，児童，障害者，老人，生活保護などと幅広いが，ここでは老人福祉，障害者福祉，児童福祉の分野を中心に説明する。

• **老人福祉**…老人福祉法では，市町村が担うべき業務として，(1)老人福祉に関する実情の把握，(2)老人福祉に関する情報提供，(3)老人福祉に関する相談と調査・指導並びにこれらに付随する業務を行うことを規定している（法第5条の4第2項）。また養護老人ホームなどの老人福祉施設への入所手続等も担当している。さらに「高齢者虐待の防止，高齢者の養護者に対する支援等に関する法律」（高齢者虐待防止法）では，養護者による高齢者虐待の防止及び高齢者虐待を受けた高齢者の保護のため，高齢者や養護者に対して，相談，指導及び助言を行うことも定められている（法第6条）。また市町村は，介護保険法における保険者であることから，介護保険における保険運営業務も担っている。

　この他に市町村においては，一人暮らし高齢者への配食サービスや緊急通報装置の貸与，在宅介護を受ける者への紙おむつの支給・訪問理・美容サービス，長寿お祝い事業，老人クラブ活動への助成なども行っている。

• **障害者福祉**…身体障害者福祉法では，市町村が担うべき業務として，(1)身体障害者の発見及び相談・指導の実施，(2)身体障害者福祉に関する情報提供，(3)身体障害者の生活の実情，環境等に関する調査と更生援護の必要の有無及びその種類の判断等を行うことが規定されている（法第9条第5項）。また知的障害者福祉法では，(1)知的障害者福祉に関する実情の把握，(2)知的障害者福祉に関する情報提供，(3)知的障害者福祉に関する相談と調査・指導並びにこれらに付随する業務を行うことを規定している（法第9条第5項）。

　この他に「障害者の日常生活及び社会生活を総合的に支援するための法律」（障害者総合支援法）では，市町村の責務として，障害者もしくは障害児が自立した日常生活または社会生活を営むことができるよう，公共職業安定所や教育機関その他の関係機関との緊密な連携を図りつつ，必要な自立支援給付及び地域生活支援事業を総合的かつ計画的に行うことなどが規定されている（法第2条）。

• **児童福祉**…児童福祉法では，市町村が担うべき業務として，(1)児童及び妊産婦の福祉に関する実情の把握，(2)児童及び妊産婦の福祉に関する情報提供，(3)児童及び妊産婦の福祉に関する相談と調査・指導並びにこれらに付随する業務

の実施，(4)家庭その他に対する必要な支援を行うことが定められている（法第10条）。

　また子ども・子育て支援法では，市町村の責務として，子ども及びその保護者に必要な子ども・子育て支援給付及び地域子ども・子育て支援事業を総合的かつ計画的に行うことなどが規定されている（法第3条）。

2　行政事務における重要な概念

（1）法定受託事務と自治事務

　法定受託事務とは，地方自治法第2条第9項に規定される，国（都道府県）が本来果たすべき役割に係る事務のうちで，例外的に国（都道府県）に代わって地方公共団体が処理する事務のことをいう。そしてこの法定受託事務は，国から都道府県，市町村，特別区に処理を委任された事務である「第一号法定受託事務」と，都道府県から市町村・特別区に委任された事務「第二号法定受託事務」に分かれている。

　自治事務は，地方自治法第2条第8項に規定されており，法定受託事務以外で，法律・政令により事務処理が義務づけられる事務（狭義の自治事務）と，法律・政令に基づかない任意で行う事務（たとえば地方公共団体が地域住民の福祉の向上を目的として処理する事務（広義の自治事務））の2つがある。法律・政令による主な事務例としては，介護保険サービスや国民健康保険の給付，児童福祉・老人福祉・障害者福祉サービスなどがある。法律・政令に基づかない任意で行う事務には，各種助成金（乳幼児医療費補助など）の交付や公共施設（文化ホール，生涯学習センターなど）の運営管理などがあげられる。

（2）指定管理者制度

　2003（平成15）年の地方自治法の改正により，公の施設の管理について，適正で効率的な運用を図るために，指定管理者制度が導入された。これにより公の施設は，それまでの地方公共団体の出資法人に管理運営が限定されていた状況から，株式会社やNPO法人等の民間事業者に管理運営を委託することが可能となった。なお，清掃や警備などの個別業務については第三者に再委託できるが，管理業務を一括して再委託することは禁止されている。

　指定管理者制度が公共施設へもたらす利点として，運営コストの削減とサー

ビス向上等がある一方で，管理者の業者選定基準が曖昧であることや雇用者の就労条件が不安定になりがちという問題点も指摘されている。

3　福祉行政の組織及び専門職の役割

（1）福祉行政の組織

・**福祉事務所**…社会福祉法第14条で「福祉に関する事務所」と規定されるのが福祉事務所であり，社会福祉行政を総合的に担う第一線の現業機関として位置づけられている。福祉事務所は，生活保護法第19条に規定される保護の決定，実施に関する業務をはじめとする福祉六法を所掌する業務を担い，都道府県と市町村に配置される。なお，都道府県と市・特別区には設置義務があるが，町村では任意設置とされる。都道府県に設置される福祉事務所は，生活保護法，児童福祉法，母子及び父子並びに寡婦福祉法（福祉三法）に関する事務を担う。市町村に配置される福祉事務所は，生活保護法，児童福祉法，母子及び父子並びに寡婦福祉法，身体障害者福祉法，知的障害者福祉法，老人福祉法（福祉六法）に関する事務を担う。

　福祉事務所の所員には，福祉事務所長，スーパーバイザーとしての査察指導員（社会福祉主事），訪問・面談や生活指導等現場のケースを担当するケースワーカーである現業員（社会福祉主事），事務を行う所員が配置されている。

・**児童相談所**…児童福祉法第12条に規定される児童相談所は，子どもの養護と育成，保健，障害，非行に関する相談等の児童福祉に関する相談援助業務を行う行政機関である。児童に関する行政機関には，家庭児童相談室や保健所，保育園・認定こども園，児童家庭支援センターなどがあるが，児童相談所は児童福祉の行政機関としての中心的役割を果たしており，全国225か所に設置（2021（令和3）年4月現在）されている。児童相談所は，都道府県と指定都市に設置が義務づけられており，その業務は，報道でも取り上げられ社会問題化している児童虐待への対応だけではなく，非行や養護・里親，障害など多岐にわたる。具体的には，市町村相互間の連絡調整と情報提供と児童や家庭への調査，児童や家庭に対する医学・心理・教育・社会・精神保健の各観点からの判定及び指導，児童の一時保護を行う。さらに，近年では育児不安を背景とする子育てに関する相談ニーズも増加していることから，児童相談所単独ではなく，保育所・認定こども園や主任児童委員・児童委員，市町村等と連携した対応も求

められている。

　児童相談所に配置される所員は，所長（次長），児童福祉司，児童心理司，児童虐待対応協力員，児童指導員等である。児童福祉司は，子どもや保護者からの相談に応じ，必要な調査や支援，家族関係の調整等を行う。児童心理司は，心理検査やカウンセリングなどを通して，心理的な側面からの支援を行う。児童虐待対応協力員は，児童福祉司に協力して児童虐待への対応を行う。児童指導員は，一時保護所で子どもの生活や学習指導を行う。その他にも児童相談所が所在する人口の規模によるが，精神科医や小児科医，保健師，理学療法士などの医療職が配置される相談所もある。

● **身体障害者更生相談所**…身体障害者福祉法第11条に基づき，都道府県（必置）と指定都市（任意）に設置される身体障害者更生相談所は，身体障害に関する相談支援を担う行政機関であり，2020（令和2）年4月現在で全国77か所に設置されている。同相談所は，主として市町村相互間の連絡調整及び市町村に対する情報の提供や相談指導のうち専門的知識や技術を必要とするものに関する相談，医学的・心理的・職能的判定，補装具の処方や適合判定などを行う。また，来所が難しい人に対して，巡回相談や地域でのリハビリテーション業務等を行うこともできる。

　同相談所には身体障害者福祉司が配置（必置）され，医師，看護師，心理判定員，機能判定員，保健師，看護師，理学療法士，作業療法士，義肢装具士，言語聴覚士などとともに，身体障害に関する専門的な相談支援業務や市町村の身体障害者福祉に関わる業務への支援や情報提供を行う。

● **知的障害者更生相談所**…知的障害者福祉法第12条に基づき，都道府県（必置）と指定都市（任意）に設置される知的障害者更生相談所は，知的障害に関する相談支援を担う行政機関であり，2020（令和2）年4月現在で全国86か所に設置されている。同相談所は，主として市町村相互間の連絡調整及び市町村に対する情報の提供や相談指導のうち専門的知識や技術を必要とするものに関する相談，18歳以上の知的障害者の医学的・心理的・職能的判定及び必要な支援の実施などを行う。

　同相談所には，知的障害者福祉司が配置（必置）され，医師，看護師，心理判定員，職能判定員，保健師，看護師，理学療法士，作業療法士などとともに，知的障害に関する専門的な相談支援業務や市町村の知的障害者福祉に関わる業務への支援や情報提供を行う。

• **精神保健福祉センター**…精神保健福祉センターは，精神保健福祉法第6条に規定された都道府県と政令市に設置される精神保健福祉に関する行政機関であり，2019（令和元）年4月現在で全国69か所に設置されている。同センターは，精神保健及び精神障害者の福祉に関する知識の普及，調査研究，相談及び指導のうち複雑困難なものに対応する。また，都道府県と指定都市における精神保健及び精神障害者の福祉に関する総合的技術センターとしての役割をもち，地域精神保健福祉活動を推進する中核機関として位置づけられている。

• **婦人相談所（女性相談センター）**…売春防止法第34条で規定される婦人相談所（女性相談センター）は，性行または環境に照らして売春を行うおそれのある要保護女子の保護更生に関して，相談，調査，医学的・心理的・職能的判定と指導，一時保護等の業務を行う。2021（令和3）年6月現在，全国51か所に設置されている。同相談所（センター）は，都道府県は必置，指定都市は設置することが可能である。職員は，所長，相談指導員，判定員，事務員が置かれる。

　同法が施行された1956（昭和31）年当時の売春問題から，現在では経済や就労，家族に関する内容，そして家庭内暴力（DV）問題へと，時代とともに中心となるケースも変化した。2002（平成14）年には，「配偶者からの暴力の防止及び被害者の保護等に関する法律」（DV防止法）が施行され，同相談所（センター）は配偶者暴力相談センターとしての機能を果たすものと定められている。

• **地域包括支援センター**…地域包括支援センターは，2005（平成17）年の介護保険法改正により創設され，翌2006（平成18）年4月から設置された。その目的は，地域住民の心身の健康の保持及び生活の安定のために必要な援助を行うことにより，その保健医療の向上及び福祉の増進を包括的に支援することである（介護保険法第115条の46第1項）。

　同センターは，介護予防ケアマネジメント（第1号介護予防支援事業），総合相談支援業務，虐待の早期発見・防止などの権利擁護業務，包括的・継続的なケアマネジメント業務の4つの事業で構成される地域包括ケアの中核機関である。

　市町村が設置できる（直営型）のほか，包括的支援事業の委託を受けた事業者（老人介護支援センター，社会福祉法人，医療法人，NPO法人等）でも設置できる（委託型）。

　職員は，主任介護支援専門員（主任ケアマネジャー）と保健師，社会福祉士の専門職もしくはこれに準ずる者である。担当業務は，主任介護支援専門員は包

括的・継続的ケアマネジメント事業を，保健師は介護予防ケアマネジメント事業を，社会福祉士は総合相談支援と権利擁護事業をそれぞれ担当するが，専門性を発揮しつつも連携のとれたチームアプローチ，ケアマネジメントが求められることはいうまでもない。

（2）福祉行政における専門職

• 査察指導員（スーパーバイザー）／現業員（ケースワーカー）…査察指導員とは，社会福祉法第15条の規定により福祉事務所に置かれる職員で，指導監督を行う所員をいう。スーパーバイザーと呼ばれることが多く，現業員に対して，指導監督として専門的助言，指導訓練，業務の進行管理・職員管理などを行う。現業員7名につき1名の査察指導員を設置とされており，現業員としての経験やキャリア以外に，スーパービジョン能力が求められる。

　現業員は，援護，育成，更生の措置を必要とする者の家庭を訪問し，また訪問せずに面談を行い，本人の資産等の環境を調査し，保護措置の判断を行い生活指導を行うことを担当する。査察指導員，現業員ともに，社会福祉主事の資格を要することが義務づけられている。

• 児童福祉司…児童相談所に配置される児童福祉司は，児童福祉法第13条に定められる児童の福祉に関する相談に応じ，社会調査・社会診断を行い，援助及び指導を行う専門職員である。業務内容は，担当区域における児童の保護や児童に関する相談，専門的指導，そして必要に応じて市町村長に協力を求めるなど，児童の福祉増進に努めている。

• 身体障害者福祉司…身体障害者福祉司は身体障害者福祉法第11条の2に規定され，都道府県が設置する身体障害者更生相談所では必置，市町村の福祉事務所では任意で設置できる専門職員である。

　同更生相談所の身体障害者福祉司の業務は，市町村相互間の連絡調整・情報提供と，身体障害者福祉に関する専門的な知識・技術を提供することである。市町村福祉事務所の身体障害者福祉司の業務は，福祉事務所員への技術的指導と，身体障害に関する相談・調査を行い，更生援護の必要を判断し，本人へ更生指導する業務の中で専門的な知識と技術を提供すること等があげられる。

• 知的障害者福祉司…知的障害者福祉司は，知的障害者福祉法13条に規定され，都道府県が設置する知的障害者更生相談所では必置，市町村の福祉事務所では任意で設置できる専門職員である。

　同更生相談所の知的障害者福祉司の業務は，市町村相互間の連絡調整・情報提供と，知的障害者福祉に関する専門的な知識・技術を提供することである。市町村福祉事務所の知的障害者福祉司の業務は，福祉事務所員への技術的指導と，知的障害に関する相談・調査を行い，専門的な知識と技術を提供すること等があげられる。

• **精神保健福祉相談員**…精神保健福祉相談員は，精神保健及び精神障害者の福祉に関する法律（精神保健福祉法）第48条第１項により配置される。その業務は，精神保健及び精神障害者の福祉に関する相談に応じながら，本人及びその家族を訪問し必要な指導を行うものである。精神保健福祉相談員は，都道府県及び市町村の精神保健福祉センター及び保健所などに配置することができる。

4　福祉における財源

（1）国の財源（国家財政）

　国家財政（以下「財政」）とは，税金や公債等，国の収入によるさまざまな用途に支出する国家の経済活動である。財政は，インフレやデフレなど景気を調整（増減税，公共事業の削減・公共投資等）するなど国を安定的に運営する財政政策としても機能する。

　財政の主な目的は，社会福祉，医療，道路整備，義務教育，公安等の民間だけでは対応しにくい（できない）公共的なサービスを提供することであり，その実施主体は国や地方自治体である。

　国会は財政の基盤となる予算を決めるが，2021（令和３）年度の予算は106兆6097億円であり，1990（平成２）年度予算66兆2000億円と比較して，約30年で40兆4000億円の増加，1.6倍の伸びとなっている。

　国の予算は，社会保障や公共事業，教育，防衛などに充てられる一般会計と，一般会計とは区分して国が行う特定の事業や資金の運用に充てられる特別会計からなる。図11‐1からわかるように，医療や年金，介護保険，社会福祉費等の社会保障費は35兆8421億円と，国の予算（106兆6097億円）の３分の１を占める。なお，1990（平成２）年度の社会保障費は11兆6000億円であり，約30年で約３倍も増加したことになる。また，一般会計全体に占める社会保障費の割合は，1990（平成２）年度が17.5％であったのに対し，2021（令和３）年度では33.6％と肥大化し，高齢化に相まって増加し続ける医療や年金，介護保険，社

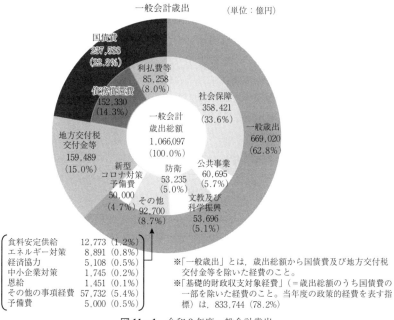

一般会計歳出　　　　（単位：億円）

図11-1　令和3年度一般会計歳出

注1：計数については、それぞれ四捨五入によっているので、端数において合計とは合致しないものがある。

注2：一般歳出における社会保障関係費の割合は53.6%。

出所：財務省「令和3年度予算のポイント」（https://www.mof.go.jp/budget/budger_workflow/budget/fy2021/seifuan2021/01.pdf　2021年3月30日閲覧）9頁より抜粋。

会福祉費への課題対応に迫られている。

（2）地方の財源（地方財政）

　ごみの回収から上下水道、街灯や道路の整備、災害時の避難所の確保など、地方公共団体が提供する公共サービスは、日常生活を送るうえで欠かすことができないものである。公共サービスは、本来、地方税収入により賄われることが前提であるが、財政力の乏しい地方公共団体も多く、国から地方公共団体へ国税（消費税や所得税等）による財政支援が行われている。

　地方公共団体の財政について概要をみると（図11-2）、2018（平成30）年度の歳入額は101兆3453億円であり、地方税が40兆7514億円（40.2%）と最も多く、地方交付税が16兆5482億円（16.3%）、地方債が10兆5084億円（10.4%）となっ

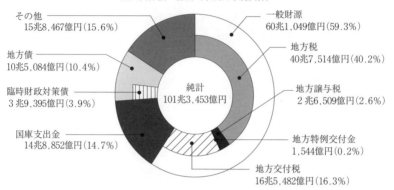

図 11 - 2　地方財政の歳入

出所：総務省「令和 2 年版地方財政白書ビジュアル版」「歳入」。

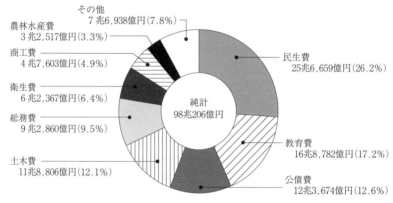

図 11 - 3　地方財政の歳出

出所：総務省「令和 2 年版地方財政白書ビジュアル版」「歳出」。

ている。

　図11 - 3 は歳出額の構成であるが，歳出額（同年度）は98兆206億円であり，内訳として民生費が25兆6659億円（26.2%）と最も多く，次いで教育費が16兆8782億円（17.2%），公債費12兆3674億円（12.6%）の順となっている。

　次いで，民生費の内訳を，都道府県と市町村別に見ると（図11 - 4），都道府県では，老人福祉費が 3 兆2274億円（41.4%），社会福祉費が 2 兆3920億円

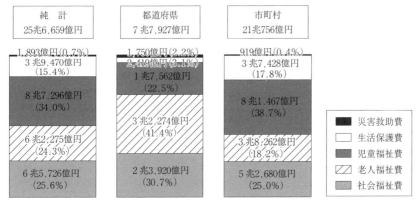

図11-4　民生費の内訳

出所：総務省「令和2年版地方財政白書ビジュアル版」「目的別歳出の内訳」。

（30.7％），児童福祉費が1兆7562億円（22.5％），生活保護費が2419億円
（3.1％）であり，市町村では，児童福祉費が8兆1467億円（38.7％），社会福祉
費が5兆2680億円（25.0％），老人福祉費が3兆8262億円（18.2％），生活保護費
が3兆7428億円（17.8％）となっている。また，各費目を2008（平成20）年度と
比べると，児童福祉費は1.6倍，社会福祉費は1.4倍，老人福祉費は1.3倍，生
活保護費は1.3倍に増加している。都道府県で約4割を占める老人福祉費が多い
理由は，後期高齢者医療事業会計と介護保険事業会計，国民健康保険事業会計
への都道府県の負担金の増加などによるものである。市町村の児童福祉費が多
い理由は，児童手当制度の拡充などによるものである。

（3）民間の財源

・**赤い羽根共同募金**…社会福祉法第112条で規定されるのが，共同募金（通称
「赤い羽根募金」）である。1947（昭和22）年，国民の助け合い精神の涵養を目的
に，国民全てを広く対象として創設された，第1種社会福祉事業である。

　共同募金は，一般募金と地域歳末たすけあい募金及びNHK歳末たすけあい
募金などからなり，集まった募金は，地域福祉・まちづくり活動や福祉団体，
障害者や低所得者，被災地への災害等準備金などに使われている。

〈各種財団からの助成〉

・**公益法人による助成**…民間の福祉事業や研究活動の発展のために，さまざま
な公益法人により助成が行われている。独立行政法人福祉医療機構法に基づき，

2003（平成15）年に福祉の増進と医療の普及向上を目的に設立された独立行政法人福祉医療機構（通称「WAM」）では，社会福祉施設や医療施設の整備のための貸付事業，NPO法人等社会福祉の振興を目的とする事業への助成，施設の経営診断，心身障害者扶養保険事業などを行っている。

・**公営競技（公営ギャンブル）の収益金による助成**…公営競技とは，競輪や競馬，競艇，オートレースの4つをいい，その収益の一部は地域の福祉や教育・文化の振興，医療・公衆衛生の推進のために活用されている。公益財団法人中央競馬馬主社会福祉財団（競馬）や公益財団法人JKA（競輪・オートレース），公益財団法人日本財団（モーターボート・競艇）等からの助成が行われている。その他，社会福祉事業・研究に助成を行う財団等の民間団体は多く存在する。

・**地域福祉基金**，ボランティア基金…地域福祉基金は，地方交付税を原資に創設され，住民の寄付金や地方公共団体の積立金等により基金化され，都道府県と市町村の民間福祉活動などに充てられている。また，都道府県及び市区町村の社会福祉協議会・ボランティアセンターに設置されるボランティア基金は，ボランティア活動の振興のために助成を行う。しかし，1980年代のバブル景気破たん後は，超低金利がゆえに積み立ててある原資（積み立ててある基金）から生じる運用益（預金利子等）で助成することが難しくなり，よって原資を取り崩さざるを得ないという状況に陥るなど，基金の運用は厳しさを増している。

・**コミュニティ・ファンド／クラウド・ファンディング**…コミュニティ・ファンド（基金）は，特定の地域をプラットフォームに，そこでの地域問題を解決するために，人材の育成や福祉・教育での経済的支援等を行うことを目的としている。地域の活性化を促しながら，住民主体・自立助長の地域づくりを目指すことを目的とした，地域住民の出資金で設立された基金のことを意味する。

　また，近年注目されているクラウド・ファンディングという手法は，2000年代後半の米国で盛んになり，その後世界に広まった。クラウド・ファンディングとは，大衆（クラウド）と資金調達（ファンディング）の造語で，特定の目的達成のための資金を，インターネットを媒体として，世界の大衆からの寄付を得ながら調達するというものである。

　福祉問題や課題の解決・達成のために，誰でもインターネットを通じて発信することができ，それに共感する人々ができる範囲で支援する，という負担感の少なさと手軽さを併せ持つ。クラウド・ファンディングのタイプには，寄付型や購入型，投資型，ふるさと納税型などがある。

参考文献

赤い羽根共同募金ホームページ「歴年統計（募金）」（https://www.akaihane.or.jp/bokin/history/bokin-data/　2021年3月30日閲覧）。

厚生労働省「福祉事務所」（https://www.mhlw.go.jp/stf/seisakunitsuite/bunya/hukushi_kaigo/seikatsuhogo/fukusijimusyo/index.html　2021年3月30日閲覧）。

厚生労働省「婦人相談所一覧」（https://www.mhlw.go.jp/content/000832936.pdf　2021年12月1日閲覧）。

厚生労働省編（2020）『令和2年版　厚生労働白書・資料編』日経印刷。

厚生労働省老健局（2018）「公的介護保険制度の現状と今後の役割」（https://www.mhlw.go.jp/content/0000213177.pdf　2021年4月1日閲覧）。

財務省ホームページ「特別会計の歳出予算額」（https://www.mof.go.jp/budget/topics/special_account/yosan.html　2021年3月30日閲覧）。

財務省ホームページ「財政関係パンフレット・教材」（https://www.mof.go.jp/budget/fiscal_condition/related_data/index.html　2021年3月30日閲覧）。

杉岡直人編（2013）『福祉行財政と福祉計画』みらい。

総務省編（2020）『地方財政白書　令和2年版』日経印刷。

総務省ホームページ「令和2年版地方財政白書ビジュアル版」（https://www.soumu.go.jp/iken/zaisei/r02data/index.html　2021年4月1日閲覧）。

総務省ホームページ「地方自治制度の概要」（https://www.soumu.go.jp/main_sosiki/jichi_gyousei/bunken/gaiyou.html/　2021年4月1日閲覧）。

内閣官房まち・ひと・しごと創生本部事務局ほか（2019）「地方創生の現状と今後の展開」。

内閣官房まち・ひと・しごと創生本部事務局ほか（2020）「第2期『まち・ひと・しごと創生総合戦略（2020改訂版）』」。

永田祐・岡田忠克編（2018）『よくわかる福祉行財政と福祉計画』ミネルヴァ書房。

学習課題

① 国と地方自治体（都道府県・市区町村）が担う福祉行政の内容について説明をしてみましょう。

② 福祉行政の専門職にはどのような種類があり，どのような業務・仕事をしているのか説明をしてみましょう。

③ 福祉における国と地方の財源，そして民間の福祉関連財源について説明をしてみましょう。

第12章

福祉計画策定の意義・目的と種類

　本章では，今日の地域福祉推進の重要な手法となっている福祉計画が登場した歴史や背景を学ぶとともに，国，都道府県，市町村における福祉行財政との関係について理解する。また，各分野における福祉計画や地域福祉計画の策定意義や目的，根拠法や策定主体等について理解し，計画に盛り込むべき内容や計画相互の関係性，計画策定における地域住民等の意見反映の意義について考える。

1　福祉計画の意義とその変遷

（1）福祉計画の策定意義

　第二次世界大戦後の日本では，厳しい食糧事情の中でも人々は助け合い，商売や物づくりといった経済活動にも意欲的に取り組むことで，その荒廃から抜け出し高度経済成長へとつながっていった。人々の暮らしや経済活動が展開される中で，高齢化や少子化といった人口構造の変化や，女性の就労や社会進出に伴う共働き世帯の増加といった人々の暮らしの変容から，さまざまな福祉施策が求められるようになり，社会福祉に関する法律の整備が進められていった。これらの法律に基づいて策定される福祉計画には，その制度の目的や達成目標が盛り込まれており，行政や関係機関等が取り組むべき事項が示されていることから，福祉計画の策定は，福祉課題に対して計画的かつ合理的に取り組む方法であるといえる。

　福祉計画の策定において，国は，基本計画の策定や基本指針の制定，都道府県は，市町村の福祉計画の支援や都道府県間の地域間格差の是正，市町村は，福祉サービスの確保における地域間格差の補完などの目的を有している。これらの役割に応じて，国は基本となる計画や指針を策定し，地方公共団体である

都道府県や市町村が，それに対応する計画を策定し，サービス内容や量の目標を定め，これらに必要な財源や体制を計画的に整備していくこととなる。

　また，福祉計画の策定にあたっては，根拠となる法律や計画策定の主体，計画期間，盛り込むべき内容，計画策定における地域住民等の意見反映の方法，他の計画との相互性といった事項を確認しておく必要がある。他の計画との相互性としては，「一体として作成されるもの」「整合性の確保が図られたものとして作成すべきもの」「調和がとれたものとして作成すべきもの」などの違いがある。また，計画の策定・推進においても，「策定を義務とする」「努力義務とする」ものがあり，これらにより取り組み推進の強度を変えることができる。

　計画の策定・推進には，地域住民や当事者，関係団体等からの意見やニーズを反映する必要があり，ニーズ調査の実施や策定委員会の開催，パブリックコメントなどの意見聴収，評価・見直しといった過程が必要であることから，福祉計画の策定は，今日における社会福祉施策の推進の重要な方法となっている。

（2）福祉計画策定の歴史的背景

　日本の社会福祉政策は，戦後の貧困対策として位置づけられていたが，高齢化に伴う社会構造の変化と人々の生活様式の変容の中で，単なる貧困対策や経済政策としてとらえることはできなくなり，福祉計画も各時代の福祉ニーズに対応するための基盤整備や福祉サービスを充足させるものとして策定・推進されてきた。

　福祉計画策定の歴史区分について，和気（1996）は1945〜1959年を萌芽期，1960〜1973年を試行期，1974〜1989年を展開期，1990年以降を確立期として分類している[1]。ここではその区分に基づき，福祉計画の歴史と時代背景を振り返る。

①　萌芽期：1945〜1959年

　萌芽期においては，第二次世界大戦後の混乱の中で，（旧・新）生活保護法（1946（昭和21）年及び1950（昭和25）年）と，児童福祉法（1947（昭和22）年），身体障害者福祉法（1949（昭和24）年）が相次いで成立し，いわゆる福祉三法体制が確立したが，これらは戦後の社会保障制度における一部分として触れられたにすぎず，社会福祉単独での計画策定には至らなかった。1950年代に入ると高度経済成長に向かって経済優先の政策が推進され，国は経済計画である「経済自立5か年計画」（1955（昭和30）年）を策定する。一方，社会福祉政策におい

ても，社会福祉事業法（1951（昭和26）年）の制定によって社会福祉事業とその実施体制が法制化され，また，先の経済計画に対応する形で「社会保障5か年計画」（1955（昭和30）年12月）が制定され，国民年金制度や措置制度が整備された。

② 試行期：1960〜1973年

試行期とされる1960年代に入ると，国は「国民所得倍増計画」（1960（昭和35）年）を打ち出し，日本経済は飛躍的な成長を遂げていく。一方で人々の消費活動や地域における開発により，公害や環境破壊，健康被害が社会や人々の暮らしを脅かすようになった。このような中で，精神薄弱者福祉法（現在の知的障害者福祉法）（1960（昭和35）年），老人福祉法（1963（昭和38）年），母子福祉法（現在の母子及び父子並びに寡婦福祉法）（1964（昭和39）年）が成立し，先の三法とあわせて，福祉六法体制が確立されていった。

③ 展開期：1974〜1989年

展開期である1970年代に入ると，1973（昭和48）年のオイルショックを契機に日本経済は低成長へと変わり，同年の「経済社会基本計画」では，国民福祉の充実と国際協調の推進の同時達成が目標として掲げられた。1979（昭和54）年「新経済社会7か年計画」では，経済活動の基本方向の一つとして「新しい日本型福祉社会」の実現を掲げ，個人の自助努力と，家庭や地域での相互連帯を基本とした互助による社会福祉への転換と，国による効率的な公的福祉の実施が主張された。オイルショック以降，高福祉負担による福祉国家づくりは見直され，施設福祉から在宅福祉への政策転換が図られると同時に，1982（昭和57）年「障害者対策に関する長期計画」，1986（昭和61）年「長寿社会対策大綱」，1989（平成元）年「高齢者保健福祉推進10か年戦略（ゴールドプラン）」といった国レベルの計画が策定されていった。また，民間の福祉計画として，全国社会福祉協議会は1984（昭和59）年に『地域福祉計画――理論と方法』を出版し，市町村社会福祉協議会による地域福祉計画の策定を推進した。

④ 確立期：1990年〜

確立期とされる1990年代に入ると，日本の財政は急激に悪化すると同時に，少子高齢化に伴う生活問題が表面化していく。1990（平成2）年6月に老人福祉法等の一部を改正する，いわゆる福祉八法改正が行われ，それまでの中央集権的な体制での福祉施策から，機関委任事務の団体委任事務化など，地方分権化の促進を図る改革が始まった。

　高齢者福祉では，1989（平成元）年に策定された「高齢者保健福祉推進10か年戦略（ゴールドプラン）」において，特別養護老人ホームやショートステイといった施設サービスと，ホームヘルパーなどの在宅サービスに関する10年間の整備目標が設定されていたが，老人福祉法の改正により，すべての都道府県と市町村において「老人保健福祉計画」の策定が義務づけられ，在宅サービスと施設サービスを提供できる体制が市町村に一元化された。その後も，1994（平成6）年に「新・高齢者保健福祉推進10か年戦略（新ゴールドプラン）」，1999（平成11）年に「今後5か年間の高齢者保健福祉施策の方向（ゴールドプラン21）」が策定され，在宅福祉の充実や施設サービスの基盤整備の数値目標等が見直されていく。

　児童福祉においては，1990（平成2）年に合計特殊出生率が1.57という最低値であったことをふまえて，1994（平成6）年に「今後の子育て支援のための施策の基本的方向について（エンゼルプラン）」が策定され，1994（平成6）年から1999（平成11）年までの間に「緊急保育対策等5か年事業」によって，保育所や地域子育て支援センターの整備が進められた。その後も，1999（平成11）年に定められた「少子化対策推進基本方針」に基づく，「重点的に推進すべき少子化対策の具体的実施計画について（新エンゼルプラン）」が策定され，児童等に関する福祉サービスの基盤整備が進められていった。

　障害者福祉においては，1995（平成7）年に「障害者プラン（ノーマライゼーション7か年計画）」が策定されると，内閣府の障害者対策推進本部から「市町村障害者計画策定指針」が示され，それに基づいて市町村では障害者計画が策定された。これにより，社会福祉の主要領域において，行政による福祉計画がすべて策定され，社会福祉施策は計画行政へと移行することとなった。

⑤　2000年以降の展開

　2000（平成12）年以降は，社会福祉基礎構造改革によって福祉サービスが措置から契約制度へと変わり，地方分権化によって福祉行政の主体が国から基礎自治体へと移っていくとともに，福祉計画の策定に関しても，国が主体となった計画から，都道府県や市町村がそれぞれの役割に沿った計画策定を進めていくこととなる。2000（平成12）年には介護保険制度が施行され，介護保険事業の円滑な実施を図るために，都道府県と市町村は「介護保険事業（支援）計画」の策定が義務づけられた。これに伴い，「老人福祉法に基づく都道府県及び市町村老人福祉計画」は，介護保険事業（支援）計画と一体のものとして策

定されることとなる。2005（平成17）年に制定された障害者自立支援法（現在の障害者総合支援法）では，市町村は「市町村障害福祉計画」を，都道府県は「都道府県障害福祉計画」をそれぞれ策定することとなった。また，2003（平成15）年の次世代育成支援対策推進法の制定により，都道府県と市町村には，地域の子育て支援サービスの整備目標を盛り込んだ「都道府県・市町村行動計画」の策定が義務づけられた。その後，2012（平成24）年の子ども・子育て支援法の制定に伴い，都道府県と市町村の行動計画の策定は義務から任意となり，幼児期の学校教育・保育・地域子ども・子育て事業についての需給計画である「市町村子ども・子育て支援事業計画」及び「都道府県子ども・子育て支援事業支援計画」の策定が義務づけられた。

　このように，日本における福祉計画は，各時代の経済情勢や少子高齢化による人口構造の変化，核家族化や女性の社会進出に伴う人々の生活様式の変容といった各時代の福祉的課題に対応するとともに，地方分権や契約社会における福祉サービスの基盤整備などの影響を受けながら展開されてきた。

（3）福祉行財政との関係

　先の項で述べたように，戦後以降，福祉行政を担う国や地方公共団体は，さまざまな福祉課題に対して政策を立案し，基本となる指針や計画を策定し，福祉サービスの整備や資源開発を進めてきた。同時に福祉サービスを供給するために必要な財源を調達し，国や地方公共団体それぞれによる租税や公債，保険料やサービス利用料徴収など，多面的な形で福祉財政を展開している。

　2000（平成12）年に施行された地方分権一括法により，福祉行政においても国から地方自治体への地方分権が進んだ。国と地方自治体の関係を，それまでの上下・主従の関係から，対等・協力の関係に転換し，福祉行政の大部分が，基礎自治体が自主的に行うことができる「自治事務」となった。高齢者や障害者，子ども・子育て世帯等を対象とした福祉サービスの供給については，住民のより身近な基礎自治体が主体となり，地域住民や当事者の意見を反映しながら福祉計画を策定していくことができる。つまり福祉計画の策定は地方自治の一つであり，行政や社会福祉法人等の福祉援助の実施や相談機関において，個別援助に関わる社会福祉士等が福祉計画の策定に関わることは，当該地域における福祉課題を明確化し，地域住民や専門職による解決に向けた取り組みを推進していくうえでも重要であるといえる。

2　福祉分野に関連する行政計画

　ここでは，国，都道府県，市町村が策定する，福祉分野に関連する行政計画の内容について説明する。なお，各福祉計画を分野や根拠となる法律とともに表12‒1に整理しているためあわせて参照のこと。

（1）高齢者に関する計画（老人福祉計画，介護保険事業（支援）計画）

①　老人福祉計画

　老人福祉計画とは，各自治体が高齢者の福祉事業に関して，確保すべきサービスの量の目標を定め，量の確保のための方策を考え，供給体制の確保を示した計画である。1990（平成2）年の老人福祉法及び老人保健法の改正に伴い，都道府県と市町村にそれぞれ老人福祉計画，老人保健計画の策定義務が課せられ，合わせて老人保健福祉計画として策定された。その後は，介護保険事業計画や地域福祉計画とも調和が保たれたものとして作成されている。2008（平成20）年の医療制度改革に伴う，老人保健法から高齢者の医療の確保に関する法律への改正によって，老人保健計画に関する規定は削除され，都道府県と市町村は老人保健計画を策定する義務はなくなった。

　市町村老人福祉計画とは，老人居宅生活支援事業及び老人福祉施設による事業の供給体制の確保に関する計画を各市町村が定めたものである。市町村は市町村老人福祉計画を，市町村介護保険事業計画と一体のものとして作成しなければならず，両計画の調和を保つため，3年を1期とする同一期間の計画として作成されている。市町村老人福祉計画には，市町村区域内において確保すべき老人福祉事業の量の目標を定める義務があり，また，その量の確保のための方策を定める努力義務がある。量の目標については，介護保険法に規定する介護保険サービス等の量の見込を勘案することとしている。市町村が市町村老人福祉計画を定め，またはその内容を変更するときは，あらかじめ都道府県の意見を聴く必要があり，策定や変更後には都道府県知事に提出しなければならない。

　都道府県老人福祉計画とは，市町村老人福祉計画の達成のため，都道府県が広域的な見地から，老人福祉事業の供給体制の確保に関する事項を定めたものである。都道府県は都道府県老人福祉計画を，都道府県介護保険事業支援計画

表12-1　福祉計画の一覧

策定主体	高齢者福祉		障害者福祉		児童福祉		保健・医療			地域福祉	
	行政		行政		行政		行政			行政	社会福祉協議会
根拠法	老人福祉法	介護保険法	障害者基本法	障害者総合支援法	次世代育成支援対策推進法	子ども・子育て支援法	健康増進法	高齢者の医療の確保に関する法律	医療法	社会福祉法	
国		基本指針	障害者基本計画	基本指針	行動計画策定指針	基本指針	基本指針	医療費適正化基本方針　全国医療費適正化計画	基本方針		
都道府県	都道府県老人福祉計画	都道府県介護保険事業支援計画	都道府県障害者計画	都道府県障害福祉計画	都道府県行動計画	都道府県子ども・子育て支援事業支援計画	都道府県健康増進計画	都道府県医療費適正化計画	医療計画	都道府県地域福祉支援計画	
市町村	市町村老人福祉計画	市町村介護保険事業計画	市町村障害者計画	市町村障害福祉計画	市町村行動計画	市町村子ども・子育て支援事業計画	市町村健康増進計画			市町村地域福祉計画	地域福祉活動計画

出所：永田祐・岡田忠克編（2018）『よくわかる福祉行財政と福祉計画』ミネルヴァ書房，115頁の表を筆者一部改変。

と一体のものとして作成する必要があり，3年に1期として定める都道府県介護保険事業支援計画に合わせて見直されている。都道府県老人福祉計画には，都道府県内の区域ごとの養護老人ホーム，特別養護老人ホームの必要入所定員総数その他老人福祉事業の量の目標を定める義務がある。また，老人福祉施設の整備及び老人福祉施設相互間の連携のために講ずる措置と，老人福祉事業に従事する者の確保または資質の向上のために講ずる措置を定めるよう，努力義務が課せられている。都道府県老人福祉計画を定め，または変更したときには，厚生労働大臣に提出する必要がある。

　②　介護保険事業（支援）計画

　介護保険事業計画とは，各自治体が要援護高齢者等を対象とした介護保険事業に係る保険給付の円滑な実施に関する事項を示した計画である。介護保険事業計画の根拠法は介護保険法であるが，「地域における医療及び介護の総合的な確保を推進するための関係法律の整備等に関する法律」（医療介護総合確保推進法）に規定される総合確保方針に即して厚生労働大臣が定める「基本指針」に沿って作成される。その基本指針には，介護サービスを提供する体制の確保及び地域支援事業の実施に関する事項や，市町村介護保険事業計画における介護サービスの見込量を定める際に参考となる標準が定められている。

　市町村介護保険事業計画は，基本指針に即して市町村が作成する計画であり，住民の日常生活圏域ごとに，各年度の認知症対応型共同生活介護，地域密着型特定施設入居者介護，地域密着型介護老人福祉施設入所者生活介護の必要利用定員総数その他の介護給付等対象サービスの種類ごとの量の見込みを定めている。また，被保険者の地域における自立した日常生活の支援，要介護状態等となることの予防または要介護状態等の軽減もしくは悪化の防止，介護給付等に要する費用の適正化に関して，市町村が取り組むべき施策に関する事項などを定めている。さらに，地域支援事業に要する費用の額や地域支援事業の見込量の確保のための方策等について定めるよう努める必要がある。市町村介護保険事業計画は，市町村老人福祉計画と一体のものとして作成されなければならず，また市町村地域福祉計画や市町村高齢者住居安定確保計画等と調和が保たれたものでなければならないとされている。市町村介護保険事業計画の策定や変更にあたっては，あらかじめ被保険者の意見を反映させるための措置を講じるとともに，都道府県の意見を聴く必要があり，計画は都道府県知事に提出される。

　都道府県介護保険事業支援計画は，基本方針に即して都道府県が作成する計

画であり，区域ごとに各年度の介護専用型特定施設入居者生活介護，地域密着型特定施設入居者生活介護，地域密着型介護老人福祉施設入所者生活介護の必要利用定員総数，介護保険施設の種類ごとの必要入所定員総数その他の介護給付等対象サービスの量の見込みを定めている。また，区域内の市町村が行う被保険者の地域における自立した日常生活の支援，要介護状態となることの予防や，要介護状態の軽減もしくは悪化の防止，介護給付等に要する費用の適正化に関する取り組みへの支援に関し，都道府県が取り組むべき施策や目標が定められている。さらに，介護サービス情報の公表に関する事項や，介護支援専門員やその他の介護給付等対象サービスや地域支援事業に従事する者の確保と資質の向上に資する事業等に関する事項などを定めるよう努める必要がある。都道府県介護保険事業支援計画は，都道府県老人福祉計画と一体のものとして作成されなければならず，また，医療介護総合確保推進法に規定される「都道府県計画」や，医療法に規定される「医療計画」との整合性の確保が図られたものでなければならない。さらに，都道府県地域福祉支援計画や都道府県高齢者居住安定確保計画等と調和が保たれるように作成する必要がある。

　市町村介護保険事業計画，都道府県介護保険事業支援計画は，2005（平成17）年の介護保険法の改正によって，保険料の財政均衡期間との整合性を考慮し，3年を1期として策定されるようになった。

（2）障害者に関する計画（障害者計画，障害福祉計画）

① 障害者計画

　1993（平成5）年，心身障害者対策基本法が改正され，障害者基本法が施行される。これにより，国は障害者の自立や社会参加の支援等について，施策の総合的かつ計画的な推進を図るため，「障害者基本計画」の策定が義務づけられた。計画策定にあたり，内閣総理大臣は，関係行政機関の長と協議するとともに，内閣府の障害者政策委員会の意見を聴いて，障害者基本計画の案を作成し，閣議の決定を求めなければならない。また，障害者政策委員会は，障害者基本計画の実施状況を監視し，必要があるときは，内閣総理大臣または内閣総理大臣を通じて関係各大臣に勧告することとなっている。2018（平成30）年には，第4次障害者基本計画が策定され，共生社会の実現に向け，障害者が自らの決定に基づいた社会参加と，その能力を最大限に発揮して自己実現できるための支援を基本理念として，社会のバリア（社会的障壁）の除去，障害者権利

条約の理念の尊重，障害者差別の解消に向けた取り組み等を掲げ，具体的な数値目標が示された。

　都道府県は，障害者基本計画を基本とし，都道府県における障害者の状況等をふまえたうえで，障害者施策に関する事項を定めた「都道府県障害者計画」を策定しなければならず，策定にあたっては，審議会その他の合議制の機関の意見を聴かなければならないとされている。

　市町村は，障害者基本計画及び都道府県障害者計画を基本とし，市町村における障害者の状況等をふまえたうえで，障害者施策に関する事項を定めた「市町村障害者計画」を策定しなければならない。策定にあたっては，審議会その他の合議制の機関，または障害者やその他の関係者の意見を聴かなければならないとされている。

②　障害福祉計画

　障害福祉計画は，障害者総合支援法に基づく計画であり，障害福祉サービスや相談支援の提供体制，地域生活支援事業などを計画的に提供するために，目標や必要なサービスの見込量，サービス量の確保のための方策を定めたものである。障害福祉計画は，厚生労働大臣が定める基本指針に即して市町村及び都道府県によって策定され，現在は，3年を1期として見直されているが，法に期間の定めはない。基本指針では，障害者等の自己決定の尊重と意思決定の支援を基本理念の一つとしている。

　市町村障害福祉計画は，基本指針に即して市町村が作成する計画であり，障害福祉サービス，相談支援及び地域生活支援事業の提供体制の確保に係る目標や，各年度における指定障害福祉サービス，指定地域相談支援または指定計画相談支援の種類ごとの必要な量の見込み，地域生活支援事業の種類ごとの実施に関する事項を定めている。市町村障害福祉計画は，区域における障害者等の数やその障害の状況を勘案して作成されなければならず，市町村は，障害者等の心身の状況やその置かれている環境，その他の事情を正確に把握・勘案して作成するよう努めなければならない。

　また，市町村障害福祉計画は，市町村障害児福祉計画と一体のものとして作成することができるほか，市町村障害者計画及び市町村地域福祉計画等と調和が保たれたものでなければならない。市町村が，市町村障害福祉計画を策定及び変更する場合は，あらかじめ合議制の機関や都道府県の意見を聴くことを義務とし，協議会を設置したときはその意見を，また住民の意見を反映させるた

めの措置を講じることを努力義務としている。

　都道府県障害福祉計画は，基本指針に即して都道府県が作成する計画であり，障害福祉サービス，相談支援及び地域生活支援事業の提供体制の確保に係る目標や，区域ごとの各年度の指定障害福祉サービス，指定地域相談支援または指定計画相談支援の種類ごとの必要な量の見込み，さらに，各年度の指定障害者支援施設の必要入所定員総数と，地域生活支援事業の種類ごとの実施に関する事項等を定めている。

　都道府県障害福祉計画は，都道府県障害児福祉計画と一体のものとして作成することができるほか，都道府県障害者計画及び都道府県地域福祉支援計画等と調和が保たれたものであり，医療計画と相まって，精神障害者の退院の促進に資するものでなければならないとされている。都道府県が，都道府県障害福祉計画を策定及び変更する場合は，あらかじめ合議制の機関の意見を聴くことを義務とし，地方障害者施策推進協議会等の協議会を設置したときはその意見を聴くことを努力義務としている。

（3）子どもに関する計画（子ども・子育て支援事業計画，次世代育成支援行動計画）

① 子ども・子育て支援事業計画

　子ども・子育て支援事業計画は，子ども・子育て支援法に基づく計画であり，2015（平成27）年の改正を機に，市町村と都道府県に，それぞれ市町村子ども・子育て支援事業計画，都道府県子ども・子育て支援事業支援計画の策定が義務づけられた。内閣総理大臣は，教育・保育及び地域子ども・子育て支援事業の提供体制を整備し，子ども・子育て支援給付，地域子ども・子育て支援事業，仕事・子育て両立支援事業の円滑な実施の確保，その他子ども・子育て支援のための施策を総合的に推進するため，「基本指針」を定めている。

　市町村子ども・子育て支援事業計画は，基本指針に即して市町村が作成する計画であり，教育・保育提供区域ごとの各年度の特定教育・保育施設に係る必要利用定員総数，特定地域保育事業所に係る小学校就学前子ども必要利用定員総数，その他の教育・保育の量の見込みと，実施しようとする教育・保育の提供体制の確保の内容と実施時期について示したものである。また，教育・保育提供区域ごとの各年度の地域子ども・子育て支援事業の量の見込みと，実施しようとする地域子ども・子育て支援事業の提供体制の確保の内容と実施時期，

子ども・子育て支援給付に係る教育・保育の一体的提供，当該教育・保育の推進に関する体制の確保の内容等についても定めている。

　また，市町村子ども・子育て支援事業計画は，市町村地域福祉計画や市町村教育振興基本計画と調和が保たれたものでなければならないとされているほか，市町村が，計画を策定及び変更しようとするときには，あらかじめ，審議会と，その他の合議制の機関を設置している場合はその意見を，その他の場合は子どもの保護者や子ども・子育て支援に係る当事者の意見を聴かなければならないとしている。さらに，インターネットを利用するなどして，より広く住民の意見を求め，意見を反映させるために必要な措置を講ずるよう努める必要がある。加えて，計画を策定または変更するときには，あらかじめ都道府県と協議し，策定された計画は都道府県知事への提出が必要である。

　都道府県子ども・子育て支援事業支援計画は，基本指針に即して都道府県が作成する計画であり，都道府県内の区域ごとの各年度の特定教育・保育施設に係る必要利用定員総数その他の教育・保育の量の見込みと，実施しようとする教育・保育の提供体制の確保の内容と実施時期について定めている。また，子ども・子育て支援給付に係る教育・保育の一体的提供と，当該教育・保育の推進に関する体制の確保や，特定教育・保育及び特定地域型保育を行う者，地域子ども・子育て支援事業に従事する者の確保及び資質の向上のために講ずる措置に関する事項を定めている。さらには，保護を要する子どもの養育環境の整備，障害児に対して行われる保護と日常生活上の指導及び知識技能の付与，その他の子どもに関する専門的な知識や技術を要する支援に関する施策の実施に関する事項等が定められている。

　都道府県子ども・子育て支援事業支援計画は，都道府県地域福祉支援計画や都道府県教育振興基本計画と調和が保たれたものでなければならないとされているほか，都道府県が，計画を策定及び変更しようとするときには，あらかじめ，審議会と，その他の合議制の機関を設置している場合はその意見を，その他の場合は子どもの保護者や子ども・子育て支援に係る当事者の意見を聴かなければならないとしている。計画を策定または変更したときには，これを内閣総理大臣に提出しなければならない。

　市町村子ども・子育て支援事業計画及び都道府県子ども・子育て支援事業支援計画は，いずれも5年を1期として定められる。

② 次世代育成支援行動計画

次世代育成支援行動計画とは，次世代育成支援対策推進法に基づき，地方自治体や一般事業主等が策定する，次世代育成支援対策の実施に関する事項を定めた計画である。次世代育成支援行動計画には，市町村行動計画と都道府県行動計画，一般事業主行動計画，特定事業主行動計画がある。

市町村行動計画及び都道府県行動計画では，地域における子育て支援，母性並びに乳児及び幼児の健康の確保及び増進，子どもの心身の健やかな成長に資する教育環境の整備，子どもを育成する家庭に適した良質な住宅及び良好な居住環境の確保，職業生活と家庭生活との両立の推進等を定めることができる（任意）としている。計画を策定または変更しようとするときは，あらかじめ，事業主，労働者その他の関係者の意見を反映させるために必要な措置を講ずるよう努めるとともに，概ね1年に1回，実施の状況を公表するよう努めなければばらない。

一般事業主行動計画では，常時雇用する労働者の数が100人を超える一般事業主は，主務大臣の定める「行動計画策定指針」に即して，計画を策定する義務があり，これを厚生労働大臣に届け出なければならない。100人以下の一般事業主については，策定と届出は努力義務となっている。この行動計画は，従業員が仕事と家庭を両立させ，ワーク・ライフ・バランスのとれた働き方ができる職場環境づくりのための計画であり，目標達成など一定の要件を満たした事業主は，申請により，厚生労働大臣の認定（くるみん認定）⁽²⁾を受けることができる。

特定事業主行動計画は，国や地方公共団体など法令で定める機関が策定する行動計画であり，毎年少なくとも1回，行動計画に基づく措置の実施を公表しなければならないとされている。

市町村行動計画及び都道府県行動計画は，5年を1期として策定されるが，子ども・子育て支援法の施行に伴い，策定については義務から任意となった。

（4）保健・医療に関する計画（健康増進計画，医療費適正化計画，医療計画）

① 健康増進計画

健康増進計画は，健康増進法に基づき策定する計画であり，厚生労働大臣は，国民の健康の増進の総合的な推進を図るため，「基本的な方針」を定めること

となっている。基本的な方針には，国民の健康の増進に関する基本的な方向，国民の健康の増進の目標に関する事項，都道府県健康増進計画及び市町村健康増進計画の策定に関する事項のほか，国民健康・栄養調査等に関する事項や，食生活，運動，休養，飲酒，喫煙，歯の健康の保持その他の生活習慣に関する正しい知識の普及に関する事項等が定められている。国は，健康増進計画に基づく健康増進事業を行う都道府県または市町村に対し，予算の範囲内において事業費の一部を補助することができる。

　都道府県は，基本方針を勘案して都道府県健康増進計画を策定する義務があり，市町村は，基本方針及び都道府県健康増進計画を勘案して，市町村健康増進計画を策定するよう努める，努力義務がある。

　②　医療費適正化計画

　医療費適正化計画は，高齢者の医療の確保に関する法律に基づき策定される計画であり，厚生労働大臣は，高齢期の適切な医療の確保を図る観点から，医療費適正化を総合的かつ計画的に推進するため，「医療費適正化基本方針」を定めるとともに，6年を1期として，全国医療費適正化計画を策定することとなっている。また，厚生労働大臣は，年度ごとに，その進捗状況を公表するものとされている。

　また，都道府県は，医療費適正化基本方針に即して，医療に要する費用の見通し等を定めた，都道府県医療費適正化計画を策定し，年度ごとに，その進捗状況を公表するように努めなければならないとされている。

　③　医療計画

　医療計画は，医療法に基づき，都道府県が策定する計画であり，日常生活圏において必要とされる，医療提供体制の確保を図るための計画である。計画には，医療圏の設定，精神病床，感染症病床，結核病床，療養病床，一般病床についての基準病床数，5疾病（がん，脳卒中，心筋梗塞等の心血管疾病，糖尿病，精神疾患）に対する医療体制や地域医療支援病院の整備等に関する事項等が定められている。都道府県知事は，医療計画の達成のために，都道府県医療審議会の意見を聴いたうえで，病院もしくは診療所を開設しようとする者・開設者・管理者に対し，病院の開設，病床数の増加，病床の種別の変更等に関して勧告することができる。

3　地域福祉計画とは

（1）社会福祉法における地域福祉計画の位置づけ

　1990（平成2）年の社会福祉関係八法改正は，それまでの国を中心とした中央集権的システムから，基礎自治体である市町村が責任をもって福祉サービス等の整備を行っていくという改革の第一歩であった。

　2000（平成12）年には，社会福祉基礎構造改革の議論を具現化する形で，社会福祉事業法が改正され，新しく社会福祉法が施行された。同法第1条では，「地域における社会福祉」を「地域福祉」とし，その推進を図ることを目的の一つとして掲げている。また，同法第4条では，新たに「地域福祉の推進」として，「地域住民，社会福祉を目的とする事業を経営する者及び社会福祉に関する活動を行う者は，相互に協力し，福祉サービスを必要とする地域住民が地域社会を構成する一員として日常生活を営み，社会，経済，文化その他のあらゆる分野の活動に参加する機会が確保されるように，地域福祉の推進に努めなければならない」と規定した。これにより，地域福祉の推進が社会福祉の目的の一つであると明記されるとともに，地域住民が地域福祉を推進する主体として位置づけられた。さらには，同法第107条において，市町村による市町村地域福祉計画が，同法第108条において，都道府県による都道府県地域福祉支援計画が初めて明記されたが，いずれも策定は任意とされた。

　そして，2017（平成29）年の「地域包括ケアシステムの強化のための介護保険法等の一部を改正する法律」により，2018（平成30）年4月に社会福祉法の一部が改正され，市町村と都道府県は，それぞれ市町村地域福祉計画及び都道府県地域福祉支援計画について策定するよう努めること（努力義務）となった。また，「地域における高齢者の福祉，障害者の福祉，児童の福祉その他の福祉に関し，共通して取り組むべき事項」を定めたことから，これらの地域福祉（支援）計画は，老人福祉計画，介護保険事業（支援）計画，障害者計画，障害福祉計画，子ども・子育て支援事業（支援）計画，健康増進計画など，他の分野別計画の「上位計画」として位置づけられることになった。厚生労働省は，新たに努力義務とされたこれらの施策を進めるために，「社会福祉法に基づく市町村における包括的な支援体制の整備に関する指針」を策定するとともに，「地域福祉（支援）計画の策定ガイドライン」を含む，「地域共生社会の実現に

向けた地域福祉の推進について」を地方自治体に通知し，推進を図っている。

（2）地域福祉計画の策定内容

　2018（平成30）年の社会福祉法等の改正は，地域共生社会の実現に向けた地域福祉の推進を意味している。地域共生社会とは，「制度・分野ごとの『縦割り』や「支え手」「受け手」という関係を超えて，地域住民や地域の多様な主体が『我が事』として参画し，人と人，人と資源が世代や分野を超えて『丸ごと』つながることで，住民一人ひとりの暮らしと生きがい，地域をともに創っていく社会」（2017（平成29）年2月7日厚生労働省「我が事・丸ごと」地域共生社会実現本部決定）のことである。つまり，複合的な課題や制度の狭間の課題を抱えた人・世帯等に対応するための「公的な支援」と，そのような状況に陥った，あるいは陥りそうな人・世帯を早期に発見し，互いに支え合うための「地域づくり」の仕組みについて，国や地方自治体，社会福祉関係者や地域住民等が一体となって取り組みを進めることが期待されている。

　社会福祉法第107条には，市町村地域福祉計画に盛り込むべき事項として，①地域における高齢者の福祉，障害者の福祉，児童の福祉その他の福祉に関し，共通して取り組むべき事項，②地域における福祉サービスの適切な利用の推進に関する事項，③地域における社会福祉を目的とする事業の健全な発達に関する事項，④地域福祉に関する活動への住民の参加の促進に関する事項，⑤地域生活課題の解決に資する支援が包括的に提供される体制の整備に関する事項があげられている。

　また，同法第108条には，都道府県地域福祉支援計画に盛り込むべき事項として，①地域における高齢者の福祉，障害者の福祉，児童の福祉その他の福祉に関し，共通して取り組むべき事項，②市町村の地域福祉の推進を支援するための基本的方針に関する事項，③社会福祉を目的とする事業に従事する者の確保又は資質の向上に関する事項，④福祉サービスの適切な利用の促進及び社会福祉を目的とする事業の健全な発達のための基盤整備に関する事項，⑤地域生活課題の解決に資する支援が包括的に提供される体制の整備に関する事項があげられている。包括的な支援体制の整備とは，国や地方自治体，福祉関係者や地域住民等が一体となって取り組みを目指す「全世代・全対象型地域包括支援体制」のことであり，推進に係る市町村の責務を具体化・明確化するとともに，分野を問わない地域福祉（支援）計画に盛り込むべき内容とされている。

　現在の日本は，少子高齢・人口減少社会が継続し，また，単身世帯の増加や
社会的孤立，ヤングケアラーなど，人々が暮らしていくうえでの課題はますま
す複雑化・複合化している状況にある。このような課題に対応するために，さ
まざまな地域生活課題を抱えながらも，住み慣れた地域で自分らしく暮らして
いけるよう，地域住民等が支え合い，一人ひとりの暮らしと生きがい，そして
地域をともにつくっていくことのできる「地域共生社会」の実現に向けて，地
域社会の中で困りごとを抱えた人を見逃すことなく，人々の暮らしや地域のあ
るべき姿（ビジョン）を構想し，住民が主体的に参加する福祉の第一歩として，
地域福祉（支援）計画の策定・推進が期待されている。

（3）地域福祉活動計画との関係

　地域福祉活動計画は，社会福祉協議会が中心となって策定する民間の活動・
行動計画である。全国社会福祉協議会の「地域福祉活動計画策定指針」（2003
（平成15）年）によると，地域福祉活動計画とは「社会福祉協議会が呼びかけて，
住民，地域おいて社会福祉に関する活動を行う者，社会福祉を目的とする事業
（福祉サービス）を経営する者が相互に協力して策定する地域福祉の推進を目的
とした民間の活動・行動計画」であると定義されている。その内容は，「福祉
課題の解決をめざして住民や民間団体が行う諸々の解決活動と，それに必要な
資源の造成・配分活動などを組織だって行うことを目的として，体系的かつ年
度ごとにとりまとめた取り決め」としている。

　社会福祉協議会は，早くから地域の福祉課題の明確化や住民の福祉活動の推
進，公民の社会福祉関係者の連絡調整，福祉活動や福祉サービスの企画・実施
に取り組んできたが，こうした取り組みをふまえ，地域の福祉を計画化するた
め，1984（昭和59）年に全国社会福祉協議会が『地域福祉計画―理論と方法』
を出版し，地域福祉計画という名の計画の策定を初めて提唱した。この計画は
既存の地域福祉実践の体系化を図るものであり，現在の地域福祉計画と重なる
ところもあるものの，法的な位置づけはなく，また，社会福祉協議会という民
間団体が中心となり策定するという点で，市町村が策定する現在の地域福祉計
画とは異なるものであった。1990年代に入り市町村などの自治体が，老人保健
福祉計画をはじめとする福祉計画づくりに着手するようになり，障害者・児童
等の分野を含めた総合的な福祉計画を「地域福祉計画」という名称で策定する
ようになったことなどから，全国社会福祉協議会は1992（平成4）年に「地域

福祉活動計画策定の手引き」を発表し，社会福祉協議会が呼びかけて策定される福祉活動に関する活動・行動計画を，地域福祉活動計画として整理した。

　地域福祉活動計画は，特に地域住民等による福祉活動に焦点化されたものであるが，その活動や計画づくりを通して地域住民等による地域福祉の推進を目指すものであることから，地域福祉計画と一体的に策定したり，その内容を一部共有したり，地域福祉計画の実現を支援するための施策を盛り込んだりするなどして，相互に連携を図ることが求められている。

　また，最近は，主に小学校区単位を基本とした小地域における福祉活動計画を策定する動きも活発化しており，これを小地域福祉活動計画と呼んでいる。小地域における身近な生活課題や福祉問題を共有し，住民等が主体的に取り組む課題や活動を明確化・明文化しながら，計画として取りまとめている。

注

(1)　和気康太（1996）「社会福祉計画の歴史」定藤丈弘ほか編『社会福祉計画』有斐閣。

(2)　企業が行動計画を策定し，その行動計画に定めた目標を達成するなどの一定の要件を満たした場合，申請を行うことにより「子育てサポート企業」として，くるみん認定を受けることができ，商品や広告などにつけて子育てサポート企業であることを PR できる。

参考文献

医療情報科学研究所（2019）『社会福祉士国家試験のためのレビューブック2002』。

上野谷加代子・松端克文・永田祐編（2019）『新版　よくわかる地域福祉』ミネルヴァ書房。

社会福祉法人大阪市港区社会福祉協議会（2019）「第2期港区地域福祉活動計画」。

社会福祉法人大阪市社会福祉協議会（2015）「区における地域福祉のしくみづくりを推進するために——地域福祉計画の基本的理解と『大切な視点』に基づく展開」。

社会福祉法人全国社会福祉協議会地域福祉計画の策定促進に関する委員会（2019）『地域共生社会の実現に向けた地域福祉計画の策定・改定ガイドブック』。

社会保障審議会福祉部会（2002）『市町村地域福祉計画及び都道府県地域福祉支援計画策定指針の在り方について（一人ひとりの地域住民への訴え）』。

武川正吾編（2005）『地域福祉計画——ガバナンス時代の社会福祉計画』有斐閣。

永田祐・岡田忠克編（2018）『よくわかる福祉行財政と福祉計画』ミネルヴァ書房。

野田秀孝（2009）「社会福祉計画の変遷と今日的課題——ソーシャルワークの視点において」『人間発達科学部紀要』4（1），147〜153頁。

和気康太（1996）「社会福祉計画の歴史」定藤丈弘ほか編『社会福祉計画』有斐閣。

学習課題

① 日本の福祉計画の歴史と時代背景について説明してみましょう。

② 行政計画である各分野の福祉計画の主たる内容と，各福祉計画の関係性について説明してみましょう。

③ 地域福祉計画の策定意義や盛り込むべき内容をふまえ，策定を通じて地域共生社会をどのように実現しようとしているのか，あなたの考えを述べてみましょう。

コラム　大阪市港区における小地域福祉活動計画の実際

　大阪市では，2004（平成16）年3月に大阪市地域福祉計画（大阪市）と，大阪市地域福祉活動計画（大阪市社協）が策定され，大阪市の地域福祉を進める車の両輪として，ともに計画内に市内24区のアクションプランの推進を掲げた。その後，2012（平成24）年7月に，大阪市が「市政改革プラン」を策定し，全市画一的な施策から「ニア・イズ・ベター」の考えのもと，区ごとに特色ある区政運営が推進されることとなった。この方針のもと，大阪市では，大阪市地域福祉計画（第2期・2009（平成21）年度〜2011（平成23）年度）を期間満了した後，2012（平成24）年12月に，区ごとの計画づくりを前提とした「大阪市地域福祉推進指針」が策定された。

　このような経過の中で，大阪市港区社会福祉協議会では，2013（平成25）年7月〜2014（平成26）年2月にかけて，区内の全11地域において，地域福祉活動計画を策定した。概ね小学校区を基本単位として策定されたこの計画は，小地域の地域福祉活動計画として，人びとの日常生活圏域における生活課題や地域課題を確認し，それらの解決に向けてのプログラムや目標を考え，地域住民が主体的にその活動に取り組むための5年間（2014（平成26）年度〜2018（平成30）年度）の活動計画として完成された。

　策定にあたっては，まず，区民や福祉・医療・教育関係者を対象とした全体説明会を開催し，地域福祉活動計画の意義や住民の積極的な参加を促した。次に，概ね小学校区に組織されている「地区社会福祉協議会」や「地域活動協議会」に働きかけ，地域福祉活動に関わるさまざまな団体や，福祉・医療・教育等のさまざまな関係施設などから，地域が主体となり計画策定メンバーを選定し，策定会議を開催していった。策定会議は

ワークショップ形式で進められ，全11地域ごとに全4回（1地域のみ3回）実施された。1回目は「自己紹介と地域の良いところなどを出し合い，計画のイメージを共有」，2回目は「まちの気になること・課題，福祉課題などを出し合う」，3回目は「課題を解決するためにはどうするか（取り組み）を出し合う」，4回目は「グループごとに出された課題と解決策をもとに，地域全体の課題としてまとめたものを全員で確認し，課題の共有と解決策（活動）の確認」という作業を積み重ねていった。策定会議には各地域とも毎回約20〜35人が参加し，港区全体で延べ1228人が直接的に計画づくりに関わった。会議は月1回のペースで開催され，住民の会議参加への負担感を軽減するとともに，楽しみながら計画策定に参画するよう促された。また，ワークショップの際には，区社会福祉協議会や地域包括支援センター，区役所の職員など，福祉の専門職をファシリテーターとして配置することで，話し合いを円滑に進め，活発な議論を促す工夫もされた。

　完成された活動計画には，「つながり・ふれあい」「ルール・マナー」「高齢者・子ども・障害者」「環境・衛生」「防災・防犯」などについての課題や，住民が普段から感じている身近な「困りごと」や「心配ごと」が多くあげられ，それらを解決するための具体的な事業や取り組みが記された。その中には「お一人おひとりが心がけてできる活動」という項目などもあり，住民同士の支え合い活動を中心とした，様々な地域福祉活動が示されている。

　2019（令和元）年以降は，高齢者の孤立防止の取り組みや障害や認知症の理解のための勉強会など，より福祉的な課題に対して，より具体的な解決方法を示した計画を作ろうと，地域ごとに3〜4のプロジェクトからなる第2期計画が策定され，地域住民が主体となって活動が進められている。

　このように小地域福祉活動計画は，住民自身が地域の福祉課題に気づき，自分たちのまちを良くしていきたいと主体的に取り組む活動の一つであり，「住民が地域に福祉を創造する」という点においても大切な取り組みである。

第13章

福祉計画の策定と運用

　福祉計画は市町村における福祉実践の指針になるものである。そこには多くの住民の意見が反映されていなければならない。本章では，福祉計画の策定過程から推進・評価までの運用に関する理論や原則のポイントを押さえつつ，計画策定の実際がどのように展開されているのかを概説する。特に各分野の福祉計画で求められている住民参加と推進・評価について実践例を交えながら説明する。

1　福祉計画の策定・運用過程と留意点

（1）福祉計画の策定・運用過程

　福祉計画の策定から運用，評価に至る過程は PDS（Plan（計画）－ Do（実施）－ See（評価））サイクルや PDCA（Plan（計画）－ Do（実施）－ Check（評価）－ Act（改善））サイクルによって運用されている。PDS サイクルと PDCA サイクルの違いは「See（評価）」を「Check（評価）」と「Act（改善）」に分けていることである。「Act（改善）」を独立させることで計画の課題解決をより明確にしており，そうすることで次の展開を意識的に取り組めるようになる。

　この過程を計画に当てはめたモデルが表13－1である。これは地域福祉計画の策定であるものの，その他の各福祉計画においても同様の過程となることが多い。策定過程として①課題把握，②計画骨子，③計画素案，④パブリックコメント，⑤計画最終案となる。これらの過程を策定委員会で検討し，計画が策定される。その後，推進・評価過程に移行し，計画期間内は①中間評価，②年間評価をし，福祉計画を進捗管理・推進・評価の委員（以下「推進（評価）委員会」）で取り組む。

　これらの過程は多くの福祉計画で取り入れられているものの，特に定められ

た法制度があるわけではない。

　策定された福祉計画は計画期間（概ね3～5年）内の運用に取り組む。運用過程では年2回程度，推進（評価）委員会が開催される（表13－1の地域福祉計画評価委員会にあたる委員会をいう）。

（2）福祉計画の策定・運用過程の方法

　福祉計画の策定・運用は策定委員会や推進（評価）委員会によって運用される。まず，福祉計画の策定にあたっては計画策定委員会に関する設置要綱が定められ，委員会が構成される。この委員は設置要綱に定められており，策定する福祉計画の内容に即した人材（関連する団体や活動者など）と学識経験者，市民公募などで構成されている。その策定委員会が上述した策定過程を年4～5回に分けて審議する。

　策定が終わると策定委員会から推進（評価）委員会へ移行する。これも策定委員会と同様，推進（評価）委員会に関する設置要項が定められ，委員会が構成される。推進（評価）委員会では中間評価や年間評価を通して福祉計画の期間内の推進役を担う。

（3）福祉計画策定・運用における留意点

　このような過程を通して策定から運用，評価に至る福祉計画の推進においては①ガバナンスの視点，②住民参加の視点，③行政の機構や運営などの動きの視点の3点に留意しなければならない。

　まずは，ガバナンスの視点である。そもそも福祉計画は単なる行政計画とは異なる性格を有する。それは各福祉計画に多様な主体が関わることで計画の実効性が高まるのである。そのため，今日の福祉計画では策定から運用，評価のすべての過程において多様な主体の参加が求められている。

　次に，住民参加の視点である。福祉計画の策定から運用，評価に至る過程に一貫して住民参加が求められる。特に評価では表13－2に示したように参加型評価を導入することで住民参加の促進が期待される。加えて，従来型評価だけでなく，参加型評価を導入することで福祉計画を複数の視点で推進・評価することが可能となると同時に，評価の質を高めることにもなる。

　最後は，行政の機構や運営などの動きの視点である。福祉計画の実施，評価の段階においては特に行政運営の時期に留意したい。福祉計画の年度は原則と

表13-1　地域福祉計画策定手順（策定委員会と住民等との協働関係）

段階	課題		市町村レベル		小地域レベル	
			策定委員会の役割	地域福祉推進役の役割	地域福祉推進役の役割	地域福祉推進役による住民等に対する直接的働きかけ
第一段階　住民等自身による課題の把握	準備段階		・地域福祉計画策定の趣旨の確認と合意 ・地域福祉推進役の育成	・小地域における地域福祉推進役の選定 ・地域福祉計画策定の広報		・地域福祉計画策定の意義の共有	・地域福祉計画策定の意義の住民に対する周知
	手順の把握①	・地域の特性と生活課題の大要を把握するための地域社会の各種データの収集と分析 ・地域のサービス関係機関・団体等の活動状況を把握 ・地域住民の自主的協働活動を必要とする生活課題の存在を確かめ、その実態を把握するための各種調査活動の実施	（行政や社会が協有する生活課題とサービスについての情報の策定委員会への提示） ・地域福祉推進役の会議・研修 ・調査活動の企画 ・地域住民自身による課題発見のため、地域住民が調査に参加する方案の検討 ・調査結果の取りまとめ・分析		・生活課題とサービスの分析結果のわかりやすい解説による、解決活動を起こすための必要性の理解の促し ・地域福祉推進の主体は皆、同格のパートナーであることの確認 ・各々の立場から、各々のどのようなことができるかの話し合いと合意 ・調査活動の目的と方法を理解 ・調査結果の策定委員会への報告 ・小地域における人づくり	・住民による交流会・小地域座談会などへの参加や調査活動への参加・協力を求めることにより、住民等の意識の変革を図り、将来の活動に向けての動機づけを実施 ・こうした活動により、その地域の行おうとする生活上の課題を自ら発見するよう支援
第二段階　地域福祉計画策定	手順②	・住民等に、調査の結果明らかになった地域における生活課題を周知し、解決するための広報・教育活動の実施	・効果的な広報・教育活動の実施方法の検討		・小地域における効果的な諸広報・教育活動の企画	・文書　・集会　・視聴覚　｝による各種広報・教育活動の実施 ・その他
	手順③	・前の段階で明らかにされ、住民が解決したいと考えるようになった生活課題の中から、計画に位置付ける解決活動の課題を決定するよう援助	・計画に位置付ける生活課題の検討		・台帳の各種活動の結果を報告し、課題に位置付ける解決活動の課題を策定委員会に報告	・各種の会合で、地域社会の生活課題について検討するよう働きかけ、また援助し、意見をまとめる

段階	委員会	手順				
	地域福祉計画策定委員会	手順④	・取り上げられた課題に関係を持つ人達を選び出し、活動に組み入れる	・課題別に候補の団体機関・個人を選び出す。また必要な下部組織や、計画と活動のための体制案の作成	・地域福祉推進役の計画策定のメンバーができるだけ役割分担して、計画策定に参加するように働きかける	・候補に上った団体・期間・個人への公式・非公式の働きかけ ・計画と活動のための活動体制・組織作りを援助
		手順⑤	・地域福祉計画の目標の決定	・「何を実現しようとするのか」を決定	・住民等が目的解決のためにそれぞれ何をどのように行うかを働きかける	・話し合いを重ね、目的の共有を目指す ・各種の問題別の組織や機構の会が定期的にしかも能率的に開かれるよう事務的な処理を進める ・討議に必要な資料を提供して、また専門家を招く
		手順⑥	・地域福祉計画の策定 ・地域福祉計画評価方法の決定	・実際に何を、どこが(誰が)、いつまでに、どのようにやるかを決める ・計画評価方法の検討		・上記に加えて、予想される計画策定上の障害や問題点を指摘しつつ、時期、任務分担、解決活動を起こすよう討議を行い、その他について討議をこすよう援助 ・評価方法の周知
第三段階	地域福祉計画評価委員会 計画の実施評価・見直し提言	手順⑦	・地域福祉計画の実施	・計画実施状況の点検 ・計画の円滑な実施及び実施のための方策の検討及び実施	・右欄の結果を評価委員会に報告し、必要に応じ、決定あるいは指示を受ける	・計画実施上の問題を解決するための具体的な援助の実施 ・参加団体、機関、個人の協力を維持するよう援助の実施 ・地域社会に対する活動を展開させるために実際に行われている活動や残された生活課題について発信・広報、啓発活動の実施
		手順⑧	・地域社会の協力活動の体制がどのくらい高まったか、福祉水準がどのくらい高まったかを評価、地域社会に知らせ、次の活動への動機づけの一助とする ・提言	・必要に応じ、効果測定のための調査を行い、評価の結果、必要な見直しを提言する	・右欄の調査結果及び全般的な状況について検討がなされ、適切な評価が行われるよう援助	・評価のための調査活動への参加・協力を求める

出所：厚生労働省社会保障審議会福祉部会 (2002)「市町村地域福祉計画及び地域福祉支援計画策定指針の在り方について (一人ひとりの地域住民への訴え)」。

表 13-2　参加型評価と従来型評価の特徴

	参加型評価	従来型評価
評価の基準	「構築された」事実	「客観的」事実
データの解釈	文脈における解釈	一般化された説明
狙い	エンパワメント	コントロール
評価者の役割	ファシリテーター・コーチ	査定者・判断者
影響を与えるソース	評価の過程の活用	評価結果の活用

出所：源由理子（2015）「社会福祉領域における実践家が参加する評価の意義と可能性
　　　——参加型評価方式からの考察」『ソーシャルワーク研究』40（4），37頁。

して「4月から翌年3月まで」である。しかし，行政運営の中で気をつけるべきは予算編成の時期である。福祉計画の取り組みや実績を予算要求の根拠とするなら，この時期に評価が反映できるように進めなければならない。

2　福祉計画における課題把握・分析

（1）福祉計画における課題把握・分析

　福祉計画の策定の際，課題把握・分析の根拠となるのは住民を対象に，量的と質的の大きく分けて2つの方法がある。まず，量的な課題把握・分析がアンケート調査である。質的な課題把握・分析は座談会や懇談会，団体ヒアリングである。質的な方法については今日，テキストマイニングという分析手法によって質的データを量的に分析する手法も注目されている。

　まず，量的な方法のアンケート調査では調査票による郵送調査が一般的にとられる。この方法は，住民から対象者を無作為抽出することで幅広い層からの意見集約に適している。また，アンケート調査票の質問項目を固定すればトレンド調査によって経年比較ができる。

　次に，質的な方法の1つ目である座談会や懇談会は小学校区や中学校区，自治会といった単位の中で住民が集まって KJ 法に代表するカードワークに取り組む手法が一般的にとられる。住民から広く意見を募るのに適している。

　最後に，質的な方法の2つ目である団体ヒアリングは，計画策定担当者が地域の各種団体（当事者団体や子育てサークルなど）の活動に参加して，直接意見を聞き取る方法が一般的にとられる。これについては座談会や懇談会への参加とは異なり，福祉計画策定に意見反映が求められる各分野に特化した活動者か

らの意見集約に適している。

（2）課題把握・分析における住民参加の方法

　課題把握・分析においてアンケート調査，座談会や懇談会，団体ヒアリングがとられる背景には福祉計画の策定や運用，評価への住民参加がある。この住民参加については各法にも規定されている。以下，社会福祉法，介護保険法，障害者の日常生活及び社会生活を総合的に支援するための法律（以下「障害者総合支援法」）に記載されているものを示す（下線は筆者）。

　•社会福祉法　第107条第2項　市町村は，市町村地域福祉計画を策定し，又は変更しようとするときは，あらかじめ，地域住民等の意見を反映させるよう努めるとともに，その内容を公表するよう努めるものとする。
　•介護保険法　第117条第11項　市町村は，市町村介護保険事業計画を定め，又は変更しようとするときは，あらかじめ，被保険者の意見を反映させるために必要な措置を講ずるものとする。
　•障害者総合支援法　第88条第8項　市町村は，市町村障害福祉計画を定め，又は変更しようとするときは，あらかじめ，住民の意見を反映させるために必要な措置を講ずるよう努めるものとする。

　課題把握・分析は専門職や行政が担うことが多い。そこに住民が上述した3つの方法で参加するのである。ここでは，特に直接意見を集約する座談会や懇談会に焦点を当てる。この座談会や懇談会では KJ 法に代表されるカードワークを用いたグループワークによる参加の手法がとられる。グループワークでは，①あなたの理想とする○○はどのようなものか，②現在，○○が抱えている課題は何か，③課題解決に向けて，あなた自身ができることは何かの3点のテーマで展開し，課題把握・分析に取り組む。

　これらをテーマに1回もしくは複数回のグループワークを実施する。特に「課題」と「できること」は必須で行い，住民が活動に参加するきっかけとしても位置づけている。

　その一方で，社会福祉という抽象的な概念の多い分野で計画策定に参加する住民や専門職，行政が共通言語を持つことに課題がある。そこで，住民や専門職，行政のそれぞれの参加者の言葉を視覚化するような工夫が求められている。その一つが LEGO® ブロックを使った「LEGO® SERIOUS PLAY® 」である。[6]

アナロジー（類推）を用いて言語化が難しい概念を LEGO® ブロックで形に表し，それを説明することで言葉で言い表す方法である。

（3）協議と合意形成

　住民と専門職，行政が課題を共有し，福祉計画策定に報告する課題をまとめなければならない。把握した課題に対して住民と専門職，行政の三者が「優先すべき課題」について協議し，合意形成に至ることが求められる。

　特に住民の意見を反映させることが各福祉計画で求められていることから，ここで出される複数の意見を協議してまとめ，合意形成のうえ，策定に反映しなければならない。

　しかし，多様な意見や考えをもつ住民が集まり，意見集約をしてまとめることは困難である。この中で意見集約をする代表的な手法が KJ 法をはじめとするカードワークである。ここで紹介する手法はこのカードワークで集約した意見に対して優先順位をつけるものである。出された意見すべてを福祉計画に反映することは難しい。そこで，住民と専門職，行政が優先度の高い意見を協議し，合意形成のうえで福祉計画策定に反映することが求められる。

　そこで，住民の協議と合意形成の手法の一つを紹介したい。これは３Ｍ社が「ペイオフマトリックスを使った集まったアイデアの整理方法」で紹介されているものを参考にしている。カードワークによって集約，まとめられた意見の優劣をつける座談会や懇談会では最後のまとめのところでの活用が考えられる。

　まず，カードワークでまとめられた意見に対して，①課題／解決の優先度が高いと考えるもの，②課題／解決の実行度が容易と考えるもの，③課題／解決として価値があると考えるものの３つの項目で投票をする。各項目で１人３票ずつの投票権をもち，自分の意見を含めて投票する。

　次に，図13-1のようにマトリックスを作成し，投票結果に基づいて意見を配置する。このマトリックスはそれぞれを表13-3のように解釈し，特に「今すぐ取りかかるべき意見」を優先度の高い項目としてまとめることができる。さらに，今すぐ取りかかるべき意見の中から「価値ある意見」の項目を加えることでより明確な優先順位づけが可能となる。

　このように協働して取り組む住民にとって，優先順位をつけることが難しくなく，加えて，合意形成に至る過程を視覚化できることが住民が取り組む上で重要となる。

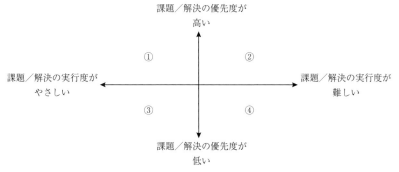

図13-1　テーマに即したマトリックス（例）

出所：筆者作成。

表13-3　マトリックスの解釈

①　課題／解決の優先度が高い 　　× 課題／解決の実行度がやさしい	→ 　今すぐ取りかかるべき意見
②　課題／解決の優先度が高い 　　× 課題／解決の実行度が難しい	→ 　別の機会に取り組む意見
③　課題／解決の優先度が低い 　　× 課題／解決の実行度がやさしい	→ 　簡単すぎるため取り組む優先順位が低い意見
④　課題／解決の優先度が低い 　　× 課題／解決の実行度が難しい	→ 　単なる思いつきかもしれないため取り組まなくてもいい意見

出所：筆者作成。

3　福祉計画の推進と評価

（1）モニタリングと効果測定

　福祉計画策定後，それを推進するには進捗管理としてモニタリングと効果測定に取り組まなければならない。福祉計画におけるモニタリングに取り組む期間は計画期間とする場合もあれば，単年度ごととする場合もある。いずれの場合においても，モニタリングと効果測定の対象は和気（2005）によって図13-2のように整理されている。⁽⁷⁾

　和気は図13-2に示したプログラム評価とサービス評価の違いを，「たとえていえば，プロ野球球団における①チーム全体の評価（優勝という目的に向けての基本的な戦略や戦術は妥当であったか）と②選手個人の評価（どの程度与えられた

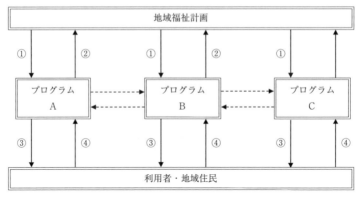

①プログラムの実施・開発　　②プログラム評価
③サービス提供　　　　　　　④サービス評価

図 13 - 2　地域福祉計画の評価の視点と方法

出所：和気康太（2005）「地域福祉計画における評価」武川正吾編『地域福祉計画――ガ
　バナンス時代の社会福祉計画』有斐閣，197頁。

役割を果たしチームの勝利に貢献したか）に似ているといえる」と説明している[8]。

　前者がプログラム評価で，後者がサービス評価となる。そして，このいずれ
においても「過程（プロセス）評価」と「効果・効率（ゴール）評価」を行うこ
とになる。

　加えて，評価における効果測定には定量評価と定性評価がある。今日の効果
測定では KPI や KGI などの定量評価が重視される傾向にある。定量評価とは
数値による評価方法のことで，モニタリングや評価の結果を数値で表す。一方，
福祉計画の性格上，必ずしも定量評価だけで効果測定ができるわけではない。
数値では表すことのできない側面を有しているのである。ここに関しては定性
評価，つまり文字による評価方法で表すことが適切となる。

　以上のことをふまえると図13 - 3のようにまとめることができる。

　これらの評価のいずれかを選ぶのではなく，適切に組み合わせることが求め
られる。さらに，これらの評価について今日の評価指標を新たなアウトプット
指標に変更し[9]，さらにアウトカム指標を導入するなど新たな指標の構築が求め
られている[10]。たとえば，ボランティア登録者数（従来の福祉計画等で掲げられる
表面上の数値を上げる／下げることだけが目的化してしまう可能性のあるアウトプット
指標）をあげると，課題はボランティア登録者が減少しており，固定メンバー
での活動やそもそもボランティアコーディネートが成立しないことがある。こ

図13-3　進捗管理の対象と方法

出所：筆者作成。

れに対する目標としてボランティア登録者数の増加が掲げられる。この指標の立て方に対して，自治体の人口が減少していた場合，妥当といえるだろうか。この場合，ボランティア登録者数を市町村の人口で除することで示される「ボランティア登録率（実態に則した評価が可能となる新たなアウトプット指標）」にするとより妥当な評価指標となる。これにボランティア活動者の満足度（アウトカム指標）などを組み合わせることでアウトプット指標とアウトカム指標の両側面からの評価が可能となる。

（2）プログラム評価

　プログラム評価とは，利用者や地域住民の集合ニーズに対応する「プログラム」を評価することである。一方，福祉計画に限らず福祉サービス全般の評価においても大島（2009）は「必ずしもプログラム評価の枠組みに基づいて行われていない」と指摘している[11]。

　このプログラム評価についてロッシらは[12]①ニーズアセスメント，②プログラムのデザインと理論とのアセスメント（セオリー評価），③プログラムのプロセスと実施のアセスメント（プロセス評価），④プログラムのアウトカム／インパクトのアセスメント（アウトカム評価），⑤費用と効率のアセスメント（効率性評価）の5段階を示し，下層に位置する評価が成立することによって初めて，上層に位置する評価を行う意義があるとしている（表13-4）。

　この評価では主に実験計画法が用いられる。実験計画法とは2つ以上の集団を意図的にコントロール（統制）して分析する手法である。この手法は利用者や住民を意図的にコントロールするので倫理的な問題を含むことに注意しなければならない。本来，倫理的な問題を排した，利用者や住民のありのままを評価すべきである。しかし，そこに評価者の意図が反映されるようにコントロールすれば利用者や住民が評価者に対して配慮や遠慮をすることが考えられる。この状態が倫理上の問題としてとらえられることがある。他方，この問題を回

表13-4　プログラム評価の階層と地域福祉を意図した評価の視点

評価の階層	地域福祉を意図した際の評価の視点	例
効率性評価	・当該プログラムが効率的に実施されているか。	ボランティア養成講座の費用対効果
アウトカム評価	・当該プログラムの実施により，地域や住民等に何らかの変化（変革）が生じているか。	ボランティア活動全体が活性化する。
プロセス評価	・当該プログラムが意図したとおり実施されているか。実施プロセスを経てアウトカムに至っているか。	養成講座の参加者がボランティア登録を経て，登録者数が増加する。
セオリー評価	・当該プログラムがどのように設計されているか。上段のプロセスやアウトカムに至る仮設や戦略が明確か。	ボランティア養成講座の実施を計画する。
ニーズ評価	・組織，近隣，コミュニティなどのような指定された現場の社会問題の分析をおこなっているか。	ボランティア登録者数が減少し，活動が停滞している。

出所：佐藤哲郎（2017）「地域福祉実践における参加型評価の意義と課題」『岩手県立大学社会福祉学部紀要』19，48頁を参照し筆者作成。

避するための実験計画法として擬似実験デザインやサービス比較デザインなどもある。

　この評価方法を用いて福祉計画に掲げた目標達成に向けた方策そのものの効果を図る。

（3）サービス評価

　サービス評価とは，利用者や地域住民の個別ニーズに対応する「サービス」を評価することである。

　この評価ではシングル・システム・デザイン法が用いられる。シングル・システム・デザイン法とは，同一個人または同一集団に対して支援の前後を比較することでその変化を見る手法である。支援前の段階を「ベースライン期」，支援を行う段階を「介入期」と呼ぶ。このベースライン期を「A」，介入期を「B」で表す。これに基づいて図13-4の4つの形が代表的なものとしてあげられる。

　この評価方法を用いて福祉計画で掲げた目標達成に向けた方策の前後で住民や利用者が変化したのかを明らかにして，個別での方策の効果を図る。

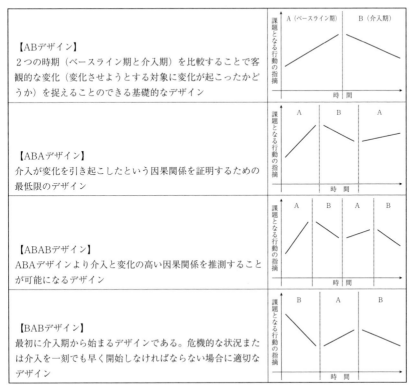

【ABデザイン】
2 つの時期（ベースライン期と介入期）を比較することで客観的な変化（変化させようとする対象に変化が起こったかどうか）を捉えることのできる基礎的なデザイン

【ABAデザイン】
介入が変化を引き起こしたという因果関係を証明するための最低限のデザイン

【ABABデザイン】
ABAデザインより介入と変化の高い因果関係を推測することが可能になるデザイン

【BABデザイン】
最初に介入期から始まるデザインである。危機的な状況または介入を一刻でも早く開始しなければならない場合に適切なデザイン

図13-4　シングル・システム・デザインを代表する 4 デザイン

出所：與那嶺司（2003）「ソーシャルワーク実践評価におけるシングル・システム・デザインとその諸課題」『関西福祉大学研究紀要』6，144〜145頁を参照し筆者作成。

注

(1)　自治体が福祉計画を策定する際，広く一般から意見を募り，それを考慮することで，計画内容の公正さの確保と透明性の向上を図ることを目的とした手法のことである。

(2)　ガバナンス（統治）とは，社会を構成する多様な主体（行政や民間企業，NPO，NGOなど）が協働や対立をしつつ，権力を分け，統治することである。

(3)　無作為抽出とは乱数表等を用いてアンケート調査の対象者を抽出する方法である。特に単純無作為抽出は数ある抽出の中でも精度の高い抽出方法といわれている。

(4)　トレンド調査とは，縦断調査の一つで調査対象の定義は変化しないものの，対象の個人は変化する方法である。

(5)　KJ 法とは，川喜田二郎によって考案されたデータをカードに記述し，そのカー

ドをグループ化し，まとめる方法である。

(6)　LEGO® SERIOUS PLAY® とは，MIT メディアラボのシーモア・パパート教授が提唱する，教育理論「コンストラクショニズム」をもとに，2001年にプロトタイプを完成させたのが起源としている。

(7)　和気康太（2005）「地域福祉計画における評価」武川正吾編『地域福祉計画――ガバナンス時代の社会福祉計画』有斐閣，197頁。

(8)　(7)と同じ，198頁。

(9)　アウトプット指標とは，結果指標ともいわれ，目標達成に向けた方策の結果（活動量）を図るための指標である。

(10)　アウトカム指標とは，成果指標ともいわれ，目標達成に向けた方策による成果（効果）を図るための指標である。

(11)　大島巌（2009）「福祉サービスのプログラム評価とその展開」社会福祉士養成講座編集委員会編『地域福祉の理論と方法』中央法規出版，274頁。

(12)　ロッシ，P. H.・リプセイ，M. W.・フリーマン，H. E.／大島巌・平岡公一・森俊夫・元永拓郎監訳（2008）『プログラム評価の理論と方法――システマティックな対人サービス・政策評価の実践ガイド（第2版)』日本評論社，77頁。

参考文献

大島巌（2009）「福祉サービスのプログラム評価とその展開」社会福祉士養成講座編集委員会編『地域福祉の理論と方法』中央法規出版，294～298頁。

佐藤哲郎（2017）「地域福祉実践における参加型評価の意義と課題」『岩手県立大学社会福祉学部紀要』19，45～54頁。

冷水豊（1996）「福祉サービスにおけるサービス評価」定藤丈弘ほか編『社会福祉計画』有斐閣，179～193頁。

3M「ペイオフマトリックスを使った集まったアイデアの整理方法」(https://www.post-it.jp/3M/ja_JP/post-it-jp/teamworksolution/methods/methods09/#jumpItem2　2021年4月29日閲覧)。

高田真治（2007）「地域福祉計画策定の方法」高森敬久ほか『地域福祉援助技術論』相川書房，256～264頁。

野口定久（2008）『地域福祉論――政策・実践・技術の体系』ミネルヴァ書房。

平岡公一（2013）「ヒューマンサービス領域におけるプログラム評価と政策評価――社会福祉分野を中心に」『社会政策』5（2），144～155頁。

平野隆之（2007）「計画策定委員会の運営」高森敬久ほか『地域福祉援助技術論』相川書房，246～255頁。

エプスタイン，M. J.・ユーザス，K.／鵜尾雅隆・鴨崎貴泰監訳／松本裕訳（2015）『社会的インパクトとは何か――社会変革のための投資・評価・事業戦略ガイド』

　英治出版。

源由理子（2015）「社会福祉領域における実践家が参加する評価の意義と可能性——参加型評価方式からの考察」『ソーシャルワーク研究』40（4），35〜43頁。

與那嶺司（2003）「ソーシャルワーク実践評価におけるシングル・システム・デザインとその諸課題」『関西福祉大学研究紀要』6，137〜157頁。

和気康太（2005）「地域福祉計画における評価」武川正吾編『地域福祉計画——ガバナンス時代の社会福祉計画』有斐閣，189〜209頁。

和気康太（2007）「地域福祉計画の視点と方法」牧里毎治ほか編『自治体の地域福祉戦略』学陽書房，37〜62頁。

学習課題

①　福祉計画の策定や運用，評価の過程とそれぞれのポイント（大切なことや留意点など）を説明してみましょう。

②　福祉計画の策定や運用，評価における住民参加の具体的な手法とその工夫について説明してみましょう。

③　生活をしている市町村の福祉計画を調べ，どのような策定や運用，評価に取り組まれているかを調べてみましょう。

第14章

地域福祉ガバナンスとは

　地域福祉の推進，そして，地域共生社会の形成が目指される中で，地域福祉はそのガバナンスを問わなければならない。コミュニティに大きな期待が寄せられている今，あらためてサービス実施主体としての公私関係の変遷を理解し，新たな公共を前提とした地域福祉ガバナンスを考えていかねばならない。そのためには，従来の考えに基づいた住民の参加や協働，主体形成に基づくだけでなく，新しい形での地域福祉の推進を模索していくことが求められている。本章では，地域福祉ガバナンスに求められる視点やこれからの方向性について説明していきたい。

1　地域福祉推進の中で求められるガバナンス

（1）ガバナンスとは

　本章では地域福祉ガバナンスについて説明することを目的としているが，まずはガバナンスそのものについても理解しておきたい。ガバナンスという言葉は，国家があらゆる公共政策を集中的に管理・運営していくガバメントへの批判が生じた1970年代から1980年代以降，積極的に用いられるようになっていった。特に，国家の財政論的な背景から，新保守主義ともいわれる市場を強く志向した，公共政策実施主体の多元化への改革の流れの中で関心を高めていった。

　ただ，ガバナンスという言葉自体にはそもそも「統治」という意味がある。そのように考えると，ガバナンスという言葉が使われ始めた背景には，それまでの「政府中心のガバナンス」ではない「新しいガバナンス」が求められたということがあり，現在注目されているガバナンスとは，その後者を指して用いられていると考えることが必要である（永田，2011[1]）。たとえば岩崎（2011[2]）も，「ガバナンスが『よいもの』であるとか，ガバナンスが『よりよい』状況をも

たらすという前提に立って議論を行うことは必ずしも適切ではない」としており，政策決定等に関わる主体の多様性や，公私関係の再編成など，これまでとは異なる統治のあり方を示すものとしてガバナンスを考えていくことが求められている。

　その意味で，地域福祉ガバナンスについても，その言葉が用いられる背景には，これからの地域福祉の推進なり，その運営・マネジメントのあり方が求められているということでもあると理解しなければならない。あるいは，これまで地域の中で草の根的に進められてきた地域福祉の展開を，より広く社会に示すためのものと考えることもできるかもしれない。いずれにしても，ガバナンスという言葉を用いることで，従来の領域や枠組みにとらわれない地域福祉を展開することが目指されているという点，これからの地域福祉を展開するための新たな仕組みが求められている点を理解しなければならないであろう。

（2）地域福祉において求められるガバナンス

　一般的に，ガバナンスという言葉が注目されてきた背景には，国家の財政論的背景に基づく公共政策の実施に関する市場化への動きがあったことは間違いないが，地域福祉がガバナンスを問う理由はその点にあるのではない。たとえば原田（2020）[3]は，地域福祉ガバナンスについて「『地域福祉ガバナンス』とは，ローカル・ガバナンスに近い考え方であるが，地方自治体や議会を中心とした行政分野からとらえるのではなく，地域で生じる課題に対して，多様な関係者が協議しながら解決していくためのプロセスを重視し，こうした地域福祉を推進するためのガバナンスとして『地域福祉ガバナンス』ということを強調している」と言及している。

　すなわち，地域福祉ガバナンスは，地域で生じる生活課題に対して，多くの人たちや関係者が協働して解決していくことを目指すものであり，たとえば市場が政府に代わってサービス供給主体になることを目指す新自由主義の効率性や合理性を実現するものではない。むしろ，当事者を含む地域住民や関係者，専門職や専門機関などのさまざまな領域を超えた主体の参加・協働による解決を図ることを目指すものとして，地域福祉ガバナンスが位置づけられると理解しなければならない。

　近年では，地域福祉の推進を位置づけている社会福祉法第 4 条が，2017（平成29）年，2020（令和 2）年と改正され，地域福祉の推進において，地域住民

や関係する支援機関等が連携して地域生活課題を把握し，解決することが法的に位置づけられた。そして，同法第6条第2項では，この多様な主体が連携して進めていく地域福祉推進の公的責任が明記されたことで，従来まで地域福祉の推進主体として国や地方公共団体が位置づけられていなかった状況が見直された。

つまり，従来の公私の垣根を超えた主体の参加を前提とする地域福祉ガバナンスとは，多様な主体がサービスをつくり出す段階や提供への参加を実現することを通じ，民主主義の主体としての市民へと，その存在を高めていくことを実現する可能性を拓くものと考えることができよう。神野（2004）は，そういった視点でのガバナンス論の展開を新自由主義への対抗戦略として位置づけているが，地域福祉ガバナンスが社会への働きかけを担うことは，社会構造から生み出される生活課題が深刻になってきている中で，今後より重要になってくるであろう。

（3）福祉多元主義を乗り超えて

さて，現代の社会福祉の方向性を位置づけたのは間違いなく社会福祉基礎構造改革（1998（平成10）年）であったが，そこで示された理念の一つが「福祉多元主義」であった。地域福祉ガバナンスがこの「福祉多元主義」の流れとどういった点で異なるかの理解も，地域福祉ガバナンスを理解するうえで重要であると考える。

そもそも「福祉多元主義」は，サービス供給主体の多元化を促進する理念であり，特に，民間の社会福祉施設や機関の独自性を確保し，より地域性や文化を生かしたニーズに沿った支援の展開を生み出すことを目指すものであった。ただ，この考え方は基本的にボランティアや市場などの長所を積極的に取り入れていこうとする立場であり，それは官僚性の生み出すサービスの硬直性，国が提供するサービスの非効率性などに対する批判も込められ，公的サービスを縮小させていくことに合理的な理由を提供することでもあった。特に，民間が柔軟にサービスを生み出し，さらに効率性を生み出すことを前提に考えることは，長期的な視野に立ったとき，効率性が確保しにくいサービス体系が育たず，排除されてしまう可能性を孕んでいるといわざるを得ない。

この危険性について古川（2012）は，「福祉ミックスが進めば必ずや最適な結果になるという予定調和論的な言説には，強い疑問を抱いています。自治体，

なかでも基礎自治体としての市町村については，条件整備，環境整備はもとよりのこととして，最終的には地域住民のかかえる福祉ニーズに直接的に介入し，人びとの自立生活を支援する，そういう責務，役割と機能を引きうけることが求められる」と述べていたが，近年の社会福祉法の改正による地域福祉推進における公的責任の位置づけは，この指摘を忘れてはならないであろう。

　すなわち，社会福祉法の第6条第2項において，地域福祉推進に対しての公的責任が位置づけられたことは，公的責任を縮小した形でのサービス供給体制構築を謳う「福祉多元主義」からの脱却への一歩としなければならない。地域福祉ガバナンスにおいては，決して公的責任をないがしろにするわけではなく，その点も担保しながら多様な主体が地域生活課題の解決を図るサービスをつくり，協働していくことを促していくのである。場合によっては，公的責任を高めていく動きもあり得る。地域福祉ガバナンスは，行政か民間かといったような二項対立的な議論を超えていこうとする意義をもったものとして考えていくことが必要であり，従来の「福祉多元主義」とは異なるものと考えていかねばならないのである。

2　地域福祉ガバナンスの基軸

（1）包括的支援体制の構築と地域福祉計画

　地域福祉ガバナンスは，地域生活課題の解決を図るため，多様な主体の参加を促し，協働して解決していく体制を構築することによって，結果的に地域の民主主義を担う存在へと地域住民等を高めていくことになるが，その背景にはそういった地域福祉ガバナンスを求める政策的動向がある。

　現在の地域福祉において，政策的に最も中心にあるものが，「地域共生社会」の実現であろう。この「地域共生社会」について，たとえば厚生労働省は2021（令和3）年4月に「地域共生社会のポータルサイト」を新たに公開しており，「制度・分野ごとの『縦割り』や『支え手』『受け手』という関係を超えて，地域住民や地域の多様な主体が参画し，人と人，人と資源が世代や分野を超えてつながることで，住民一人ひとりの暮らしと生きがい，地域をともに創っていく社会」を指すと説明している。

　2013（平成25）年に，すべての世代を対象とし，すべての世代が相互に支え合う仕組みを掲げる「21世紀（2025年）日本モデル」が，「社会保障制度改革国

民会議」において提唱された。そこでは，従来の医療や介護，福祉，子育てを地域づくりとして位置づけなおすことが示され，それによって「21世紀型のコミュニティの再生」を図るとされた。

その後，2015（平成27）年に報告された「新たな時代に対応した福祉の提供ビジョン」を受け，2016（平成28）年には「ニッポン一億総活躍プラン」が閣議決定された。その中で，「安心につながる社会保障」として「地域共生社会」は位置づけられた。そして，その実現を具体的に進めていくため，厚生労働省は，「『我が事・丸ごと』地域共生社会実現本部」を設置し，制度改革などを進めてきている。特に，上述したような「地域共生社会」の実現に向けては，「縦割り」を超え，行政や地域住民まで含む民間という垣根を超えた包括的な相談支援体制の構築が必要となることが示されている。

それらの流れを受け，2017（平成29）年に改正された社会福祉法第106条の3では，「市町村は，（中略）地域住民等及び支援関係機関による，地域福祉の推進のための相互の協力が円滑に行われ，地域生活課題の解決に資する支援が包括的に提供される体制を整備するよう努めるものとする」とあり，市町村が包括的な支援体制の整備に努めるものとし，地域住民と支援機関との連携に努めることが求められている。また，2020（令和2）年に成立した「地域共生社会の実現のための社会福祉法等の一部を改正する法律」では，この包括的な支援体制を具体化していくために，社会福祉法第106条の4～11において，市町村における「重層的支援体制整備事業」が示された。

この「重層的支援体制整備事業」の特徴は，属性や世代等に縛られることなどがない包括的な相談支援の体制，社会や地域との接点を生み出す参加支援，そして，属性や世代を超えた交流の場や居場所を確保していくなどの地域づくりに向けた支援を一体的に提供することを求めている点にある。現行の高齢や障害といった領域ごとでの体制から，属性や世代を超えた相談・地域づくりへ向けた実施体制の構築をこれまで以上に求めてきているといえる。

そして，これらの包括的な支援体制を進めていくことと関連し，2017（平成29）年の社会福祉法改正において，地域福祉計画に関する規定も改正されている。そこでは，地域福祉計画が分野別の計画の上位かつ基盤計画であること，また，上述した社会福祉法第106条の3で示されている包括的な支援体制の整備を進めていくことなどが盛り込まれた。同時に，厚生労働省は，地域福祉計画の策定ガイドラインが盛り込まれた「地域共生社会の実現に向けた地域福祉

の推進について」（2017（平成29）年）という通知を出し，一貫して地域生活課題の解決のための公的サービスと民間サービスの連携による公私協働体制の実現を目指している。

　以上のことからもわかるように，地域福祉が政策的に推進されている中で，あらためてサービス提供等の公私関係の新たな形が問われているのである。地域福祉ガバナンスは，従来までの公私関係の変容を促し，その実際的な運用を図る役割を担わなければならないのである。

（2）公私協働体制の問い直し

　地域における包括的な支援体制の整備が求められる中で，あえて地域福祉ガバナンスとして問う大きな理由の一つは，地域福祉の推進を通じて行政や民間といった公私関係を問い直す点にある。なぜなら，従来までの市場への強い偏重は，確実に弱い立場に置かれてしまった人々の排除を深刻化させている。また，補助金などの安易な協働の形態は，結果として公的機関による民間事業の規制と制限を生み出し，公的機関による支配の構造を招くおそれもある。地域福祉ガバナンスは，この両者に陥らない道筋をもたねばならない。

　そもそも，社会福祉自体の歴史を顧みれば，社会福祉は国家責任・介入の位置づけの変化と，民間の社会福祉（ボランティア活動などの自発的な活動も含む）の位置づけをとらえることなしに考えることはできない。たとえば，福祉国家への途を導くことに貢献したとされるイギリスのベヴァリッジは，1948年に「ボランタリー・アクション（Voluntary Action）」といわれる第三報告書を示していた。彼の考えは，社会の進歩という目標のもと，それを国家のみで実現することは不可能とし，むしろ国家の役割はナショナル・ミニマムを保障する最小限のものであるべきであり，個人による活動であるボランタリー・アクションがあって初めて社会進歩は成し遂げられるという点にある。個々が自発的に活動する余地を残すことが必要であり，市民こそが社会をつくっていく主体者となることを意図していた。

　林（2002）によれば，ボランタリー・アクションとは国家と個人の間の中間集団であり，「ボランタリー・アクション（中間集団）と国家間の有機的かつ独立的関係は社会連帯を促進し，個々の市民をして利他主義の感情と市民の民主的権利の双方を可能とする最良の手段と捉える」ことがベヴァリッジの思想なのである。つまり，「国家による活動に加えて，ボランタリー・アクションに

よって，社会のメンバー（個人）が社会進歩の担い手となることが期待され，中間集団へと統合」していくことが構想されていたと考えられる。市民としての成熟とそのボトムアップ型の活動の活発化を求めていたともいえよう。すなわち，市民の一人ひとりが，ボランティア団体等に参加することによって，国家と共にさまざまな社会課題解決の主体となっていくことを目指していたと考えられるのである。

　1980年代以降の新自由主義の台頭は，こういったベヴァリッジの社会哲学を振り返ることなく，オイルショックを一つの契機とした財政的危機を理由に，「公」＝悪，「私」＝善という二項対立的な枠組みを設定し，「公」を縮小し，「私」を拡大していく方向性を進めた。こういった方向性は，1978年の「ボランタリー組織の将来」，通称「ウェルフェンデン報告」以降，特に上述した「福祉多元主義」の展開として進んでいった。それは，「公」の役割を，市場原理に基づくサービスの合理性，効率性を確保し，「私」の役割を活発化するために，直接的なサービス提供主体から管理・整備主体へと転換させることになった。結果として，たとえばイギリスでは，ボランタリーな組織へのサービス提供委託が増加し，補助金を介した契約の中で，行政が自らの目的に沿った契約に対して補助金を拠出することにより，ボランタリーな組織等の「私」の側をコントロールする公私の関係性をもたらした。

　30年以上前に，「これまでの社会福祉における『公』『私』は，それぞれの役割分担を明らかにし，その役割を貫徹することに比重があったのに対して，『公』『私』の協働なかんずく協働実践体系であることに地域福祉における公私関係の意味がある」（右田，1986）[8]と指摘されていたことは，現在にも響き続けている。それは，公私のどちらかがという理解ではなく，協働して共に高め合う関係性として，"あらたな公共"をつくり上げていくことが，地域福祉には必要であるということでもある。「地域福祉は，旧い『公共』の概念を，新しい『公共』に転換させるという，きわめて重要な役割を担っているといえる。それゆえにこそ，地域福祉は"あらたな福祉"としての意義と存在価値を有し，同時に地方行政の統合化原理となり，組織改革への視点としても有効性をもちうる」（右田，1993）[9]のである。地域福祉の推進の中で求められる地域福祉ガバナンスは，"あらたな福祉"の役割を担い，"あらたな公共"をつくるものとして考えられなければならない。

（3）地域福祉ガバナンスを支える公共哲学

　ここまでの議論において，地域共生社会の実現を担う，地域福祉推進の中で求められる地域福祉ガバナンスは，協働に基づいた新しい公私関係としての公共性を構築していくことを目指すものであると整理してきた。その際，一つの指標となるのが公共哲学としての考え方であろう。

　公共哲学とは，山脇（2004）によれば，「政府＝公」とするかつての国家哲学ではなく，また「市場」の論理にすべてを委ねるものでもない，「民（人々）を担い手とする公共」に基づく新しい思考回路を意味している。「私」を「公」に従属させるような"滅私奉公"も，自らの私生活のみを優先し，他の人々との公共的な生活を無視する"滅公奉私"も誤った公私観を形成するものであり，公共哲学はそれらの考えに反省を迫り，個人を活かしつつ公共性を開花させる"活私開公"を提案するものである。すなわち，公私の二元論を克服し，共に働きかけ合うことで活かし合う関係性の創出を志向しているのである。

　地域福祉の立場から考えれば，「私」には，地域の住民やNPOなどの民間サービス団体等が含まれる。「公」は，決して，「私」をコントロールするものではなく，それらの地域での取り組みを生み出すと同時に，共に進んでいく責任ある協働者として考えなければならない。その意味で，公共哲学に着目することは，従来の社会哲学からのパラダイム転換でもある。

　そして，この公共哲学は，文化的多様性を重視するものでもある。それは地域を一括りにしてとらえるのではなく，多次元的にとらえることを意味し，ナショナリズムへの反省を迫ることにもなる。実際，包括的な支援体制の整備は，地域の状況に応じた地域福祉ガバナンスが必要となる。これまでの国家（ポリス）を前提とした社会的問題の固定化，また同質化された状態の促進などは，地域に応じた多様な生活課題解決への仕組みとしては限界がある。公共哲学は，一律的ではなく，地域の実情にあった公私関係を認め，互いを活かし合う方向性をつくる基軸となり得るのである。それこそが，地域福祉ガバナンスの目指している基軸であると考えなければならないであろう。

3　地域福祉ガバナンスの展開

（1）苦心の作としての「共生」

　地域共生社会の実現を目指し推進される地域福祉においては，これまでの役

割を分担するという単純な公私協働関係を超える基軸を据えたガバナンスが求められることを整理してきたが，その実際はさまざまな対立関係や矛盾等を超える不断の努力が求められる。事実，「共生」とは予定調和的に実現されるものではない。それは，対立や矛盾を乗り超えた先にしか実現できない苦心の作でもある。地域における多様な主体の協働関係を進める地域福祉ガバナンスにとって，「共生」のもつプロセスの重さは非常に重要な視点である。

　たとえば，生活に生じる課題は多岐の領域にわたるのであり，医療，教育，労働，家族などの課題は，それぞれの制度体系の下でさまざまな専門職が機能している。実際それぞれの制度は，他の制度との調整を図る形で成立しているものではない。それぞれの領域において課題となっている事柄に対して対応することを第一に考えている。それゆえ，多職種連携や多機関連携などといわれる専門職の連携であったとしても，何を優先するのかといった考え方の相違から，役割分担といった簡単な言葉で整理できるものではないこともあるであろう。

　また，そこに地域住民などの地域組織や団体，さらには地域づくりなどに関係する個人や組織等が関わることになると，地域性や文化的な価値観，地域住民間や地域組織間の人間関係など，複雑な事情が絡まることも少なくない。相容れることが非常に難しいこともあるかもしれない。「共生」とは，そのような状況に向き合い，葛藤などを抱えながらも対話を重ねて理解を深め，乗り越えた先にしか実現することができないものである。

　地域福祉ガバナンスにおいては，多様な主体が関わることを前提とした共同運営を考えていくことになる。その場合，当事者と関係者の関わりの機会を構築するなどして内発的に関係性を変化させること，そして，少しずつ参加を広げていくというプロセスが大切だとされている（渋谷，2020[11]）。それは，「福祉課題は当事者でないとわかりにくい，というところがあり，そのような状況下では，時に少数者の意見を多数者が理解できないまま，多数決で否定してしまう，という恐れがある」という理由からである。小学校区や中学校区，市町村域などの生活圏域，個々の関心領域なども考えながら重層的に協議や対話の場を構築していくことが大切になってくると考えられる。地域福祉ガバナンスには，そういった繊細なプロセスを構築していくことが求められているという点を忘れてはならない。

（2）地域で当事者の「存在の豊かさ」をつくる

「共生」とは地域の苦心の作であり，さまざまな意見の相違や立場の違いなどを乗り超えるプロセスをも包含する地域福祉ガバナンスにとって，たとえば，これまで地域福祉が大切にしてきている住民主体の原則が薄れることはない。

この住民主体を考える際，当事者主体との関係性について考えていくことが必要である。当事者は，その地域において生活する住民でもあり，地域住民との関係は相互変容するものである。また，この当事者へのまなざしは，これまで力のない存在とされてきた人たちへの存在認識でもあり，生活主体や権利主体としてだけでなく，「存在の豊かさ」，生存主体をあらためて問うものでもある。特に，これまでの地域福祉のように，地域社会そのものが主体となっていくことが難しくなってきている中で，地域住民と当事者の相互変容を考えることは，新たな住民主体の枠組みを考えることでもあろう。

そもそも，地域福祉が目指してきた住民主体は，当事者主体を前提条件とするものである（藤井，2020[12]）。生活上の課題とは，単純に当事者のみに表れている課題ではない。それは，地域社会や社会の構造とも結びついたものでもある。それゆえ，地域福祉では，"私"の問題を，"私たち"の問題としていくことを大切にしてきたのである。このプロセスが，当事者と地域住民という分断を克服していくことにつながるのである。

そして，「存在の豊かさ」を問うことは，人は支えられる側にも支える側にもなれるという相互変容を意味している。人を一つの側面のみから規定するのではなく，多様な側面を本来もっているという視野を拓くことが必要である。当事者も問題を規定する側面からの存在規定であり，むしろ，そのような状態としてしか存在認識がなされない状況を問わねばならない。地域福祉は，「存在の豊かさ」を構築するという視点をもって，地域づくりを進めていくことが求められるのである。

そのため，地域福祉ガバナンスでは，地域づくりにおいて当事者の参加の下での協働の場を構築していかねばならない。また，そこで生じる地域住民や行政との対立や葛藤とも向き合い，地域の課題を解決していく関係を構築していかねばならない。専門家には，常に権利擁護の視点をその場に組み込むことも求められる[13]。この相互変容に基づく「存在の豊かさ」の構築に向けた動きが，地域の自治を高めていくことにつながり，地域福祉が目指すボトムアップとしての住民主体，さらには，市民性の高まり，社会への働きかけを強化していく

ことになるのである。

（3）ローカル・ガバナンスを促進する

　地域生活課題の解決を図る地域福祉ガバナンスは，さまざまなネットワークを生み出し，上述した「共生」や「存在の豊かさ」を構築していくことになる。一方で，ここまでの議論でも理解できるように，実際に地域福祉ガバナンスは，地方自治を高めていく側面ももっている。

　近年の地方自治が政策的に推進されていることはあらためて問うまでもないが，この地方分権の動きを制度の変更や権限の委譲という狭い範囲でとらえるのではなく，ローカル・ガバナンスとして，新しい共治の仕組みとして考えていくことが必要である。このローカル・ガバナンスとは，政府や市場，市民の役割を再規定し，協働を基盤に，自律的な問題解決領域を生み出すものであり，公私のさまざまな主体による多元的かつ重層的なネットワークを編制，公共性を新しく構築していこうとする意味をもつ（山本，2009）。[14]

　地域福祉ガバナンスは，福祉の立場から，この新しい共治の仕組みとしてのローカル・ガバナンスの推進を図ることが必要である。たとえば，当事者や地域住民が，単独で政策作成の過程等に参加していくことは容易ではない。実際には，NPOやボランティア団体等に参加することを通じ，専門職や行政等との協働，政策作成等に参加していくなど，組織やネットワークへの参加の機会が保障されなければならない。その動きが重層的に積み重なることによって，地方自治の動きを高め，ひいては問題解決へ向けた民主主義的機能を高めていくことへとつながってくる。

　また，今後は，地域における社会福祉法人の地域公益事業との連携や，地域の内外にわたる多様なネットワークの構築も視野に入れなければならない。同時に，福祉という領域も超えたマルチ・セクターでのパートナーシップも重要である。地域福祉ガバナンスは，地域における生活課題の解決を目指す過程で，開放的かつ多様なつながりと協働をつくり出すことによって，地域社会全体の問題解決能力を高めていく役割を担い，ローカル・ガバナンスを推進していくのである。

4　これからの地域福祉ガバナンス

（1）自治性と内発性への焦点化

　ここまで述べてきたように，地域福祉ガバナンスとは，地域生活課題の解決を目指して，公的な責任を高めていくことをも視野に入れた公私の協働関係を構築することによって，異なる意見を乗り超えた共生関係を構築するとともに，領域を超えた多様な関係をつくり出すことを通じ，ローカル・ガバナンスの推進，問題の解決力を高めていく地域づくりを進めていくものである。

　かつて右田は，「地域の福祉」と「地域福祉」の区別において，後者が主体力や自治性を含んだ"内発性"を基本要件とする点に特徴があるとしていた。すなわち，「『地域福祉』は，あらたな質の地域社会を形成していく内発性（内発的な 力 の意味であり，地域社会形成力，主体力，さらに共同性，連帯性，自治性をふくむ）を基本要件とするところに，『地域の福祉』との差がある。この内発性は，個人レベル（個々の住民）と，その総体としての地域社会レベル（the community）の両者をふくみ，この両者を主体として認識するところに地域福祉の固有の意味がある」（右田，1993）[15] としており，この自治性と内発性はこれからの地域福祉ガバナンスにとって極めて重要であると認識しなければならない。

　地域福祉は，個の存在レベルまで含めた主体力を重視し，その内発性を基盤とした個人の自治から集団や地域における自治を重層的に積み上げていく連立構造を視点としなければならない。地域福祉ガバナンスは，この視点を実現することを目指すのであり，地域社会全体にその動きをつくるものと考えなければならない。

（2）地域における内発的発展の開発

　自治性と内発性を実現していくために，地域福祉はそれぞれの地域において内発的発展を開発していくことが今後必要となるであろう。「内発的発展とは，目標において人類共通であり，目標達成への経路と創出すべき社会のモデルについては，多様性に富む社会変化の過程である。共通目標とは，地球上すべての人々および集団が，衣食住の基本的要求を充足し人間としての可能性を十分に表現できる，より豊かな条件をつくり出すことである。それは，現存の国内

および国際間の格差を生み出す構造を変革すること」（鶴見・川田，1989）である。[16]

　内発的発展とは，西欧を中心とした近代化の反省から，経済成長を中心とした考え方を，人間そのものの成長，人権の確立を目指すことを中心とした考え方へと転換させるものである。近代化のように社会の発展の道筋をたった一つに決定するのではなく，それぞれの社会（すなわち地域）にあった複数の道筋があることを認め，その違いを尊重し合っていく多系的発展を前提としている。

　つまり，内発的発展は，価値多元主義であり，さまざまな価値が互いに影響し合い，それぞれが学び合う共時的な社会への過程と考えることも必要であろう。それゆえに，内発的発展は，上からの制御的な視点ではなく，むしろ，いかにそれぞれの地域の伝統，法則を尊重し合い，その互いの差異性を活かし合えるかという点を重視していくものである。

　また，内発的発展は人間そのものの成長や人権の確立を目指すものでもある。一人ひとりの人間を大切にしていくことを何よりも重視するのであり，それは，小さな声にも寄り添う仕組みを強く求めるものでもある。そういった小さな声の当事者と共にあることを，地域を変革していく基盤に据えるものでもある。内発的発展は，これまで相互変容として述べてきた，当事者と地域住民という二項対立性を克服する関係論を前提に据えるものでもある。

　地域福祉は，この内発的発展を開発するために，経済や政治，文化といった多様な主体に働きかけ，また，協働することによって，生活課題の解決による個々の権利の回復と，生存主体認識に基づく「存在の豊かさ」を実現する地域づくりを進めていかねばならない。地域福祉ガバナンスは，地域福祉が内発的発展を開発するための，具体的な舵取り役を果たすこととなると考えられるのである。

（3）SDGsと地域福祉

　地域における内発的発展の開発は，決して一領域のみの取り組みで実現するものではなく，企業等含めた，あらゆる主体の協働によって可能となる。そこで地域福祉としても注目すべきが，2015（平成27）年の9月に国連で定められた「持続可能な開発目標（Sustainable Development Goals）」（以下「SDGs」）に関連する動きである。

　国連加盟国193か国が2016年から2030年までに達成する目標であり，17の目

標が掲げられている。たとえば，貧困や飢餓の解決，健康的な生活と福祉の推進，質の高い教育やジェンダー平等の実現などの目標は，開発途上国だけの問題ではなく，先進国に位置づけられる日本にも当てはまる大きな課題である。実際，日本政府は，2016（平成28）年に，すべての国務大臣がメンバーとなった第1回の「持続可能な開発目標（SDGs）推進本部会合」を開催し，2019（令和元）年には「SDGs アクションプラン2020」を発表している。

　SDGs における着目すべき一つの動きは，経済活動を主とする企業が，SDGs 達成に向けた動きへとシフトすることによって，より身近な地域に視点を向け，地域における課題の解決に向けた動きを始めてきている点である。世界的な投資の動向を見ても，環境（Environment），社会（Social），企業統治（Governance）に配慮した ESG 投資が主流となってきており，企業としてSDGsの達成に貢献しなければ，今後の企業存続が危ぶまれる状況となってくることが予想されるのである。

　これからの地域福祉は，このような動きを活用し，地域にある企業とのパートナーシップを構築しながら，地域生活課題の解決を図っていかなければならない。地域福祉の立場からすれば，これまで企業との連携を積極的に図ってきたとはいえない。しかしながら，近年は，企業の側から接点をもとうとする動きも出てきている。企業のもつ力は，地域の有力な社会資源にもなり得る可能性を秘めている。もちろん，それは価値の押しつけではあってはならず，丁寧な対話の積み重ねを必要としている。企業の SDGs への関心の高まりと行動の活発化は，地域福祉そのものに対しても新たな展開をもたらすものとなり得る。むしろ，今後は地域福祉の立場から積極的に働きかけ，地域と企業との関係を変革することによって，上述したような内発的発展の開発につなげていくことが求められるであろう。

（4）人と人との結び目と地域福祉ガバナンス

　地域福祉ガバナンスとして，地域の企業まで含めた連携を構築し，それぞれの地域における内発的発展の開発を具体的に進めるためにも，今後は地域における居場所の開発を進めていくことが求められるであろう。それはまた，人と人との結び目が地域福祉ガバナンスにとって何よりも重要であることの裏返しでもある。

　居場所についてはさまざまな考え方があるが，ここでは，地域において，多

様な主体が交わる結節点として，地域における人と人とのつながりの動きを活性化していく場としてとらえていきたい。高田（2003）[17]は，内発的発展論を社会福祉に組み込み，社会福祉内発的発展論として体系化を試みていたが，内発的発展を開発する一つの原理が，"オイコス"という地域において人と人とがつながる場・拠点であった。

　地域において，公私や領域を超えた多様な主体の協働によって地域生活課題を解決していくプロセスの先に，内発的発展の開発がある。そのためには，地域における結節点となる居場所なり拠点がその一つの契機となると考えなければならない。

　たとえば，近年急速に広まり続ける「こども食堂」は，その実施に関しては地域住民主体であることが多く，子どもに限らず地域のあらゆる人々が関わる地域食堂としても機能している。食事の提供や孤立の防止など目的はさまざまであるが，また，行政の政策上進められたものではなく，地域における自発的な取り組みとして行われている点に大きな特徴があり，その場を通じて，地域住民と専門職，さらには福祉領域以外の多様な主体が接点をもつ機会を提供している。そして，その場を通じた支援への連携が進んでいる居場所も現れており，地域の居場所や拠点を通じた協働関係の構築が見られるのである。

　また，こういった多様な主体の結節点として，社会的企業による取り組みも注目される。社会的企業とは，地域生活課題の解決に向けてのサービスを提供するために，地域住民の社会参加と社会貢献を事業化していこうとする組織体を意味している。実際には，地域に雇用を生み出し，地域活動に参加する主体性を生み出す場としても機能している。その場には，行政も含め，地域を超えて，領域を超えた多様な主体が交わる結び目ともなっており，社会的なつながりが新たに組み直されることによって，内発的発展の開発の契機となる可能性が考えられるのである。

　地域福祉ガバナンスにとって，地域住民や専門職などの多様な主体の協働の場は，対話を重ね，互いの理解を深めていくうえで欠かすことができない。そして，そういった社会的なつながりの動きの活性化と深まりが，ボトムアップ的に地域の自治性を高め，一人ひとりの存在や権利が大切にされる地域づくりへと結びついてくるといえよう。それこそが，包括的な支援体制が求められる中での，地域福祉ガバナンスのこれからの大きな役割であると考えなければならないであろう。

注

⑴　永田祐（2011）『ローカル・ガバナンスと参加——イギリスにおける市民主体の地域再生』中央法規出版，39～40頁。

⑵　岩崎正洋（2011）「ガバナンス研究の現在」岩崎正洋編著『ガバナンス論の現在——国家をめぐる公共性と民主主義』勁草書房，8頁。

⑶　原田正樹（2020）「地域福祉ガバナンス」原田正樹・藤井博志・渋谷篤男『地域福祉ガバナンスをつくる』全国社会福祉協議会，14頁。

⑷　神野直彦（2004）「新しい市民社会の形成—官から民への分権—」神野直彦・澤井安勇編著『ソーシャル・ガバナンス——新しい分権・市民社会の構図』東洋経済新報社，4頁。

⑸　古川孝順（2012）『社会福祉の新たな展望——現代社会と福祉』ドメス出版，49頁。

⑹　厚生労働省地域共生社会のポータルサイト（https://www.mhlw.go.jp/kyouseisyakaiportal/　2021年12月1日閲覧）。

⑺　林博昭（2002）「ベヴァリッジ『ボランタリー・アクション』再考——新たな福祉社会の創造のために」『明治学院大学社会学部附属研究所年報』32，110～111頁。

⑻　右田紀久恵（1986）「地域福祉運営における公私関係」右田紀久恵・高田真治編『福祉組織の運営と課題』中央法規出版，99頁。

⑼　右田紀久恵（1993）「分権化時代と地域福祉——地域福祉の規定要件をめぐって」右田紀久恵編著『自治型地域福祉の展開』法律文化社，10頁。

⑽　山脇直司（2004）『公共哲学とは何か』筑摩書房，9頁。

⑾　渋谷篤男（2020）「地域福祉ガバナンスと共同運営」原田正樹・藤井博志・渋谷篤男『地域福祉ガバナンスをつくる』全国社会福祉協議会，26～27頁。

⑿　藤井博志（2020）「住民主体の今日的意義」原田正樹・藤井博志・渋谷篤男『地域福祉ガバナンスをつくる』全国社会福祉協議会，39頁。

⒀　⑿と同じ。

⒁　山本隆（2009）『ローカル・ガバナンス——福祉政策と協治の戦略』ミネルヴァ書房，1～2頁。

⒂　⑼と同じ，14頁。

⒃　鶴見和子・川田侃編（1989）『内発的発展論』東京大学出版会。

⒄　高田眞治（2003）『社会福祉内発的発展論——これからの社会福祉原論』ミネルヴァ書房。

学習課題

① テキストの内容をふまえ，ガバナンスという言葉が用いられるようになった背景について説明してみましょう。

② テキストの内容をふまえ，地域福祉ガバナンスでは，公私協働の体制をどのように考えていくべきかについて説明してみましょう。

③ 近年，地域住民等を主体としたこども食堂としての居場所活動が盛んに行われてきている。あなたが住んでいる地域のこども食堂などにボランティアに行くなど，実際の活動について調べてみましょう。

コラム　地域における子どもの居場所を通じた連携支援体制の構築

筆者は，数年前より，ある地域のA地区社協と学生が協働して立ち上げた，夕方から夜にかけての子どもの居場所の運営等に関わっている。

現在は，学生が立ち上げたB組織が運営を担っているが，この居場所は開設当初より，地域の多様な主体が関わる仕組みとしても機能している。A地区社協に参加する民生児童委員や主任児童委員，自治会長等をはじめとした福祉活動に携わる地域住民や学生などのボランティア，地区の小学校並びに中学校，生活困窮に関わる相談支援機関，児童家庭支援センター，障害児支援に関わる機関などの子ども家庭福祉に関わる相談機関，さらには児童相談所や市町村の子ども家庭支援センター，スクールソーシャルワーカーなどの行政機関も含め，地域において公私協働が生まれる場となっている。また，運営に関しては，地域の枠を超えた個人や企業等の金品等の寄付や，フードバンクなどとの連携の中で成り立っている。

B組織はA地区社協とも連携し，居場所を利用している子どもたちや家庭に関する支援を考える場を定期的に設け，関係する相談支援機関や学校，並びに関係者などと実施している。経済的な問題から不登校，生活習慣，親の健康問題や障害，就労，家族関係など，話し合いは多岐にわたることもある。その都度，関係する専門機関等にも呼びかけ，連携した支援体制の構築を図っている。

子どもやその家庭が抱えている生活課題によっては，児童相談所をはじめとした行政機関との連携が必要なときもあるし，民生児童委員や主任児童委員のような地域に根ざした人たちとの連携が必要な場合もある。居場所で構築した関係性を基盤にして，さまざまな支援関係機関への連絡調整を図ることも多い。その居場所での関わりを充実させるためには，大学生などとのボランティア組織との連携も欠かせない。

ある地域住民が話してくれたことがある。

「この居場所があるから子どもたちに関われる。子どものいる家庭を応援できる」

　居場所がつなぎ目となって，子どもや家庭の社会的つながりを紡いでいる。実は，完全に孤立した子どもたちや家庭は少ないのではないかと思っている。学校や保育所など，細くともどこかとつながっていることの方が圧倒的に多い。しかしながら，そういった支援機関間の結び目がないがゆえに，孤立した状態が生まれてしまっている実態もあるだろう。地域住民も関わる機会がもてないから，問題について知る機会をもてず，地域を変える動きが起きないのではなかろうか。この居場所での活動を通じて，筆者は地域福祉ガバナンスの一つの特徴は，地域における人と人との結節点をつくることから始まると感じている。

おわりに

　2021年度から，社会福祉士及び精神保健福祉士の養成教育は，新カリキュラムに移行し，新設科目として「地域福祉と包括的支援体制」が創設された。厚生労働省「社会福祉士養成課程における教育内容等の見直しについて」「精神保健福祉士養成課程における教育内容等の見直しについて」によれば，この科目は，地域共生社会の実現に向けて求められる社会福祉士・精神保健福祉士が担うべき役割を理解し，必要とされる知識を習得するための科目として位置づけられている。

　本書では，上記のねらいに即して，地域共生社会の実現に資するさまざまな方策について具体的な事例等も交えながら示してきた。テキストという性質から，国が示すグランドデザインの解説や各種制度及び事業に関する説明が中心となって構成されている。社会福祉士及び精神保健福祉士を目指す読者が，これらの内容を学ぶことは，専門的な知識を集積するうえで重要である。しかし一方で押さえておかなければならないことは，既存の制度や事業の仕組みを理解し，これを実践現場においてうまく活用することができたとしても，それだけで地域共生社会の実現には至らないであろうし，また本書で示される先進事例や成功事例における実践を模倣しても，そこに到達することはできない。

　地域共生社会とは，行政，専門職，地域住民等がパートナーシップを形成し，地域住民とすべての関係者が協働し，創り上げていくものである。ここでは「協働」という文字を用いたが，これは複数の人々が同じ目的のために，対等な立場で力をあわせて働くことを意味している。つまり，地域共生社会とは，地域住民とすべての関係者が共通の目標のために，それぞれが果たすべき責任と役割を分担しながら，相互に協力していく姿勢が土台となってはじめて成立するものであるといえる。他の地域で実践された先進事例や成功事例といった定型化された様式を地域に持ち込み，それをあてはめたとしても，そこから関係者間の協働は生まれてはこない。先進事例や成功事例として取り上げられる実践について，表面的な理解で終わるのではなく，それらが生み出されてきたプロセスに目を向け，そこに関わる関係者の想いに目を向けることが肝要である。

　また地域共生社会が示す地域の姿は，一定の共通点はあるものの，それぞれ

の地域において特性があることから，地域ごとに異なるものとなるであろう。地域により違った姿がみられることは決して否定されるものではない。しかしその相違については，人々の暮らしについてナショナル・ミニマム（national minimum）が保障されたうえでの違いでなければならない。繰り返しとなるが，地域共生社会とは，行政，専門職，地域住民等がパートナーシップを形成し，それぞれが果たすべき責任と役割を分担することで成立するものである。地域共生社会の実現に向けた取り組みは多岐にわたるが，それぞれの関係者が担う役割が示されるとともに，各取り組みの責任主体についても明確にされなければならない。地域共生社会の実現に向けた取り組みは，まだ緒に就いたばかりである。本書がその歩みの手がかりとなれば幸甚である。

2021年11月

編者　家髙将明

監修者紹介

杉本　敏夫 (すぎもと・としお)

　　現　在　関西福祉科学大学名誉教授
　　主　著　『新社会福祉方法原論』（共著）ミネルヴァ書房，1996年
　　　　　　『高齢者福祉とソーシャルワーク』（監訳）晃洋書房，2012年
　　　　　　『社会福祉概論（第3版）』（共編著）勁草書房，2014年

執筆者紹介 (執筆順，＊印は編者)

＊種村　理太郎 (はじめに)
編著者紹介参照

寶田　玲子 (第1章)
関西福祉科学大学社会福祉学部教授

中尾　竜二 (第2章)
川崎医療福祉大学医療福祉学部准教授

李　永喜 (第3章)
川崎医療福祉大学医療福祉学部准教授

竹中　理香 (第4章)
川崎医療福祉大学医療福祉学部准教授

＊橋本　有理子 (第5・8章)
編著者紹介参照

多田　健造 (第5章第4節)
元大阪府社会福祉協議会

中田　雅美 (第6章)
北海道医療大学看護福祉学部講師

髙井　裕二 (第7章)
関西福祉科学大学社会福祉学部助教

吉田　初恵 (第9章)
関西福祉科学大学社会福祉学部教授

＊家髙　将明 (第10章，おわりに)
編著者紹介参照

内　慶瑞 (第11章)
金城大学社会福祉学部教授

濵辺　隆之 (第12章)
社会福祉法人大阪市東住吉区社会福祉協議会
包括支援担当主査

藤原　慶二 (第13章)
関西福祉大学社会福祉学部准教授

直島　克樹 (第14章)
川崎医療福祉大学医療福祉学部講師

編著者紹介

橋本　有理子（はしもと・ゆりこ）

　現　在　関西福祉科学大学社会福祉学部教授
　主　著　『新版・ソーシャルワークの理論と方法Ⅰ【基礎編】』（共編著）みらい，2021年
　　　　　『社会福祉調査の基礎』（編著）ミネルヴァ書房，2021年

家髙　将明（いえたか・まさあき）

　現　在　関西福祉科学大学社会福祉学部准教授
　主　著　『災害ソーシャルワークの可能性』（共編著）中央法規出版，2017年
　　　　　『改訂版　現代ソーシャルワーク論』（共編著）晃洋書房，2020年

種村　理太郎（たねむら・りたろう）

　現　在　関西福祉科学大学社会福祉学部講師
　主　著　『臨床ソーシャルワーク』（共著）大学図書出版，2015年
　　　　　『現場から福祉の課題を考える　ソーシャル・キャピタルを活かした社会的孤立への支援』（共著）ミネルヴァ書房，2017年

最新・はじめて学ぶ社会福祉⑪
地域福祉と包括的支援体制

2022年2月25日　初版第1刷発行　　　　　　〈検印省略〉

定価はカバーに
表示しています

監　修　者　　杉　本　敏　夫

編　著　者　　橋　本　有理子
　　　　　　　家　髙　将　明
　　　　　　　種　村　理太郎

発　行　者　　杉　田　啓　三

印　刷　者　　坂　本　喜　杏

発行所　株式会社　ミネルヴァ書房
607-8494　京都市山科区日ノ岡堤谷町1
電話代表　（075）581-5191
振替口座　01020-0-8076

ISBN 978-4-623-09298-7

Printed in Japan

杉本敏夫　監修

──────── 最新・はじめて学ぶ社会福祉 ────────

全23巻予定／Ａ5判　並製

順次刊行，●数字は既刊

──────── ミネルヴァ書房 ────────

https://www.minervashobo.co.jp/